主编 崔希亮

汉语国际教育研究论集

❖❖❖ 语法卷 ❖❖❖

图书在版编目（CIP）数据

汉语国际教育研究论集．语法卷／崔希亮主编．—北京：商务印书馆，2021（2023.4重印）
ISBN 978 – 7 – 100 – 19272 – 9

Ⅰ.①汉… Ⅱ.①崔… Ⅲ.①汉语—语法—对外汉语教学—教学研究—文集 Ⅳ.① H195.3-53

中国版本图书馆 CIP 数据核字 (2020) 第 257262 号

权利保留，侵权必究。

汉语国际教育研究论集·语法卷
崔希亮　主编

商　务　印　书　馆　出　版
（北京王府井大街36号　邮政编码 100710）
商　务　印　书　馆　发　行
北京虎彩文化传播有限公司印刷
ISBN 978 – 7 – 100 – 19272 – 9

2021年11月第1版	开本 880×1230 1/32
2023年4月北京第2次印刷	印张 12⅞

定价：76.00 元

《汉语国际教育研究论集》编委会：

主　任：崔希亮

委　员：姜丽萍　梁彦民　吴应辉

　　　　张　博　郑艳群

《汉语国际教育研究论集·语法卷》

主　编：崔希亮

副主编：王咸慧　王　新　王　佳

目 录

汉语作为第二语言教学语法体系研究中的两个理论
    问题……………………………………… 孙德金　1

"对外汉语语篇语法"研究框架的探索……………… 田　然　22

第二语言（汉语）教学语法中范畴表达的地位……… 崔　健　38

主谓语教学与汉语句子的组织……………………… 吕文华　54

表达导向的对外汉语语法教学模式探讨
    ——以"了"的教学为例………………… 李先银　68

后方法时代的汉语语法教学方法分析……………… 翟　艳　85

汉语并立复合构式与量范畴………………………… 李艳华　109

面向二语教学的构式研究
    ——以"V着也是V着"为例 …………… 杨玉玲　128

句式意义分析的观念、路径和原则
    ——以"把"字句为例…………………… 施春宏　144

关于汉语句式习得研究方法论的再探讨…………… 张宝林　180

事件分析中的八种对立 ················· 崔希亮 204

实义动结式"V上"的意象图式及语义连接 ········· 常　娜 225

动趋式"V上"的语义与位移事件表达 ··········· 常　娜 248

感官感知动词"V到"与"V见"的异同 ·········· 鲁志杰 269

汉语句法、重音、语调相互作用的语法效应 ········ 冯胜利 292

复合词内部的成分形类、韵律、语义的匹配规则及其理据

································· 孟　凯 326

汉语语气词"～嘛"的情态意义 ·············· 崔希亮 349

言者依据和预期信息

——谈"吧"的两个语用功能及其形式特征 ······ 汪敏锋 366

从互动角度看"啊"的话语标记功能 ············ 王咸慧 388

汉语作为第二语言教学语法体系研究中的两个理论问题*

孙德金

一、引言

20世纪90年代以来，对于《汉语教科书》（北京大学外国留学生中国语文专修班编，1958）建立的汉语作为第二语言教学语法体系（下文称"对外汉语教学语法体系"），一直有修改完善乃至推倒重来的讨论（柯彼德，1990；吕文华，1994）。2001年和2002年曾分别在北京第二外国语学院、上海外国语大学召开过两次教学语法讨论会，就教学语法和语法教学的若干理论和实践问题展开讨论，包括对使用多年的教学语法体系是否以及怎样修改的问题进行了讨论。其中，2001年会议中的论文被编辑成论文集《对外汉语教学语法探索》（国家汉办教学处编，2003）出版。尽管大家都同意对体系进行修改完善，但在先务实还是先务虚的问题上，有不同的意见。十几年又过去了，虽然期间也不断有一些文章就对外汉语教学语法和语法教学问题发表意见，但

---

* 原文发表于《语言教学与研究》2016年第2期。

对外汉语教学语法体系到底该怎样修改和完善，仍然是一个存在诸多分歧意见的问题。比如，到底是以哪种语法理论作为修改的基础？① 究竟是从形式入手还是从意义入手？笔者不知道这个问题是否为对外汉语教学语法体系所特有，包括英语在内的其他语言是否也存在着同样的问题。也许，至少英语可能不会像汉语这样纠结。因为经过19世纪末20世纪初斯威特（Sweet）、叶斯柏森（Jespersen）等英语语言大家的努力，无论是对于英语本身的认识还是英语作为外语教学的认识，都达到了相当高的水平。而对于汉语以及汉语作为外语（第二语言）的教学，我们目前的认识还是很不充分的。因此，在对外汉语教学语法体系建设方面长期存在着"议而不作"的局面，也就不会让人觉得奇怪了。

要想既见树木也见森林，就需要跳出一些微观现象和问题，宏观把握研究中的若干关键问题。我们这里要做的努力就是对该领域过往研究中存在的两个重要理论问题进行必要的思考，并希望通过讨论，就一些关键性的问题达成基本的共识。如果对什么是语法、教学语法的理论基础是什么诸如此类的问题都没有达成基本共识，对外汉语教学语法体系及标准的构建就是一句空话。因此，本文所做的努力总体是在"务虚"，集中讨论两个理论问题：语法边界问题和形义关系问题。

---

① 有学者发出"为什么一定要以传统语法为基础"的质疑，认为可以以包括结构主义语法在内的其他语法理论为基础。关于此问题，孙德金（2011）做过阐述，或许还未说清楚，笔者再就该问题进行具体阐述。上述质疑混淆了两个层面的问题，一是理论语法和教学语法的关系，理论语法是多元的，而教学语法一般是规定的；二是教学语法和语法教学的关系，教学语法是体系性实体，须有内在系统性，而系统不是不同理论体系的杂糅，尤其不是相互冲突的体系杂糅，但语法教学可以在一定程度上持实用主义立场。

二、语法边界问题

研究语法，教授语法，首先就要明确何谓语法。这似乎是一个不需要再讨论的问题，然而事实上是一个必须明确的十分重要的问题。因为在理论和实践两个方面，对外汉语教学语法和语法教学研究中，一些分歧的产生就是源于对语法认识的不同。也许有人会认为，这个问题有那么重要吗？外语教学的根本目的是培养学生语言交际能力，语法有没有必要教都是问题，何谈语法边界问题，及其对教学的影响？这实际是将目的和实现目的的途径混淆起来。语法在成人外语（第二语言）学习（而非自然习得）过程中具有重要的辅助性工具的作用，语法本身不是目的，但帮助学生（一般是已掌握母语的外语学习者）获得外语（第二语言）能力，离不开语法，这一点在理论和实践两个层面是常识。而这里说的"语法"是必须严格界定的语法。

2.1 广义语法和狭义语法

"语法"这个概念在不同学者头脑中，因认识基点的差异会有不同的理解，大体分为广义的语法和狭义的语法。

广义的语法，可以追溯至公元前 100 年左右的希腊语教师狄奥尼修斯的《希腊语语法》。这本书书名核心词"Grammatike"的直译就是"写作技巧"，甚至包括文学欣赏的方法（Davidson，1874：326—339）。美国学者维多利亚·弗罗姆金和罗伯特·罗德曼（1994：14）在《语言导论》中认为："语法就是我们的语言知识，它代表我们的语言能力。"他们将语音学、音韵学、词法、句法、语义学各章均归在"语言的语法方面"这个大的部分中。尽管《希腊语语法》本身是广义语法的鼻祖，但其中包含的一个部分成为后世狭义语法理论发展的滥觞,其确立的"词""句子"为基本语法单位的传统语法框架,八大词类和性、数、格等语法范畴体系奠定了语法研究和语法教学的基础。虽然只是词法部分,句法相关内容已暗含在词法中了①。后世逐渐发展出来的包括主语、谓语、宾语、状语等在内的句法范畴和句法结构组成的句法,与先前的词法构成了被称作"传统语法"的基本格局。以夸克等(1989:14)的《英语语法大全》为例,在谈到"语法"的各种含义时,作者说:"我们从现在起所谈论的'语法',包括句法(syntax)和论述屈折变化(inflections)或词态变化(accidence)那一部分的词法(morphology)。"显然就是传统语法的两大组成部分:词法和句法。狭义语法观成为普遍接受的语法观念。尽管如此,在研究实践中,还是存在着将"语法"边界扩大的现象。

将"语段"(或称句群,有人称"超句法")作为一级语法单位,就是将"语法"做广义化理解的结果。我们知道,张志公主编(1956)的《语法和语法教学》中,语法单位不包括语段;1981年在哈尔滨召开"全国语法和语法教学讨论会"后拟定的《中学教学语法系统提要》(人民教育出版社中学语文室编,1984)增加了语段。之后在对外汉语教学领域,一些学者也开始主张在语法教学中将语法单位扩大到语段。例如吕文华(1994)主张要变传统语法的三级语法单位(词、词组、句子)为五级单位(语素、词、短语、句子、句群),并重点论述了语素教学、句群教学的重要性和教学设想。刘月华等(2001)的增订本在原书的基础

---

① 古希腊语形态发达,词法清楚了,句法也就基本清楚了。句法在那时没有那么重要,这是主语等句法范畴后来才确立的重要因素。

上增加了"篇章"一章,四节内容分别是:信息、话题、焦点;篇章的连贯;主——动——宾句、话题——说明句、"把"字句和"被"字句的选择;形容词作谓语和定语的选择。

语段到底是不是语法的最大一级单位?也就是说,语段是不是语法要管的问题?这恐怕是需要从理论上明确的一个重要问题。如果我们主张的不是"语法是语言的一切规则"这一广义的语法观,就必须将语法的范围限定清楚。我们注意到,1981年哈尔滨会议后出版的《教学语法论集》(全国语法和语法教学讨论会业务组编,1982)中的《〈暂拟汉语教学语法系统〉修订说明和修订要点》,在谈到增加语段内容时指出:"从严格的意义上来说,研究语段的构成以及语段中各句的安排、衔接等问题,多少超出了语法的范围,属于写作问题,或者属于修辞、逻辑问题。"这一认识是正确的,但为什么还要将其包括在教学语法中呢?该文件又指出:"从实用的角度考虑,把语法教学从句子延伸到语段是可取的。"如果说为了增强母语者写作能力,把本属于写作教学的内容放在教学语法中,算是一种权宜之计,尚可接受。在对外汉语教学语法体系中加入语段,就需要慎重考虑了。尽管对外汉语教学语法也是要强调实用性,但前提应该是科学性。把本不属于严格意义语法范围的内容放进教学语法体系中,会使这个体系变得庞杂。又因为所谓的语段"规则"与词法、句法规则不是同一性质的,也会干扰学生对于"规则"的认识。从刘月华等(2001)增加的"篇章"一章的内容看,主要也是语用问题,所谈的"规则"是语用规则,而不是语法规则。从规则强制性强弱的角度看,语用规则在很多情况下是弱强制性的,有些仅仅是怎样表达更好的问题,而严格意义的语法要管的则是对错的问题,它们不在一个层面。因此，我们主张，有关语段、语篇的内容不宜包含在教学语法体系中，应该交给阅读、写作教学，或者单独编制教学大纲，或者做另外的安排。我们这样说，并不表明以句子为最大单位的语法教学可以忽略语用因素和语篇因素，这就是为什么要把教学语法体系和语法教学实践区分开来的道理。在教授教学语法体系中的一个项目时，可能需要同时考虑多方面的因素，甚至不仅仅是语段语篇的，还可能有文化的因素。但不能因此把这些因素都加入体系之中。

关于语素问题，恐怕没有人不承认语素是最小一级的语法单位。因为我们都知道，除了单纯词外，合成词（复合词）都是由两个（或以上）语素按照一定结构组合而成。既然存在着成分和关系，就是语法要管的内容，同时又是词汇学要管的内容，这就是构词法。然而，在语素问题上，有一个似是而非的认识：语素既然是一级语法单位，语素本身就是教学语法的内容。于是我们看到，《汉语水平等级标准与语法等级大纲》（国家对外汉语教学领导小组办公室汉语水平考试部，1996）将大量的语素列为语法点，例如丙级的部分语素：

【丙021】丽（美丽、壮丽……）

【丙022】民（人民、民主、公民、民间、民用……）

【丙023】秘（秘密、秘书……）

【丙024】慎（慎重、谨慎……）

该大纲语法项目总数达1168个，其中相当数量的项目都是上四例一类的语素。把构成词的语素作为语法点，那是否也要把构成词组的每一个实词（名、动、形）都作为语法点呢？这就等于取消了语法，完全无视语法的"关系"本质，即语法是关于成分间关系的规则。孙德金（2006）曾经指出过，外国学生如果说出"一个书"，说明学生已经掌握了"数量名"的结构规则，在语法上是没有问题的，错的是具体量词的选择使用。道理很简单，同样是个体的量词不涉及"关系"，因此只是词汇问题。量词在语法上重要，是因为它在结构上影响"数""名"组合。每个量词本身与名词间的匹配只是意义上的关系，不涉及结构关系。基于这一认识，我们主张量词的教学策略应该让学生在学习名词的同时记住与之匹配的量词。面向外语者的汉语词典，应该在每个名词词条注明量词，比如《HSK 词语用法详解》（黄南松、孙德金主编，2000）就是这样处理的。不能把有限的教学时间用在区分个体性极强的词汇意义上。前些年在北语举办的名为"海内外互动"的教学交流活动中，某位学者说她用 20 分钟讲"一把米"中的"把"，有人问是在什么课上教，回答好像是在综合课上。笔者的看法是，不管是在什么课上，都不能这么慷慨地把时间用在一个量词"把"上。如果学生不能通过词典解决这个问题，教师完全可以用最直观的方法用一两分钟教会学生。课堂不应该成为教师满足自己学术兴趣的场所。

概括说来，我们主张的语法是关于构词用词和组词成句的一套规则，句子是语法的最大单位，词是语法的基本单位，只有在认识构词规则的时候才需要语素这个最小的语法单位。狭义语法的观念是教学语法体系构建的基本观念。

2.2 词汇和语法

孙德金（2006）曾在《语法不教什么》一文中谈过"属于词汇范畴的不教"的原则。本文之所以再谈这个问题，是因为在对外汉语教学研究中，特别是在对外汉语教学语法体系及标准的构建中，关于词汇和语法之间的关系问题，仍然存在着模糊认识，有必要在理论上进一步加以讨论。例如丁雪欢（2001）讨论"词语的语法教学"，其中有一节是"词语的重叠形式所表现出来的语法意义和用法"，指的不是"爸爸"（名）、"进进出出"（动）、"白白"（副）一类的词法重叠现象，而是"看看""一个个"等句法重叠现象。这类句法重叠现象无疑就是语法要管的问题，不是词语教学的问题。我们需要弄清两个方面的问题，一是是否客观存在着语法和词汇的界限？二是在对外汉语教学中是否有必要严格区分语法和词汇？

关于第一个问题，无论是理论上还是常识上都告诉我们，语法和词汇之间是存在着明显的边界的。语法关乎规则，是具有普遍意义的。词汇则是个体的，不具有普遍意义。19世纪末20世纪初，一批英语语法学者（斯威特、叶斯柏森等）在此问题上提出明确主张。例如，叶斯柏森（1924/1988：23）引述斯威特的话说："语法研究语言的普遍事实，而词汇学则研究特定的事实。"接着他举例说："cat（猫）指一种特定的动物，这仅仅是关于这一个词的一个特定事实。然而借助加-s这个音，构成复数，乃是一个普遍事实，因为它牵涉许多其他的词。"他们不约而同地强调，不属于语法管的就要入词典，给语法和词典以明确的定位。胡明扬（1992）在《再论语法形式和语法意义》中强调尽可能区分语法问题和语汇问题，因为"如果把语法问题和语汇问题混淆在一起，那就永远得不出一般性的规律，永远无法抽象和概括出能在各种场合得到合理解释的语法意义"。这是从概括语法范畴的角度得出的认识，尽管属于语言理论问题，对语言应用研究而言同样具有重要的指导意义。

在强调语法和词汇间存在边界的同时，也需要承认二者间存在一定程度的模糊"地带"。例如"提高"已固化为词，"把桌子垫高"中的"垫高"是动补短语，这应该没有争议，那么"抬高"呢？好像就要犹豫一下了。因为"抬高身价"这种组合中，"抬高"具有了一定的固定性。上述现象很正常，词汇化过程中必然存在非此非彼的过渡性语言单位。叶斯柏森（1924/1988：23—24）谈到 ox 的复数形式 oxen 该不该列为语法内容的问题，认为把不规则的名词复数形式和动词形式归入词典尽管有道理，但也不应该把这些不规则形式排除在语法之外，"因为它们必不可少地表明了'普遍事实'或规则的适用范围：如果语法不提及 oxen，学生就会误以为 ox 的复数形式是 oxes。所以可以这样说，语法和词典在某些方面相互交叉，研究一些相同的事实"。类似的现象在汉语中最典型的要算离合词了。孙德金在《汉语语法教程》（2002）中把常用离合词按照"分离度"分类以附录形式列出，就是为了表明其"词"和"语"兼属的性质。

关于第二个问题，我们认为非但必要，且十分重要。19 世纪末 20 世纪初的习惯语法学家们之所以不约而同地强调区分"语法"和"词典"，最主要的原因就是他们都在从事英语作为外语的教学，是外语教学促使他们提出这一主张。比如上面叶斯柏森说不提及 oxen，学生就会误解 ox 的复数形式，所谓的学生应该是外语学生。叶斯柏森在已有的"语法"和"词典"区分的基础上，更进一步抽象出"自由用语"和"惯用语"的概念，前者管的就是语法的部分，是涉及普遍事实的部分；后者则是广义的"词汇"部分：一切固定的不能类推的语言成分。叶斯柏森（1924/1988：12—13）指出：

惯用语可以是一个完整的句子，也可以是一个词组，可以是一个词，也可以是一个词的一部分。它是怎样构成的这个问题并不重要，重要的是，惯用语在语言的实感上必须永远是一个不能作进一步分解的，即不能像自由用语那样可以分解的单位。构成惯用语所依据的模式或句型可能已经从语言中消失或者还存在于语言中，但构成自由用语所依据的模式或句型则一定是仍在使用的。因此，惯用语的构成可以是有规则的，也可以是无规则的，然而自由用语的构成则总是有规则的。

这一认识大大超越了"语法"和"词典"的范畴，揭示了语言更深层次的机理，有很重要的指导意义。汉语中很多成语的构成多在历史上是有规则的。例如"唯命是从"，今天这一规则已经消失，或者说还残存一点（唯才是举），这都是属于惯用语范围。而所有具有能产性的句型生成的句子都是自由用语。

做出这一区分对于第二语言（外语）学习的重要意义在于，二者所对应的学习和教学策略有根本的不同。叶斯柏森（1924/1988：5）已经精辟地指出：

学习惯用语全凭记忆或重复已学的内容，但自由用语则要求另一种脑力活动。说话人在每一具体情况下都要重新创造：要加进适合这一特定情况的词。这样造出来的句子，多多少少与说话人以前听过的或说过的可能相似，也可能不同，然而这不会改变问题的实质。重要的是，他在说这句话时是否符合某种句型。

这一思想实际上就是后来听说法句型操练的滥觞。他说的另一种脑力活动即是联想类推能力,这与记忆能力是两种完全不同的能力。教育教学活动须立足于人的心理机制,所以从来都是教育学和心理学紧密联系在一起。教学语法或语法教学,"教学"二字如何体现?必须要从学习者的心理机制入手。既然"语法"和"词汇"有不同的心理基础,在教学策略上就应该有所体现。词汇是个体的,非规则的,不具有普遍意义,主要靠记忆。因此,在教学上应有相对应的词汇教学策略。比如强调学生自身努力的作用,自己不背单词(至于怎么背是另外的问题),靠有限的课堂教学时间不可能学好外语。这些主要需要记忆的部分就应该和主要靠联想推理的部分(语法)区分开来,后者要有相应的教学策略和教学方法。基于替换的句型操练法就是一种有效的教学方法。

李泉(2015)主张把对外汉语教学语法区分为"体系内语法"和"体系外语法",基本主张笔者是同意的,因为的确并不是所有语法问题都能那么容易纳入某个体系中,语法问题是存在层次性的。这里仅就李文中谈的现象说几句。例如"不是味儿""(不)是时候",完全可以作为"惯用语"交给词典,不一定作为语法问题来对待。至于"有水平""有能力",则是完全可以进入体系的语法内容。一是由于规则化程度较高,二是由于属于形容词性短语,前面可以加程度副词,应该纳入形容词谓语句(或者描写句)中。

无论是哪个层次的语法,关键的一点还是叶斯柏森(1924/1988)所强调的靠联想关系表达的才是语法(自由用语),靠记忆表达的是词汇。

三、形义关系问题

形式和意义的关系问题，一定意义上说是语言学（语法学）中的核心问题。语法研究中系统的形式和意义关系的理论应该以19世纪末20世纪初斯威特、叶斯柏森等的理论为代表。他们认为语言存在着形式和意义两个方面，结合起来才成为语言。他们还认为，形式和意义之间并不是一一对应的关系，存在着一形对多义和一义对多形等多种情况。寻找形义对应关系，就成为语法研究的关键任务。

语法研究和教学中要将语法形式和语法意义紧密结合，表面上看似乎这已经是一个有广泛共识的基本原则，无须多论。然而事实上，这恰恰是个"知不易，行更难"的重大问题。这个问题实实在在地影响了对外汉语教学语法和语法教学。要构建科学合理且可行的教学语法体系，开展有效的语法教学，就需要将语法形式和语法意义紧密结合的原则落到实处。此前我们曾讨论过（孙德金，2007），这里有必要再举一些实例讨论一下。

3.1 "这本书我看了"，主语？前置宾语？

构建系统的教学语法体系，开展有效的语法教学，离不开对最基本的语法范畴的认识和界定。主语、宾语是两个重要和基本的语法范畴，这应该是常识。既然是语法范畴，就存在形式和意义的关系问题，只有形式而无意义，或者只有意义而无形式，都不成为语法范畴。叶斯柏森（1924/1988：48）强调范畴确定的原则时说："在任何语法的句法部分，我们只应该承认那些在该语言中具有一定形式的范畴，但是要切记，这里所说的'形式'含义很广，包括虚词和词序。"上述原则具有非常重要的指导意义，是区分语义（概念）范围和语法范畴的关键。叶斯柏森强调的是意义必须以形式为依托，同样形式也要以意义为依托，没有意义的形式对于语法来说也就毫无意义。"这本书"到底是主语还是前置的宾语，这是不同观点争论的关键点。理论上的争拗，客观上影响了对外汉语教学实践（孙德金，2007；吕文华，2014）。《汉语教科书》（1958）后的很长时间里，"这本书我看了"都是按照宾语前置来讲的，后来变了。根据齐环玉（2012）的调查，目前的各种教材和课堂教学中，两种看法并存。最近还了解到，有的老师采取的是回避的策略，不用"主语"这个概念，代之以词类序列：NP1+NP2+VP。其实，这种策略在20世纪初的一些英语语言学家那里已经用过，不用"名词""动词""形容词"，代之以"1类词""2类词""3类词"等，最后当然以失败告终。何以会失败？道理很简单，无论你叫它什么，它作为一种语法范畴的本质没变，它都是一个概括的语法上的聚类。同样，用词类序列来回避主语、宾语的概念，也是无法解决问题的，毕竟"名词"不等于"主语"。主语的定义须是形式和意义的统一体，是句法位置和句法语义的结合。

在这个问题上，我们认为应明确以下几对关系：

（1）静态和动态

主语是句法成分，属于静态句子的成分，即尚未进入具体交际情境的句子中的成分。一旦进入交际情境，则是动态句子，就会因交际需要产生各种变化，或移位，或省略，或紧缩，这些都是语用或修辞因素作用之下句法操作的结果，而句法范畴的确定只能以静态句子为对象。"这本书我看了"是有移位操作的动态句子，"我看了这本书"是没有任何句法操作的静态句子。

（2）基式和变式

要确定主语这个重要的句法范畴，究竟是在哪种框架中加以确定？这就必须谈到基式和变式问题。胡明扬（2000）阐述了基本句式和变式问题，对构建对外汉语教学语法体系，开展语法教学具有重要的指导意义，是实现"以简驭繁"的高效教学的基础。他指出："古往今来，不论是传统语法，还是习惯语法，还是生成语法，还是功能语法，不论是暗含的还是明说的，都有一个基本句式体系，而其他句式则是通过有限的不同手段形成的相关的变式。"

（3）句法和语用

上面胡明扬（2000）指出的事实告诉我们，主语等句法成分历来都是在基本句式体系中确定的，是一般所说的句法层面的东西。而"话题"（主题）则是语用层面的东西。这就是荷兰学者Dik（1978）的《功能语法》（*Functional Grammar*）中提出的三个平面理论所揭示的语言事实。三者关系密切，但各有所属，不能混淆。

基于上述认识，我们认为无论从理论上还是教学实践上，都应当把主语作为静态的、基本句式中的、句法层面的句法范畴。据此，"我看了这本书"是基式，"这本书我看了"是变式，"这本书"是句法上的宾语，语用上的话题。同理，"我用这把刀切肉"是基式，"这把刀"是工具状语，"这把刀，我用（它）来切肉"是变式，"这把刀"是句法上的外位状语，语用上的话题。

主语和主题（话题）的问题是汉语语法中的难题，本文不再就此展开论述。有学者基于汉语和印欧语的对比，认为主语、宾语这套范畴不适合汉语，主张"话题—陈述"模式。这种认识的前提恐怕是有问题的。如果该主张所说的印欧语也包括英语的话，那么我们看一下叶斯柏森（1924/1988）的《语法哲学》，他强调语法形式也要包括语序和虚词，完全是基于英语形态减弱、句法突出的实际提出的。在这一点上，汉语和英语有很大的相似性。被视为共识的"汉语是话题突出的语言，印欧语是主语突出的语言"，就算是事实，也并不能得出主语这个范畴不适合汉语的结论。因此，这个理论问题仍然存在。在汉语中主张用"话题—陈述"模式来代替主语、宾语范畴实质上是混淆了句法和语用，用语用规则代替句法规则也是一种回避。

3.2 "我称他为老师"，兼语句？动宾补句？

刘月华等（2001）将"我称他（为）老师"一类句子归入兼语句，黎锦熙（1924/1992：26）分析为动宾补句，即"（为）老师"是动词"称"的宾语和"他"的补足语。这两种处理方法体现的是完全不同的形义观念：前者重视的是形式，忽视意义；后者则将形式和意义结合起来。

夸克等（1985/1989）的句子描述框架被许国璋先生称为"句子五成分论"，并赞为精当之处。当中补语（A）的设立，许先生评论道："它承认补语在句子中的地位，因为不予承认，会无法保证句子分析的完整性和准确性；例如 I became 之后须有补语，如果没有，句子在语法和语义上就不完整。"[①] 这段评论也适用于上述黎锦熙（1924/1992）的认识。黎锦熙在谈到"外动词所带的补足语"时说："还有一类补足语，是表明宾语因受了述语（即外动词）的影响而起的一种变化。因为外动词中间，有一类表示

[①] 详见夸克等（1985/1989）《英语语法大全》中译本许国璋的读后感代序。

称谓、认定或更改等等意思的;那被称谓、被认定的人或事、物(就是宾语),自然要承受一个新名称,或发生一种新关系。表示这名称或关系的词,在句子里边也是补足语。"很显然,黎先生在句法分析中是充分考虑了成分间的句法语义关系,着眼于句子整体的语义解释,因此所做的分析是一种形义结合紧密的分析,实际也在"外动词"中分出了一个小类,这个次范畴显然是存在的。这样的句法分析用于语法教学,显然要优于只是归入兼语句的处理方式。

迄今为止,学界只承认补足动词的补语,不承认补足宾语的补语,硬性把"称他为老师"一类现象纯粹按照形式归入兼语句。对外汉语教学界完全无视黎锦熙先生在1924年就揭示的汉语语法事实,片面接受了形式取向的认识,这不能不说是一种遗憾。

3.3 "她哭起来了",趋向补语?动态助词(体标记)?

现行的教学语法体系基本都把表达起始、持续的"上、起来、下去"作为趋向补语来安排和教学。王还(1995:41—45)把这些词所表达的"体"意义作为趋向补语的引申用法。刘月华等(2001)在动态助词一节中只有"了、着、过","上、起来、下去"表示的"体"意义也是作为趋向补语的一种意义类型来描述的。例如"上"的第五个意义是"状态意义:表示动作或状态的开始"。语言学界对待这个问题主要有两种意见:第一种意见认为这些趋向动词还没有虚化到和"了、着、过"一样的程度,重视的是这些词的实义性,因此作为趋向补语看待,表体意义的只是引申用法;第二种意见则认为,这些成分在表达"动作或状态的开始"这一"体"意义时已经具有和"了、着、过"同样的语法性质,重视的是它们的语法功能。显然,对外汉语教学界采取的是第一种意见。按照叶斯柏森（1924/1988）从形式入手和从意义入手均可的两种语法研究路径的思想，这两种意见似乎都无不妥。但从对外汉语教学语法的构建和语法教学的实践看，采取第二种意见或许更为妥当。

首先，学界大致有个共识，第二语言（外语）语法教学应该从意义入手。学习者先有要表达的意念，再确定表达该意念的形式。时体范畴既是一种语义范畴，也是一种语法范畴，有相应的形式。"上、起来、下去"的语音形式已经表达了"体"的意义，虚化为和"了"等一样的助词，而不是实义的趋向补语。"上、起来、下去"就应该从趋向补语中分离出来，归入体系统中，真正落实形义统一的原则。

其次，第二语言（外语）语法教学应该重视语言的系统性。汉语是一种"体"范畴凸显的语言，作为一个范畴，体范畴具有显著的系统性。从"起始体"（如"上、开、起来"）到"持续体"（如"着"）、"接续体"（如"下去"），再到"完成体"（如"了"），构成的是一个观察动作状态的完整过程。把"上、起来、下去"等表达体意义的形式与"了、着、过"整合成一个完整的体系，有利于学生对汉语体范畴表达的整体把握。我们在学习英语的时态时也是一个系统的把握过程。

以上三个语法问题是在理论语法和教学语法研究中未能处理好形义关系的实例，实际上还不止这些。而在语法教学的实践中，人们在形义关系的认识上也常常是模糊不清的。例如，有学者强调句型应有功能分类，认为"许多外国学生学习汉语句型，对句子的结构模式的掌握并不很困难，而难的是运用这种句子进行正确的表达"（徐子亮，1995）。其中需要分析的是"对句子结构模式的掌握并不很困难"这句话的含义。是否存在脱离了意义掌握的纯粹形式的掌握？恐怕不存在。如果学习者没有真正懂得某一形式所对应的意义，这个形式对他来说毫无意义，也就不可能有所谓"掌握"。也即，学习者掌握了一种句型，一定是对这种句型及其所负载意义同时的掌握，形式和意义不可分离。至于说负载了一定意义的这个句型具有怎样的功能，那是另一个方面的问题。

四、结语

汉语作为第二语言教学语法的研究是汉语应用语言学领域的一个重要分支，有学者主张应建立"对外汉语教学语法学"，笔者倒是不主张弄出太多的"学"来。但可以肯定的一点是，围绕第二语言教学的基本目标，在教学语法研究领域有一系列重要的课题需要研究。本文所讨论的两个理论问题既是理论语言学（语法学）要研究的问题，也是第二语言教学语法必须面对的重要问题，甚至要比纯粹的理论语言学（语法学）要研究的问题还要重要，因为这关系到教学能否取得实际效果。

在开展对外汉语教学语法研究过程中，需要有创新意识，同时也要有学习、继承已有智慧成果的意识，不能为了求新求变而不顾前人已有的成果。尤其是要重视英语作为外语教学的宝贵学术财富，例如斯威特、叶斯柏森等人很早就提出了很多重要的思想。对包括黎锦熙在内的语法学家就汉语所做的精到的分析也应予以重视。创新一定是继承基础上的创新，视前人成果为无物，这样的学术态度不可取。

尽管汉语语法理论界在诸如词、词类、句子、主宾语等元理论（杨成凯，1996）问题上还远没达成共识，但在对外汉语教学语法和语法教学研究中，我们完全可以从应用视角对这些理论问题做出思考，并用以指导我们的实践。教学语法会反作用于理论语法，促进理论语法的发展。

参考文献

[1] 奥托·叶斯柏森（1924/1988）《语法哲学》，何勇等译，北京：语文出版社。

[2] 北京大学外国留学生中国语文专修班编（1958）《汉语教科书》，北京：时代出版社。

[3] 丁雪欢（2001）论词语的语法教学，《暨南大学华文学院学报》第3期。

[4] 国家对外汉语教学领导小组办公室汉语水平考试部（1996）《汉语水平等级标准与语法等级大纲》，北京：高等教育出版社。

[5] 国家汉办教学处编（2003）《对外汉语教学语法探索》，北京：中国社会科学出版社。

[6] 胡明扬（1992）再论语法形式和语法意义，《中国语文》第5期。

[7] 胡明扬（2000）基本句式和变式，《汉语学习》第1期。

[8] 黄南松、孙德金主编（2000）《HSK词语用法详解》，北京：北京语言文化大学出版社。

[9] 柯彼德（1991）汉语作为外语教学的语法体系急需修改的要点，见《第三届国际汉语教学讨论会论文选》，北京：北京语言学院出版社。

[10] 黎锦熙（1924/1992）《新著国语文法》，北京：商务印书馆。

[11] 李泉（2015）体系内语法与体系外语法——兼谈大语法教学观，《国际汉语教学研究》第1期。

[12] 刘月华、潘文娱、故铧（2001）《实用现代汉语语法（增订本）》，北京：商务印书馆。

[13] 伦道夫·夸克等（1985/1989）《英语语法大全》，苏州大学《英语语法大全》翻译组，上海：华东师范大学出版社。

[14] 吕文华（1994）《对外汉语教学语法探索》，北京：语文出版社。

[15] 吕文华（2014）主谓语教学与汉语句子的组织，《国际汉语教学研究》第 1 期。

[16] 齐环玉（2012）对外汉语初级教材中主谓谓语句的对比研究，《咸宁学院学报》第 4 期。

[17] 全国语法和语法教学讨论会业务组编（1982）《教学语法论集》，北京：人民教育出版社。

[18] 人民教育出版社中学语文室编（1984）《中学教学语法系统提要》（试用），北京：人民教育出版社。

[19] 孙德金（2002）《汉语语法教程》，北京：北京语言文化大学出版社。

[20] 孙德金（2006）语法不教什么——对外汉语语法教学的两个原则问题，《语言教学与研究》第 1 期。

[21] 孙德金（2007）对外汉语语法教学中的形式和意义，《语言教学与研究》第 5 期。

[22] 孙德金（2011）传统语法：对外汉语教学语法的基础——黎锦熙先生诞辰 120 周年纪念，《语言教学与研究》第 6 期。

[23] 王还主编（1995）《对外汉语教学语法大纲》，北京：北京语言学院出版社。

[24] 维多利亚·弗罗姆金、罗伯特·罗德曼（1988/1994）《语言导论》，沈家煊等译，北京：北京语言学院出版社。

[25] 徐子亮（1995）试论对外汉语教学语法的句型系统及其特殊性，《华

东师范大学学报（哲学社会科学版）》第 3 期。

[26] 杨成凯（1996）《汉语语法理论研究》，沈阳：辽宁教育出版社。

[27] 张志公主编（1956）《语法和语法教学——介绍"暂拟汉语教学语法系统"》，北京：人民教育出版社。

[28] Davidson, Thos（1874）The Grammar of DionysiosThrax.*The Journal of Speculative Philosophy* (8).

[29] Dik, Simon C.（1978）*Functional Grammar*. NewYork: North-Holland Publishing Company.

"对外汉语语篇语法"研究框架的探索 *

田 然

一、"对外汉语语篇语法"框架构建缘起及理论基础

（一）构建缘起

1. 对外汉语教学需求

请看下面的中高年级留学生的"中介语语篇"（语料来源为外国学生课堂作业）。

（1）长城有很多历史。长城是秦朝开始修建的。长城很大。我觉得好像一条龙。我参观长城的时候，很高兴。那天天气很好，所以长城的风景也非常漂亮。我在长城照了很多照片。我回家以后，把长城的照片送给父亲母亲、朋友们。除了长城以外，北京有很多名胜古迹。

（2）电影快开演了，我们进去坐一下吧。（教学语法点为"V+一下"）

（3）今天上课老师给我们学习一篇课文，但是，我以前学过这篇课文了。（请比较语义相近的受事话题句：这篇

---

* 原文发表于《宁夏大学学报（人文社会科学版）》2014年第1期。

课文我以前学过了）

由此可以看出，以上几例的每个小句单看似乎都合乎语法，然而在进入上下文以及语篇中后，便出现了"中介语语篇"——这是中高级阶段教学中几乎每天遇到的典型的问题，分别为词语衔接组织偏误问题，如例（1）；语法点（在此为"V+一下"）进入上下文的问题，如例（2）；句式选用（在此是施事话题句还是受事话题句）问题，如例（3）。

由于留学生初级阶段的学习多是在单句中进行，语法讲解、练习设计极少扩展到语篇层面，因而进入中高级超单句教学及HSK写作测试、口语成段表达测试（HKC）后，便出现了大量的"中介语语篇"。那么，这些偏误可划分成几大类？大类下又包含哪些内容？研究思路是什么？与本体语法又是什么关系？这些问题便是我们尝试构建"对外汉语语篇语法"研究框架的最初动因，学界的研究现状更为我们的探索提供了依托。

2. 研究现状需求

近二十年以来，对外汉语界学者们急教学之所需，愈来愈多地投入"中介语语篇"探索中，如曹秀玲、杨翼、黄南松等人。这些研究多集中在衔接、省略方面，涉及词语的衔接与组织运用。也有研究者从语篇层面探讨了句法问题及句式问题，涉及"语篇语法"，他们认为，脱离语篇的单纯的句子研究不能很好地应用于对外汉语语篇教学。

应该说，对外汉语界的研究是与国际语言学界语篇分析、话语分析大潮密不可分的。"语篇语法"概念最早由荷兰学者冯·戴伊克（A. van Dijk）在其博士论文 *Some Aspects of Text Grammar*

中提出，阐述了句子语法不能很好地解释某些语法现象的问题。国外的话语研究迅速影响到我国，外语学界有《现代俄语语篇语法学》《英语语篇语法概论》等专著；汉语本体学界有美籍学者屈承熹（Chauncey C. Chu）的 *A Discourse Grammar of Mandarin Chinese*（《汉语篇章语法》）等。

"语篇语法"这一概念的内涵与外延有时同于"语篇（篇章、话语）分析"，学界对其用法及 text analysis（语篇、篇章分析）、discourse analysis（话语分析）的研究范围尚未有统一的界定。因此，为客观介绍这一领域的研究现状，我们对其成果分别进行统计，数据如下（源自中国知网 CNKI，含期刊论文及学位论文），见表1。

表1 我国学界"语篇"方向研究论文数据表（截至2013年5月）

名称	以"语篇语法"命名的论文	以"语篇"命名的论文	以"篇章"命名的论文	以"话语分析"命名的论文
数量	105篇	1991篇	578篇	2499篇
合计	5173篇			

注：这些研究大多集中在2002年以后，可以彰显语篇、话语研究的进展趋势。

上述数据中，较大部分为外语界语篇研究成果。我们再来观察其中的"汉语作为第二语言（CSL，下同）的语篇教学"情况。在统计后，将涉及留学生语篇中的词语问题（如《英语国家学生中高级汉语篇章衔接考察》一文）、语法点使用问题（如《语篇对状中/述补结构选用的制约》一文）、句式问题（如《"把"字句练习设计中的语境问题》一文），归为"对外汉语语篇语法"框架范畴；课型技能与语篇关系类（如《关于汉语阅读课中的语篇教学》一文)、理论探索类(如《关于对外汉语语篇教学的新思考》一文)等归为"语篇理论与技能教学"框架范畴(将另撰文),所得数据如下(源自中国知网 CNKI,含期刊论文及学位论文),见表2。

表2 我国对外汉语语篇研究论文数据表(截至2013年5月)

项目名称	对外汉语语篇语法			语篇理论与技能教学等
分类	语篇中的词语衔接组织运用问题	语篇中的语法点问题	语篇中句式运用问题	
数量	93篇	64篇	139篇	171篇
比例	63.3%			36.6%
合计	467篇			

由表2可以看出,大约2/3的论文集中在探索语篇语法问题,说明这些正是对外汉语语篇教学的主体问题,是令人困惑的问题,也正是这一个个研究的"点"为下面研究的"面"提供了扎实的基础。

3. 学理需求

对外汉语界在字、词、单句及复句研究上已取得丰硕成果,进一步将研究扩大到超句、句群语篇层面,是教学实际的需求以及研究现状的反映,符合语言研究发展规律。这也是我们尝试构建"对外汉语语篇语法"主体研究框架的认识论上的原因。

因研究语料来自口语、书面语及中介语,故采用"语篇"(text)这一概念。又因其探讨语篇中的词语组织法、句法句式,紧密结合中介语,服务于对外汉语,故名"对外汉语语篇语法"。

（二）理论基础

话语分析及系统功能理论体系浩繁庞大，因而限于篇幅，在此主要谈及与本研究相关的部分。

语篇思想——实际使用中的语言基本单位不是词或句，而是相对来说表达完整思想的"语篇"，是对话、段落等。语言不是所有合乎语法的句子的集合，不能用固有的规则来解释，而是需要用潜在意义来解释。语篇中句子的选用与上下文有关，在此，语言和语境发生了联系，说话人在具体的语境下只能产生与语境相一致的语篇，只有这样才能准确传达完整思想。因此，小句之间的衔接连贯研究（包括语篇词语组织）、小句进入语篇的研究、超句（"句"可为 clause 或 sentence）现象研究等便成为在该思想指导下本文的主要关注内容。

过渡的连续体（continuum）思想——无论是在语言系统还是语言运用中，对立的成分、格式、过程或者环境等等，很少表现为截然分明的两个范畴。在绝大多数情况下，它们呈现为一个由此向彼逐渐过渡的连续体，对立的两极之间存在着数量不一的中间阶段，其研究结果往往表现出一种趋向性和选择性。

在"语篇"研究中，由于其跨越多个小句，语义、句际衔接、句式选用等变量较多，因而，其结论不同于句法研究，更多地表现为一种"倾向性"，这也是语篇研究的一个特征。

二、"对外汉语语篇语法"的研究思路

为了厘清本框架构想的研究思路，我们通过以下表格，从研究对象、研究目标等方面，将其与本体语法研究进行比较（表3）。

表3 对外汉语语篇语法与本体语法比对表

比对项目	研究对象	研究的切入点	语料来源	关注焦点	研究目标
本体语法	句子	从作为第一语言的汉语切入	汉语本体语料、本体语料库	侧重句子内部关系	揭示汉语语法现象规律等
对外汉语语篇语法	超句、句群、语篇	从汉语作为第二语言的"中介语语篇"切入	外国学生作业、留学生语料库、汉语本体语料库	侧重小句与外部小句及上下文的关系	描述并解读中介语语篇偏误,并给出汉语本体语篇在该问题上运用的倾向性,以避免偏误

在研究中,参照句法研究脉络(从词到单复句):首先,勾勒出外国学生的中介语语篇在词语衔接组织、句法、句式等方面的基本偏误倾向、偏误模式;其次,对照汉语本体语篇,给出相关模式与使用倾向,其目的是揭示语篇偏误,给出正确模式,从而避免偏误、为教学服务。

在研究中会借鉴有关句法方面的成果,也会运用语篇分析方面的概念,如信息、焦点、话题、衔接、连贯、词汇场、话轮、小句链、首发小句等。

汉语本体成果为对外汉语语篇研究提供了基础,通过对外汉语语篇研究可以发现在本体中被忽略的、而在汉语作为第二语言(CSL)中易产生偏误的问题(图1)。

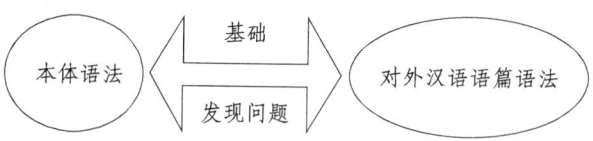

图1 本体语法及对外汉语语篇语法关系图

三、"对外汉语语篇语法"研究内容的探索

根据前面的需求情况以及数据统计结果,对外汉语语篇语法主体内容应包括语篇中的词语组织法、语法点应用、句式使用等问题,是面向对外汉语教学的研究,限于篇幅,我们仅举代表性例子进行说明。

(一)语篇中的词语组织法

语篇中的词语组织法,是指词语为了连缀语篇,在上下文小句中的各种衔接表现方法,如指称(reference)、替代(substitution)、省略(ellipsis)、同义反义词语衔接(lexical cohesion)等。但这些术语并不适合于汉语教学,因而,为了更好地观察中介语语篇,应用于教学,我们将上述传统的衔接分类方式进行了整合,凡涉及语篇衔接的词语运用,都纳入"语篇中的词语组织法"范畴。其中,包括词语的省略、回指、替代、指称,也包括词语的其他各类衔接方式,还包括话题(NP)跨越多个小句的表现以及同主题词语组织方式等。

如上述例(1)便属于词语组织的问题。学生为了保证单句的正确,不懂得使用省略、指称等表现方式,中介语语篇中NP("长城")泛化(典型性偏误),这种泛化反而促使单句语义自足,降低了语篇的衔接力(force of cohesion)。其偏误模式表现为:

NP……, NP……, NP……, ……NP……, ……

那么,以汉语为母语的人,是如何在语篇中运用NP的呢?例如:

(4)祥子始终没言语,( )呆呆地立在那里。( )听

到老车夫说肚子里空,他猛地跑出去,( )飞也似又跑回来,( )手里用块白菜叶儿托着十个羊肉馅的饺子。(老舍《骆驼祥子》)

这里作为话题的名词 NP 首先出现,后续接以省略,又转用"他"来指称 NP——"祥子",再省略。多变的词语指称方式使得听话者通过情景语境将其自行补足、释义,反而更好地让补足句与前后小句构成了强有力的"衔接纽带"(cohesiontie)。其模式表现为:

NP1(noun)……,( )……,……,NP2(pro.)……,……

再来看下面留学生语篇中正反义衔接、同主题词汇关联方面的偏误。例如:

(5)经济发展给一个国家带来了好处,可是另一方面也带来了不好的事儿。简单说环境污染可以造成人们得了各种各样的疾病。这是最可怕的事情,因为在短的时间可能没有影响,可是长期会慢慢地影响人们的身体。(留学生作业)

上例中,留学生不能很好地利用正反义来衔接词语,对主题的展开是平铺式的(经济:好处——不好的事;环境:短的时间——长期),主题关联词语有限,而母语使用者的语篇是这样,例如:

(6)一个美国人形容他在中国第一次吃饭的感受,像听交响乐。上完冷盘,他以为这就是全部,他心想中国人块头小,饭量小是可以理解的。后来才知道这只是序曲。热菜一个个上,中间几个大盘子是重要的配角,可以理解为主旋

律的几次变奏,最后大菜终于出场。他说中国菜和交响乐的区别在于,他无法准确预测高潮的到来。(《读者》2003年第9期)

这里有"冷盘"与"热菜"的对应,也有"吃饭"和"交响乐"的比拟,词语的同主题(主题义族)关联度高,纵横交错,构成立体网络,将各小句紧密衔接在一起,如图2。

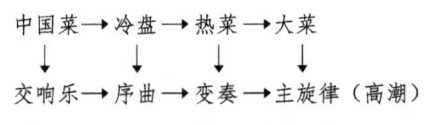

```
中国菜 → 冷盘 → 热菜 → 大菜
  ↓      ↓     ↓     ↓
交响乐 → 序曲 → 变奏 → 主旋律(高潮)
```
图2　主题义族关联图

通过如上方式的比对观察可以发现,首先,描写出中介语语篇在词语运用上的倾向性问题;其次,分析汉语语篇词语组织特征,为留学生的写作与成段表达,以及中高级教材编写提供参考。

该部分研究从中介语角度看,包括这样一些内容:词语的衔接(省略、指称、替代、照应等)偏误类型;词汇上下义、正反义衔接问题;主题义族、词汇场问题;跨越多个小句的词语组织情况(包括书面语、口语混用),以及国别偏误特点等。问题来源于教学发现及HSK动态作文语料库(北京语言大学)、留学生口语语料库(暨南大学)等,以下同。

(二)语篇中的语法点应用问题

在教学中发现,一些句法现象从单句扩大到语篇时会出现偏误。如"动词+一下",语法书释为"短时、轻松"义,教材中释为"尝试、短时","看一下""讨论一下"等(如《桥梁》一书)。

教学中给出"动词+一下"格式,学生据此反复操练,于是生成了如下单句。例如:

(7) 我们进去坐一下吧。

例(7)完全正确,也被视为学生已经掌握了该语法点。然而,进入中高级后,当教师要求学生将上述单句扩大到由多个关系小句构成的语篇时,便出现了前面例(2)的"中介语语篇"。

学生依据句法规则而生成的正确单句在放入语篇中后,便出现了意想不到的问题。语言以交际为目的,我们所教授的句法规则最终是要进入对话、语篇,与语境结合的,这也说明了"单句正确"与"进入语篇后依然正确"委实是两个问题。那么,以汉语为母语的人是怎样在上下文中使用"动词+一下"的呢?例如:

(8) 走得实在太累了,咱们去前边咖啡厅坐一下吧。

(9) 这个沙发质量不错,你坐一下。

为什么例(8)、例(9)可接受度高,而前面的例(2)则不行呢?例(8)中"走"是一直进行的行为,为已知信息,而尾部的"累"处于述补的"补"位才是新提出的信息,符合"尾部焦点"(end focus)原则及小句线性推进中的"增量原则",此"坐一下"为"短时休息"义。

例(9)中"沙发"是谈论的话题,后面"坐一下"的自然是"沙发",而质量"不错"这个尾部焦点揭示了"坐一下"的"尝试"义。

再看前面的例(2),话题是"电影",新信息为"开演了"。电影是有时长的,此时用"坐一下",若表"短时义"则与电影时长相矛盾；若为"尝试"义（试试影院椅子的质量）则与话题"电影"相矛盾，故而此处首发句限制了后续小句中"一下"的使用。学生对正确小句的线性排列产生了语篇偏误，其模式为：

正确小句＋正确小句→中介语语篇

类似的问题还很多，如"状中结构""述补结构"（"他慢慢地爬""他爬得很慢"，对留学生的习得来说非常困难）在语篇中的应用考察等，这些研究会加深学生对语法点的理解，提高其进入语篇的正确率。

因而，本部分研究应包括单句正确而进入上下文出现偏误的各类语法点的偏误描写、解释，以及对本体语篇的相关分析。

（三）语篇中句式使用问题

汉语中的一些句式，如受事话题句（NP1+NP2+VP 格式，受事提前成为话题）、"把"字句等，学生容易理解却不会恰当使用。因为不清楚如何与前面的小句衔接，不清楚进入语篇的情境，于是便出现了前面例（3）这样使用"非优选句式"的语篇。再比如：

（10）老师：马克，作业你写了吗？
　　　马克：我写好作业了。（受事话题句为：作业我写好了）

与例（3）相同，学生依旧在按照"主语＋动词＋宾语"常规原则排列小句，单句正确，但进入上下文情境中，括号中的受事话题句更能衔接教师的问句，更符合语言解读的"平行原则"，应为"优选句式"。我们再来观察汉语本体语料中该句式的应用情况，例如：

（11）因此，祥子的沉默与不合群，一变变成了贵人语迟；他应当这样，而他们理该赶着他去拉拢。"得了，祥子！说说，说说你怎么发的财？"这样的话祥子天天听到。（老舍《骆驼祥子》）

  （12）鲁大海：哦，好，好，（切齿）你的手段我早就
      领教过，只要你能弄钱，你什么都做得
      出来。你叫警察杀了矿上许多工人，你
      还……
  周朴园：你胡说！
  鲁妈：（至大海前）别说了，走吧。
  鲁大海：哼，你的来历我都知道，你从前在哈尔
      滨包修江桥，故意叫江堤出险。（曹禺
      《雷雨》）

  例（11）中"这样的话"替代前面的小句，采用受事提前更能与前面的小句紧密衔接，其衔接力优于同义的"祥子天天听到这样的话"，为优选句式。例（12）中"你的手段""你的来历"提前成为论述的话题，后续对其进行扩展（"只要你能弄钱……"与"你从前在哈尔滨……"），突出了听者对周朴园"不义"手段的关注。

  而例（3）、例（10）中，留学生未将"这篇课文""作业"提前，使用的是"次优选句式"，可以传达基本语义，但削弱了与前面小句的衔接力，降低了话题凸显功能，语篇整体连贯性也随之降级。由此可见，受事话题句式进入语篇时，附加了特殊的功能。学生在此的问题模式为：

  正确小句+正确小句→正确小句+次优句式→中介语语篇
  再有"把"字句式，已有学者谈到，目前教材中单句层面的

转换练习缺乏实际价值，应关注具体语篇中"把"的进入。例如：

（13）写字台搬到窗户旁边去了——（学生变成：把写字台搬到窗户旁边去。但有的学生并不清楚在进入上下文时的差异，便回避使用"把"了）

（14）那块牌子挂到门上去了——（学生转换成：把那块牌子挂到门上去）

也有学者尝试在上下文及具体语境中设计"把"字句的选择练习。例如：

（15）爷爷喜欢唱歌，总是拿着歌本在那里哼歌，有时候还唱不好，就（A：录下来唱的歌。B：把唱的歌录下来。）

这些都说明了越来越多的学者开始将句式运用置于语篇环境下进行研究，关注语篇对句式的制约，因为只有这样，我们教授给留学生的句式才能真正进入具体语境中去应用。

本部分的研究应包括语篇视角下的句式偏误分析、句式在本体语料中的表现等，如"把"字句如何进入语篇等一系列问题。

本文在应用需求以及研究现状的基础上，提出了构建"对外汉语语篇语法"研究框架的设想，并对主体内容进行了初步探索（图3）。

```
                    对外汉语语篇语法
    ┌──────────────────┼──────────────────┐
内容一：语篇中的      内容二：语篇视角下的    内容三：语篇视角下
词语组织法            语法点使用问题          的句式使用问题
```

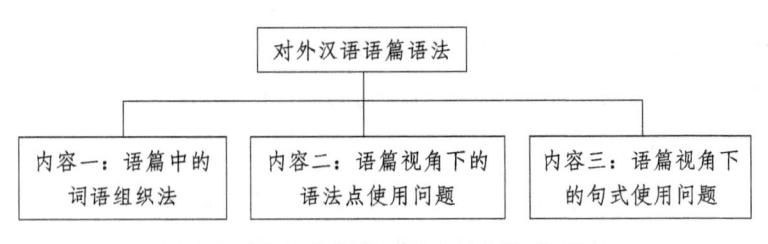

图3 对外汉语语篇语法基本框架构拟图

内容一：语篇中的词语组织法。包括词语的衔接（省略、指称、替代、照应等）偏误类型；词汇上下义、正反义衔接问题；主题义族、词汇场问题；跨越多个小句的词语组织情况（包括书面语、口语混用）以及国别偏误特点等。

其语料来源于教学及HSK动态作文语料库（北京语言大学）、留学生口语语料库（暨南大学）等。

内容二：语篇视角下的语法点使用问题。本部分研究应包括单句正确，而进入上下文出现偏误的各类语法点的偏误描写、解释。语法点问题为开放式的，而非具体限定的（语料来源同上）。

内容三：语篇视角下的句式使用问题。本部分研究应包括语篇中的句式运用偏误、对偏误的解释、对汉语本体相关句式的观察与探索等。如"把"字句进入语篇、"被"字句进入语篇、表示强调"是……的"句进入语篇、"由"字句进入语篇、"连……都……"句进入语篇、受事话题句进入语篇等问题。与"内容二"相比，该类句式研究的"量"相对有限。

以上便是针对汉语作为第二语言教学中最常见的中介语语篇问题而构建的基本研究框架。

参考文献

[1] 陈晨（2005）英语国家学生中高级汉语篇章衔接考察，《汉语学习》第1期。

[2] 陈平（1987）话语分析说略，《语言教学与研究》第3期。

[3] 方梅（2005）篇章语法与汉语篇章语法研究，《中国社会科学》第6期。

[4] 胡壮麟编著（1994）《语篇的衔接与连贯》，上海：上海外语教育出版社。

[5] 黄国文、徐珺（2006）语篇分析与话语分析，《外语与外语教学》第 10 期。

[6] 刘颂浩、汪燕（2003）"把"字句练习设计中的语境问题，《汉语学习》第 4 期。

[7] 刘月华、潘文娱、故铧（1983）《实用现代汉语语法》，北京：外语教学与研究出版社。

[8] 彭小川（2004）关于对外汉语语篇教学的新思考，《汉语学习》第 2 期。

[9] 屈承熹（2006）《汉语篇章语法》，北京：北京语言大学出版社。

[10] 施旭（1989）冯·戴伊克的话语理论及其最新发展，《外国语（上海外国语学院学报）》第 6 期。

[11] 田然（2001）语篇对留学生句式选择使用的制约简析，《海外华文教育》第 3 期。

[12] 田然（2005）近二十年汉语语篇研究述评，《汉语学习》第 1 期。

[13] 田然（2012）语篇对状中 / 述补结构选用的制约，《云南师范大学学报（对外汉语教学与研究版）》第 2 期。

[14] 田然（2013）对外汉语教学语篇语法，北京：北京语言大学出版社，2013。

[15] 王佩莹（2009）汉语阅读课中的语篇教学，《吉林教育学院学报（学科版）》第 12 期。

[16] 吴贻翼、雷秀英、王辛夷、李玮（2003）《现代俄语语篇语法学》，北京：商务印书馆。

[17] 杨翼（2010）对外汉语教材练习题的有效性研究，《语言教学与研究》第 1 期。

[18] 张安律（2008）《英语语篇语法概论》，成都：电子科技大学出版社。

[19] 张德禄（2000）论语篇连贯，《外语教学与研究》第 2 期。

[20] 张迎宝（2011）对外汉语篇章教学的研究现状与存在的问题，《汉语学习》第 5 期。

[21] 郑贵友（2002）《汉语篇章语言学》，北京：外文出版社。

[22] 朱文文（2011）状补话语功能的对立及其对形容词的语序选择，《语言教学与研究》第 1 期。

第二语言（汉语）教学语法中范畴表达的地位*

崔 健

一、引言

根据信息论的观点，信息传递是编码—发送—传递—接收—解码不断循环往复的过程。语言交际也是一种信息传递过程，编码相当于表达，是从意义到形式（以下简称"从内到外"）的过程，而解码相当于理解，是从形式到意义（以下简称"从外到内"）的过程。形义关系如同货币的两面，互为表里，无法分离。但从研究和应用的角度而言，可以采取两种不同向度的策略，既可以"从内到外"，也可以"从外到内"。但无论是理论语法还是第二语言教学语法普遍强烈倾向于采取"从外到内"的策略，即偏重于理解，这种倾向必然导致表达权重偏低的后果。我们认为这种倾向既不利于理论研究，也不利于体现语言的交际功能。事实上，"从外到内"也不能自动替代"从内到外"。

---

* 原文发表于《国际汉语教学研究》2018年第4期。

二、第二语言（汉语）教学语法教材的分析与启示

第二语言（以下简称"二语"）教学语法普遍以"从外到内"为主，其依据是理解先于表达，表达基于理解。但由于所依托的理论背景和目标取向不同，二语教学语法体系也呈现一些差异。二语教学语法体系主要体现在教材上，因此，我们先以几部二语汉语教学语法教材①和汉语母语教学语法专著为对象，分析其体系，并略加评述。二语教学语法教材大致可分为结构主导型、功能主导型和结构—表达兼顾型。

结构主导型，以刘月华、潘文娱、故铧（2001）的《实用现代汉语语法（增订本）》为代表。编者在增订本前言中指出："学习一种语言的语法，主要是学习该语言的语法规则及其用法。《实用现代汉语语法》就是对汉语语法规则，主要是对句法规则进行描写，同时也注意到语法现象用法的说明。"这一目标取向突出地反映在句法部分的比重上。全书共五编，依次为现代汉语语法概述、词类、句法（上，句子成分）、句法（中，单句）、句法（下，复句和篇章）。词类只占一小部分，句法占绝对主导地位。该书最突出的特点是应用性强。正如编者所说，"外族人学习汉语语法与本族人的难点不完全相同，因此本书的重点就是外国人学习中经常会遇到的语法难点。凡是外国人难以理解和掌握的语法现象，本书都做了尽可能详细的描写，对某些容易引起混淆的语法现象还做了比较分析，指明正误"。这种做法不仅在外国人学习

---

① 这里的二语汉语教学语法教材主要指面向外国人编写的语法教科书和教学参考书。

汉语语法方面有很高的应用价值，而且对汉语语法研究也有启发。尤其是"指明正误"，可为从反面观察汉语的句法规则提供独特的视角。事实上，国内通行的二语汉语教学语法大多属于结构主导型，注重应用性。

功能主导型，以 Charles N. Li 和 Sandra A. Thomson（1981）的 *Mandarin Chinese: A Functional Reference Grammar*（《现代汉语功能参考语法》）和李英哲等编著的《实用汉语参考语法》（1990）为例。

《现代汉语功能参考语法》首次基于类型—功能视角对汉语的结构特征进行了系统的描写和解释。作者认为，语法只有置于语用环境（pragmatic situation）中才能得以充分理解和解释。该书对汉语语法研究产生了很大影响，尤其是关于汉语属于话题凸显型语言的观点，更是引起了学界的广泛关注。全书共24章，分别是"绪论、类型学特征、词的构造、单句（叙述句）、助动词、体、句末助词（语气词）、副词、介词、间接宾语和受惠者、处所和方向短语、否定、动词重叠、祈使、把字结构、被字结构、提示句（存现句）、疑问句、比较、名词化、连动结构、静态补语、句子链接、篇章中的代名词"。不难看出，其体例不仅有别于国内的理论语法体系，而且和二语汉语教学语法体系也有很大的区别。如该书没有遵循传统的先词类后句法的顺序，而是采用了词类和句法穿插讲解的策略。句法部分的顺序安排也很有特色，且部分句法结构独立成章，如动词重叠、间接宾语和受惠者以及其他一些句法结构都被赋予独立的地位。这种安排显然是意在凸显并解释汉语特有的语法现象，突出语言的表意功能。值得一提的是，虽然篇幅有限，但体、否定、比较等被赋予独立的范畴地位。

《实用汉语参考语法》也颇有特点。全书共八章，并有详细的附录。依次为"导论；句子类型、词序和虚词；动词短语：有关结构及其成分；构词法、助词和复合词；名词短语：有关结构及其成分；副词短语：有关结构及其成分；并列与主从：有关结构及其成分；语境与先行词；语言的意义及使用"。全书完全以句法为导向，词类没有独立的地位，词类的功能分散在相关章节中进行了描写。这一点可从部分章节的标题中窥见，如第三章"动词短语：有关结构及其成分"、第五章"名词短语：有关结构及其成分"、第六章"副词短语：有关结构及其成分"、第七章"并列与主从：有关结构及其成分"。这种设计有利于体现各种不同属性手段的功能。

以上三部二语汉语教学语法教材各有侧重，各有特色，但总体上都采用"从外到内"的策略，且以句法为主导。这种倾向与汉语的类型特点不无关系。汉语因缺乏严格意义上的形态变化，词法层面的意义（语法意义）主要反映在句法层面上，句法所承载的负荷量自然更重更复杂，但又因为汉语语法规则刚柔相济，即缺乏刚性规则，所以自然导致重理解轻表达的倾向。

房玉清（1992）的《实用汉语语法》与通行的二语汉语教学语法教材形成鲜明对照，可谓是结构—表达兼顾型。该书最明显的区别是增设了范畴表达，赋予数量、动态、时空、语气独立的范畴地位，并分别进行了十分详细的描写和分析，其篇幅约占全书的三分之一。对此，胡明扬在该书的序言中给予了充分肯定，说该书对上述四个范畴的研究以及对某些助词的处理"很有特色，有不少创见"。作者注意到汉语语法的特点，并力求兼顾"从外到内"和"从内到外"。如作者将趋向动词归入动态范畴，是因为趋向动词不仅仅表示移动趋向,且已具有表示某种动态的功能。又如,作者把时间词、时间副词、方位词放在时空范畴中进行描写和分析,也是基于汉语的特点和表达所需,应该说,这种思路和呈现方式很值得借鉴。但语义范畴只限于数量、动态、时空、语气四个范畴未免有偏少之憾①。

其实,二语汉语语法学界一直在探索理解与表达地位的关系。赵淑华(1992)就提出了根据结构、语义、语用三个平面的不同特征建立不同的句型的设想,冯胜利、施春宏(2015)提出了"结构·功能·语境"为一体的"三一语法"。但这些主张基本上仍属于"从外到内"的导向。吴勇毅(1994)探讨了基于语义范畴来建立二语汉语教学用句子类型系统的可能性,认为可以考虑建立与"被动""存现""使令""态""顺序""数量"等语义范畴相应的表达系统,但止于设想,没有进一步展开。

其实,关于"从外到内"和"从内到外",前人已有探索和先例。

吕叔湘(1982)的《中国文法要略》(以下简称《要略》)受奥托·叶斯柏森(1924/2009)的《语法哲学》的影响,采取了"从外到内"和"从内到外"兼顾的策略。吕叔湘(1982)在重印题记里指出,"语法书可以有两种写法:或者从听和读的人的角度出发,以语法形式(结构、语序、虚词)为纲,说明所表达的语法意义;或者从说和写的人的角度出发,以语法意义(各种范畴、各种关系)为纲,说明所赖以表达的语法形式。这两种写

---

① 笔者与房玉清教授私下交谈时,房玉清教授认为语义范畴的范围完全可以扩大。

法各有短长,相辅相成,很难说哪一种写法准比另一种写法好。一般语法书都是采取前一种写法"。本文所说的"从外到内"和"从内到外"大致相当于吕叔湘所说的两种写法。

《要略》分上、下卷,上卷是词句论,下卷为表达论,下卷又分为范畴篇和关系篇。范畴篇包括"数量、指称(有定)、指称(无定)、方所、时间、正反·虚实、传信、传疑、行动·感情";关系篇包括"离合·向背、异同·高下、同时·先后、释因·纪效、假设·推论、擒纵·衬托"。朱德熙(1982)对《要略》给予了高度的评价:"从现代语言学的角度来看,《中国文法要略》尤其能引起我们的兴趣。……'表达论'以语义为纲描写汉语句法,许多见解富有启发性。特别应该指出的是,《要略》是迄今为止对汉语句法全面进行语义分析的唯一著作。"《要略》所说的范畴和关系包括语法范畴和句法语义范畴。

值得一提的是,《要略》是"作为中学语文老师的参考书来写的"(吕叔湘,1982:重印题记),也属于广义的教学语法。《要略》的对象虽然是汉语母语者,但形义兼顾,尤其是"以语义为纲描写汉语句法"的思路,对二语汉语教学语法仍然具有理论价值和直接的借鉴价值。

三、向"从内到外"倾斜的依据

我们赞同吕叔湘的观点,"从外到内"和"从内到外"各有千秋,并不互斥。但我们认为面向中高级水平学习者的汉语教学语法,尤其是面向特定母语背景学习者的语别化汉语教学语法①，可以而且应该适当地向"从内到外"倾斜，赋予表达相对独立的地位。事实上，"从内到外"不仅仅是写法问题，而是有其内在理论依据和操作性依据。

从交际功能角度来说，无论是母语交际还是二语交际都以表达为终极目标。交际是有目的的行为，但相较而言，二语交际的目的性更强。如同母语习得，母语表达通常是自然状态下自发的"无意识"行为，且随机性很强，随时切换话题。这在口语交际中更加明显。二语交际则不同，学习者有强烈的目标意识，通常预先设定要表达的内容（语义），再按这一路线图"按部就班"地"从内到外"。我们经常遇到"这种意思目标语（汉语）里怎么表达？"的提问，二语语法教学应该满足并体现这种目标需求。

提高"从内到外"的地位也有来自心理学研究的支持。根据舒华等（2003）对目前心理词典系统研究的概括，心理词典系统至少包含相互关联又相对独立的五个模块：语音输入词典（phonological input lexicon）、字形输入词典（orthographic input lexicon）、语义系统（semantic system）、语音输出词典（phonological output lexicon）和字形输出系统（orthographic output lexicon）。

在语言理解过程中，口语理解先通过语音输入刺激、激活语音输入词典中的语音信息，再通过语音与语义的连接通路来激活语义，以达到理解的目的；书面语的理解先通过字形输入刺激、激活字形输入中的词形信息，再通过词形与语义的连接通路来激活语义，达到理解的目的。而语言产出的过程恰好相反，先由语

---

① "语别化二语教学"大致相当于本土化二语教学，但不等于国别化二语教学。因为不同的国家可以使用同一种语言。

义出发，通过语义与字音、词形输出词典的连接，激活相应的语音信息和词形信息，再输出语音信息或书写出来。邢红兵（2016）将词汇知识分为"理解性知识"和"产出性知识"，并认为理解性知识随着大量的语言学习可以逐渐向产出性知识转变。可见，理解（输入）先于表达（产出），理解必须赖以形式，但表达则先从语义出发。虽然他们探讨的是词汇理解和表达的关系，但大体上也适用于语法层面。理解和表达虽有先后因果关系，但出发点不同，二者并非同步实现。以"数"范畴的表达为例。

（1）a. 中国人真有钱。
　　　b.* 中国人们真有钱。（留学生作文偏误）

语言之间复数标记的价值并不完全等值。在很多语言里，"中国人"作为类指性名词短语，具有 [+ 集合][+ 个体] 两种属性，后头可以或必须用复数标记，而在汉语里只有 [+ 集合] 属性，不能和复数标记相容。这一区别并不难理解，但理解和表达未必总是完全一致，学习者经常在汉语集合名词后头使用"们"。

从操作角度来看，"从内到外"也有其合理性。语义范畴和表达形式都有跨语言共性。但语义范畴是基于人类共同的认知心理形成的概念系统，其共性必然大于形式共性。如指称、数、空间、时间、比较等基本的语义范畴普遍见于人类语言。语言形式虽有共性，但指的是类型共性，具体的形式手段因语言而异。从某种意义上来说，语义是"原则"，形式是"参数"。二语汉语教学语法应该而且可以考虑"以语义为纲描写汉语句法"，即可采用"从内到外"的策略，以直接凸显语言的交际功能。事实上，这一策略同样适用于母语的理论语法。

"从内到外"的策略还可以使语法系统更富于弹性，提高可操作性。形义关系既有一对一的匹配，也有一对多的匹配，处理前一种匹配关系，两种策略并无优劣之分，但处理后一种匹配关系，情况有所不同。一对多的匹配关系指同一个语义范畴使用不同属性的形式手段，如果采取"从外到内"的策略，不同属性的形式手段通常在不同的章节里分别进行描写和讲解，其结果是难免重复，以致注意力分散。而采取"从内到外"的策略，则可以打破不同属性形式手段之间的界限，集中讲解，因而更有利于学习者的理解和表达。以汉语中"过量"表现为例。

（2）a. 这个人太好／坏了。
b. 你不要过于紧张。
c. 我已经超龄了。
d. 他个人性格有些过激。
e. 今天睡过头了。
f. 他昨天喝多了。

（2）a～f都表示负面的"过量"义。但手段的属性不同，a句"太"和b句"过于"为程度副词，c句"超"和d句"过"是前缀，e句"睡过头"和f句"喝多了"是述补结构。传统上，这些不同属性的手段分别在副词、词缀、述补结构等不同章节里进行讲解。实践表明，采取"从内到外"的策略，不仅有助于克服焦点分散，也有助于巩固和激活已学语法资源和知识，还有利于了解不同手段之间的异同。例如"太"既可以表示正面意义（太好了），也可以表示负面意义（太坏了），而"过"和"过于"类只能表示负面意义，如不能说"过好""过于健康"；"过"

只能修饰单音节形容词,而"过于"类只能修饰双音节形容词,"过聪明""过于急"都不能说。如果我们从"过量"这一语义范畴出发,就完全可以把不同属性的表达手段一并加以描写和讲解,从而达到事半功倍之效。理论语法和二语教学语法经常通过同义虚词和同义句式的比较来异中求同,同中辨异,这种方法事实上也是基于"从内到外"的一种操作。词汇语义学所说的语义场分析更是基于共性语义为基础的操作。

四、"从内到外"可为学习者提供跨语言比较的共性基础

如上所说,理解和表达属于既有关联,又相对独立的环节。在理解和表达上母语者和二语学习者仍有差异。母语者具有与生俱来的理解能力,因此,理解环节往往被忽略或"过滤",直接"自动"地进入表达环节。而二语学习者则必须经过理解环节,方能进入表达环节,两个环节的时间差更加明显。其中一个重要的原因是,二语学习者总是有意识或无意识、直接或间接地拿母语和二语进行比较。事实上,这是一种必然的过程或本能的反映,尤其是遇到难点时更加明显。如果说母语的理解和表达是直通快车,那么二语的理解和表达则类似慢车,每站必停,补水添煤。

任何新的知识从来不是也不可能凭空产生,离不开已有知识。二语知识也是基于内在母语知识逐渐形成的,母语的哪些规则可以复制到二语,哪些规则不能复制,都是母语和目标语比较的结果。研究表明,二语习得不仅和母语有关,而且还和语言共性知

识有关（俞理明，2004：103），而共性也是比较的结果，母语知识是语言共性的具体体现。比较类似货币的换算，但不是纸币和铜币的换算，而是币值的换算。币值的换算是一个复杂的过程，这在书面表达环节（含翻译）中尤为明显。

比较离不开可比性，形式和意义都有跨语言共性，因此都可以做比较的共性基础，但如前所说，语义范畴的可比性大于形式的可比性。需要指出的是，因母语理论语法和二语教学语法通常采取"从外到内"的策略，学习者的比较也自然以"从外到内"为常，即以形式手段的比较为主。当语言间表达手段的属性和功能一致或相近时，这种比较无疑是可行的，也是有效的。例如，复数标记、差比标记、协同标记、工具标记的可比性都很高，可以直接进行比较。但形义匹配关系不一定总是一对一的整齐对应，当一方语言的形式手段出现空缺或交错对应时，很容易造成学习者的困惑。语言间的差异不一定必然导致学习上的困难，但一定是不可忽略的因素之一。"从内到外"因从共性语义范畴出发，就可以相对有效地减少由手段空缺或手段差异所造成的困难。

以词类为例。跨语言调查表明，语言间词类的库藏分布呈现普遍和局部差异，名词、动词、指示词、副词、连词、象声词等普遍见于人类语言，而方位词、冠词、拟态词、量词、语气词等只见于部分语言。例如，汉语和大部分印欧语表示空间关系的手段不对称，汉语既可以单用介词（在房间看书），也可以单用方位词（房间里有人看书），介词和方位词还可以配套使用（在房间里看书），而印欧语只有介词（in the room）。如果从词类出发，只能比较介词，方位词就"落单"了，而从空间范畴出发，就可以把介词和方位词置于同一个语义范畴中进行描写,学习者可通过介词和介词、介词和方位词的交叉比较,了解其共性和差异。再如,印欧语普遍有冠词,汉藏语和阿尔泰语普遍空缺冠词,我们很难找到合适的可比对,从"有定无定"范畴出发,就可以找到相应的表达手段。词类是从语法功能角度划分出来的类,但语法功能的本质还是语义范畴(陆丙甫、金立鑫编,2015:80)。词类分布不对称时,从语义范畴角度切入是一种必然的选择。

再以句法结构为例。述补结构是二语汉语教学中突出的难点之一。学界普遍认为述补结构为汉语所特有,但学习者还是试图找到母语中的相应表现。比如,述补结构在维吾尔语、蒙古语、韩国语里,经常对应于状中结构、因果结构、连动结构(或复合词)和单个儿动词。如例(3)。

(3)衣服洗干净了。

维吾尔语:kijim　　pakiz　　juj-ul-di.
　　　　　衣服　　干净　　洗—被动—直陈过
　　　　　　　　　　　　　　去3人称

蒙古语:xubčasu-ban　　čeber　　uxiya-čixa-jai.
　　　　衣服—反身领属　干净　　洗—完成体—
　　　　　　　　　　　　　　　　过去时

韩国语:os　　-ɯn　　kkɛkkɯhake　　ss-isətta.
　　　　衣服—话题　干净　　地　　洗—过去时

维吾尔语、蒙古语和韩国语中的状语,句法上修饰谓语,但语义上也指向结果,只是因其处于状语位置,结果义被方式或状态义覆盖而已。韩国语有些语法论著,将这些状语视为结果状语。

如例（4）。

(4) 他把水果吃光了。

维吾尔语：u　　mewi-lɛr-ni　　　　jɛ-p
　　　　　他　水果—复数—宾格　吃—状态副动
　　　　　bol-di.
　　　　　助动—直陈过去3人称

蒙古语：tere　　jimis-i　　　ide-ged
　　　　他　　水果—宾格　吃—分离副动词词缀
　　　　bara-čixa-jai.
　　　　完—完成体—过去时

韩国语：kɯ-kɑ　　　sɑkwa-rɯl　ta　məkə
　　　　他—主格　苹果—宾格　都　吃
　　　　pəljətta.
　　　　—掉　（助动词）—过去时

  维吾尔语、蒙古语和韩国语的"动₁动₂"结构上类似汉语的述补结构，差别在于"动₁"后使用连接标志。可见，这些语言里尽管缺乏类似汉语的典型或专用结果表达式，但并非不能表示结果。又如，英语中的 make clear、make sure 等与汉语的动结式相近，只是不如汉语发达（刘丹青编著，2008：75）。从某种意义上来说，学习者的困难与其说是结构空缺所致，不如说是表现手段不同所致更符合实际。如果从结果范畴出发，而不是仅仅从结构出发，可能更有助于二语学习者的理解和表达。

  "从内到外"的比较不仅仅适用于表现手段空缺的情形，即使不空缺的时候也可以采用，而且同样有效。由于语言类型差异，语言间形式手段不仅存在属性差异，而且还经常呈现多对多的交叉。根据林青（2016）的研究，汉语—维吾尔语推测型传信表达手段呈现出十分复杂的对应关系。汉语推测型传信使用"看起来、看样子、看来、好像"以及语气词"吧"等，维吾尔语推测型传信使用"oχʃɑ-""dɛk/tɛkqil-""-ʁudɛjmɛn"等。这种交错复杂的情况，给学习者造成很大的困惑，如果从"传信"范畴出发来描写和讲解，有助于学习者形成相应的语义范畴，进而能够通过比较，加深理解，提高表达能力。事实上，类型学的跨语言比较也通常指从语义范畴出发。

吕叔湘（1982）在《要略》（上卷）初版例言中指出："假如能时时应用这个比较方法，不看文法书也不妨；假如不应用比较的方法，看了文法书也是徒然。"这是针对汉语母语教学语法而言的，但同样适用于二语汉语教学语法。虽然二语汉语教学语法教材不大可能系统深入地呈现语言间的共性和个性，但可以而且有必要以适当的方式加以呈现，这对面向特定母语背景者的二语汉语教学语法尤为必要。

五、结语和余论

"从外到内"和"从内到外"都是形义匹配关系的呈现策略，但目标取向不同，因而不能互相自动替代。不过，"从内到外"基于共性语义范畴，更能直接体现语言的交际功能，且更具可比性和可操作性，同时也有助于发现和揭示语言的类型特点及其机制。面向特定母语者的语别化二语汉语教学语法，尤其是语言类型差异显著的语别化二语汉语教学语法，更要注重"从内到外"。

我们所说的语义范畴是一个相对开放的系统，自然包括传统的词法范畴（语法范畴）。考虑到语言的多样性，尤其是汉语的类型特点，句法语义范畴也可以归入语义范畴，如吕叔湘所说的语义范畴和关系范畴，以及处置、情态等范畴。此外，某些语用范畴如敬语范畴、小称范畴等也可以归入语义范畴。几种范畴之间互有交集，但究竟如何界定语义范畴的范围，有待于进一步探讨。崔健（2002）基于"从内到外"的策略，初步尝试构建了汉韩语义范畴的表达系统。需要说明的是，我们所说的语义范畴并不指类似"问路""看病""邮寄东西"等具体的交际项目。

有些学者全盘否定"从外到内"（野田尚史，2014），认为二语教学语法应该而且完全可以用"表达语法"代替"形式语法"，这种主张不仅片面，而且不现实，皮之不存，毛将焉附。"从内到外"是指出发点而言，理解和具体分析永远离不开形式。"从内到外"只是形义关系的一面，正如"从外到内"不能替代"从内到外"一样，"从内到外"也不能替代"从外到内"。

参考文献

[1] 奥托·叶斯柏森（2009）《语法哲学》（1924），何勇等译，北京：商务印书馆。

[2] 崔健（2002）《韩汉范畴表达对比》，北京：中国大百科全书出版社。

[3] 房玉清（1992）《实用汉语语法》，北京：北京语言学院出版社。

[4] 冯胜利、施春宏（2015）《三一语法：结构·功能·语境——初中级汉语语法点教学指南》，北京：北京大学出版社。

[5] 李英哲、郑良伟、Larry Foster 等编著（1990）《实用汉语参考语法》，熊文华译，北京：北京语言学院出版社。

[6] 林青（2016）类型学视野下的汉语—维吾尔语传信范畴表达对比研究，北京语言大学博士学位论文。

[7] 刘丹青编著（2008）《语法调查研究手册》，上海：上海教育出版社。

[8] 刘月华、潘文娱、故铧（2001）《实用现代汉语语法（增订本）》，北京：商务印书馆。

[9] 陆丙甫、金立鑫主编（2015）《语言类型学教程》，北京：北京大学出版社。

[10] 吕叔湘（1982）《中国文法要略（重印本）》，北京：商务印书馆。

[11] 舒华、柏晓利、韩在柱等（2003）词汇表征和加工理论及其认知神经心理学证据，《应用心理学》第 2 期。

[12] 吴勇毅（1994）语义在对外汉语句型、句式教学中的重要性——兼谈从语义范畴建立教学用句子类型系统的可能性，《汉语学习》第 5 期。

[13] 邢红兵（2016）《汉语作为第二语言的词汇习得研究》，北京：北京大学出版社。

[14] 野田尚史（2014）《交际型日语教学语法研究》，张麟声等译，北京：外语教学与研究出版社。

[15] 俞理明（2004）《语言迁移与二语习得：回顾、反思和研究》，上海：上海外语教育出版社。

[16] 赵淑华（1992）句型研究与对外汉语教学——兼析"才"字句，《语言文字应用》第 3 期。

[17] 朱德熙（1982）《汉语语法丛书》序，见吕叔湘《中国文法要略（重印本）》，北京：商务印书馆。

[18] Li C. N., Thomson S. A. (1981) *Mandarin Chinese: a functional reference grammar.* Berkeley, CA: University of California Press.

主谓语教学与汉语句子的组织*

吕文华

一、引言

　　主语和谓语是组成句子的两个主干成分。汉语中主语问题一直是一个有争议的问题。早在20世纪50年代（1955—1956），我国语法学界曾经有过一次关于主宾语问题的讨论。汉语的主语之所以成为问题，主要是因为汉语缺乏形态标志，从词形上区分不了哪个是主语，因此产生了是否可以从词序或施受关系上来确定主宾语的争论。这场争论虽然有所收获，但并没有达成共识，此后在主语问题上一直存在着分歧。例如，1993年陆俭明《汉语句子的特点》，胡裕树、范晓《试论语法研究的三个平面》中在对主语的认识上就有很大分歧。先看下列两组句子：

　　（1）A1. 昨天来了位新教员。
　　　　 A2. 信他写好了。
　　（2）B1. 昨天来了三位客人。
　　　　 B2. 自行车他骑出去了。

---

* 原文发表于《国际汉语教学研究》2014年第1期。

A1、A2是陆俭明举的例子，他认为A1中"昨天"是主语，A2中"信"是主语；B1、B2是胡裕树、范晓举的例子，他们认为B1中"昨天"是状语，"三个客人"是主语，B2中"他"是主语，"自行车"是提示语。因为陆俭明主张主语和谓语不必强调语法上的一致性，主谓关系很松散。胡裕树、范晓两位先生则认为主语与做谓语的动词或形容词之间必须在语义上有选择关系。

多年来，关于主语的讨论还围绕着主语和话题的问题展开。赵元任先生（1979：45）曾指出："在汉语里，把主语、谓语当作话题和说明来看待，较比合适。"朱德熙先生（1982：109—110）提出："汉语的主语和谓语之间的语义关系是很复杂的，……说话人选来做主语的是他最感兴趣的话题，谓语则是对选定了的话题的陈述。"主语和话题有时是重合的，有时是分离的，因此对于处于句首动词前的名词性成分，就有区分主语和话题的问题。

究竟主语该如何界定？其句法标准是什么？它是出现在静态单位里还是动态关系中？它与谓语是向心关系还是选择关系？这些问题目前都尚在探讨中。已经达成共识的是，主语属于句法结构层面的现象，而话题则是属于语用及篇章层面的现象。

对于如此复杂的主谓语问题，对外汉语教学中是如何处理的呢？

二、主谓语的教学状况

自《汉语教科书》（1958）至今，在对外汉语教材中始终没有对主语和谓语的含义及功能给予应有的解释。现以国内使用的、不同时期影响较大的四部教材为例,观察一下教学中对主语和谓语的处理情况。

《汉语教科书》是对外汉语语法体系的奠基之作,影响极大。该教材中句子成分的教学排除了主语、谓语和宾语。该书下册第695页所附语法大纲,在句子成分一栏的标题为:"主语、谓语、宾语以外的句子成分"。显然对主语、谓语采取了回避的态度。该书编写时期正值语法学界开展主宾语问题的大讨论,当时对主语、宾语的判断标准莫衷一是,使得教学语法也无章可循,所以不得已而回避之。这一做法也沿袭到此后的几部教材中。

《基础汉语课本》(1980)是一部国内外影响大、使用面广的教材,堪称对外汉语教材中集大成之作。该书在主语和谓语的处理上采取列举构成主语和谓语的词和词组的做法。现以主语为例,该教材对主语的介绍是:"句子的主语(除名词、代词外)也可以由动词、形容词、动词结构、形容词结构或主谓结构等构成"。是以汉语中的语言事实来展示主语。该书续编第281—282页的语法复习提纲中,列举的例句如下:

(3) 热和冷都不好,不冷不热最好。(标有着重号的词或词组是句子的主语)

(4) 四是八的二分之一。

(5) 他们班的同学,个个是运动员。

(6) 这种衬衣真漂亮,一件多少钱?

(7) 参观访问可以帮助我们了解中国。

(8) 跑步是一种很好的体育运动。

(9) 你真该早点儿睡,睡得太晚不好。

（10）早睡早起是个好习惯。

（11）身体好很重要。

（12）看完电影再预习也可以。

《初级汉语课本》（1986）是第一部分科系列教材，也是一部使用时间长、影响大、使用面较广的经典教材。该教材对主语、谓语的解释采取介绍语序的办法："汉语的句子一般可以分为两个部分，主语（S）、谓语（P），主语在前，谓语在后，这一次序一般不变。"

《汉语教程》（1999）是在《汉语水平等级标准与语法等级大纲》（1996）（以下简称《等级大纲》）颁布后编写的、目前使用较广泛的教材。在第一册（上）提到主语和谓语时，有如下解释："语序一般是主语在前，谓语在后"，例如：

主语　谓语

（13）你　　好。

（14）我　　去银行。

从以上考察可见，在对外汉语教学中主语、谓语的教学是很薄弱的。20世纪50年代的教学中是避而不提，70年代末的《基础汉语课本》是具体、直观地列举构成主谓语的词或词组，没有区别主次，更没有涉及主谓语的功能。这一做法也被吸收到《等级大纲》和《高等学校外国留学生汉语言专业教学大纲》（2002）（以下简称《教学大纲》）中。这种做法的优点是简明、直观，回避了对主语进行解释和界定的难题，又能显示出汉语中主语由多种词类构成的形式上的特点。问题是，学生较难理解和接受：为什么"冷""热""跑步""身体好"等会是主语？尤其是母语为印欧语的学生更是大为困惑,不知所以然。国外的汉语教师来华进修时,每每提及主语问题,也总是难以得到满意的答复。

其后,自《初级汉语课本》到《汉语教程》一直采取介绍主谓语的语序的做法,突显了汉语中主谓语的位置,无疑对外国学生掌握汉语句子的形式特征大有裨益,但由于受当时研究水平的限制,未能进一步揭示主谓语之间的语义联系及语法功能,而近年新出版的教材又未能将主谓语研究的新成果及"话题—陈述"这一句子结构模式引入教材,则是一件憾事。所以,目前教材中关于主谓语的教学状况是不尽如人意的。

主谓语教学的目的,并不是要给一个科学的定义,也不是为了语法体系的完整,更不是为了分析句子的需要,主要是为了帮助外国人学汉语时能正确地组织句子,从而提高他们的成段表达能力和交际能力。以此为出发点,本文在对汉语和印欧语组织句子模式对比的基础上提出主谓语教学的初步构想。

三、汉语与印欧语组织句子的模式

汉语与印欧语组织句子的模式迥然不同。汉语是话题突出的语言,印欧语(如英语)是主语突出的语言。印欧语的句子是由"主语+谓语"构成,而汉语组织句子时往往把一个已知信息放在句首,然后展开下文进行陈述,因此造成汉语的主谓语与印欧语存在很大的差异。

1. 汉语的主谓语不完全是印欧语的"NP+VP"的模式。印欧语的主语一定是名词性成分,而汉语的主语除了名词或代词外,还可以由形容词性成分、动词性成分、数量词语、主谓词组等充任。

印欧语是以动词为中心的语言，谓语一定是动词性成分，而汉语中的谓语则除了动词外，占一半左右的谓语是形容词、名词及主谓词组。

2. 印欧语中的主语不是动作的施事就是动作的受事，而汉语的动词谓语句中，主语不仅是施事、受事，也常常是动作的时间、处所、工具、方式、原因等。印欧语的谓语是动作、行为，汉语的谓语有动作行为，还有描述、说明等。

3. 印欧语的主谓之间保持严格的一致，而汉语主谓之间则十分松散，主谓之间可以有停顿，可以有助词，而且由于存在句子成分的省略，主谓之间常常不存在一致的关系。例如：

（15）汽车没赶上。

（16）一站颐和园。

（17）你哪儿？我北大。

4. 汉语在组织句子方面十分灵活，而印欧语的"主语（施事/受事）+谓语（动作/行为）"模式则比较固定。例如：

（18）a. 我没有去颐和园。

汉语可以随说话人选择不同的话题，组织起不同的句子：

b. 我颐和园没有去。

c. 颐和园我没有去。

从以上对比可以发现，汉语和印欧语在组织句子上有着明显的差异，因此欧美学生在用汉语组织句子时，受其母语的干扰，常出现一些带"洋味儿"的句子。例如：

(19) a. ？昨天下了很大的雨。

　　　b. ？餐厅卖很好喝的咖啡①。

以上句子用地道的汉语说，应该是用形容词谓语句：

(20) a. 昨天的雨很大。

　　　b. 餐厅卖的咖啡很好喝。

在选择主语组织句子时，留学生也同样会说出不地道的汉语。如在练习方位词时，教师让学生说出自己座位的位置，学生会说：

(21) a.（？）玛丽在我的左边，杰克在我的右边，阿里在我的前边，山本在我的后边。

显然，以上表达很不合汉语的习惯。当以方位为话题时，某个人的位置是由方位词突显出来，所以地道的汉语应该说：

　　　b. 我前边是阿里，后边是山本，左边是玛丽，右边是杰克。

因此，要让学生正确地选择句子和组织句子，应该让学生排除母语的干扰，用汉语主谓语组织句子的方式来表达思想。这是我们主谓语教学的目的之所在、关键之所在。

汉语主谓语与印欧语迥然不同，是由汉语是注重话题的语言这一特点所决定的。其实，"主语""谓语"本来都是印欧语的句法概念，汉语借用了印欧语这套句法概念，但这些概念并不很

---

① 这个病句引自第二届国际对外汉语教学语法研讨会（2002）上孟琮提交的论文。

适合汉语的句子结构，只是长期以来没有找到可以取代它们的概念。我们的汉语语法研究，尤其是汉语的教学，需要用汉语的眼光来认识汉语的语法，用汉语的眼光来看待汉语的主语和谓语。

汉语是话题突出的语言，汉语的组句模式是"话题—陈述"。因此，应该把话题和这种组句模式引入教学，使学生能够更容易、更有效地理解汉语的句法模式。在第七届国际汉语教学讨论会上，德国柯彼德先生在题为《以话题为纲——提高汉语语法教学效率的新尝试》（2004）的论文中指出，"许多学者从语用的角度来研究汉语的'话题—说明'结构。这种信息结构确实是汉语的特点，对学习汉语的西方学习者来说，领会这一语用方面的实质比掌握一系列的语法规律还重要"。

多年来，国内外的学者们都在呼吁对外汉语的语法教学必须突破几十年来基本不变的语法教学体系，把语义、语用的研究成果转化到教学中，引进话题及"话题—陈述"的结构模式，把语法教学从只重形式提高到结合语义和语用的新台阶。

对外汉语的主谓语教学必须充实和更新教学内容，吸收和转化新的研究成果，具体操作上还要考虑简明、实用、循序渐进等教学的基本原则。

四、主谓语教学的构想

我们对主谓语的教学进行等级切分，建议在主谓语的教学上建立以下几个语法项目，并按以下顺序分别在不同教学阶段进行教学。

4.1 介绍"汉语的主语和谓语"

语法解释：汉语的句子，至少包括主语、谓语两个部分。主语在前，是被陈述的部分；谓语在后，是陈述的部分。主语主要由名词、代词及名词性词组充任，谓语主要由动词、形容词或动词性词组、形容词性词组充任。

在初级阶段，可尽快介绍主谓语最基本的概念，让学习者初步了解主谓语的顺序，主谓语之间的关系，以及充任主谓语的主要成分。除形容词直接做谓语外，学生可以毫无困难地接受以上内容。对形容词做谓语应强调不须用"是"。

4.2 引入"主语、话题"及"话题—陈述"结构模式

语法解释：汉语是话题突出的语言，汉语的句子结构模式是"话题—陈述"。在汉语中，名词、代词经常做主语，因为我们说话经常拿人或物做话题。我们也可以拿时间、处所做话题，所以表示时间、处所的名词也能做主语。动词、形容词也能做主语，因为我们也可以拿某种动作、行为或性状做话题。

至此，《等级大纲》和《教学大纲》中的各类主语即名词、代词、时间词、处所词、形容词、动词及各类词组做主语都纳入了教学内容。由于引入了"话题—陈述"结构，外国学生对表时间、处所、状态、动作等词充当主语的困惑将迎刃而解。

以上内容也应在初级阶段分散地进行教学。

4.3 引入"话题句"

话题句即"话题—陈述"句，一般指句首的话题是动词的受事、工具或其他已知信息，其后是对话题的陈述部分。这是汉语中较为特殊的一种句式，这种句式不仅引起了语言研究者的注意，也引起了语言习得研究者的关注。汉语中有哪几种话题句呢？曹秀

玲等（2006：86—104）归纳出汉语中的12类话题句，现转录如下：

1. 移位类（共7种）：

（1）简单句宾语移位（4种）：

C1 狗，我见过。（类属名词）

C2 一件事，我要告诉妈妈。（不定名词）

C3 那首歌，小王唱过。（有定名词）

C4 王老师，小王昨晚见过。（有生命名词）

（2）双宾语中的宾语移位（3种）：

C5 那本书，我送小王了。（直接宾语移位，动词为给予性）

C6 那张报纸，他抢了小王的。（直接宾语移位，动词为夺取性）

C7 小红，我送了一本书。（间接宾语移位）

2. 非移位类（共5种）：

C8 那场大火，幸亏消防队来得早。（用副词联系）

C9 那些苹果，一斤五元。

C10 那棵树，叶子很大。（话题和小句主语是领属关系）

C11 这件事，我做主。（话题给小句设定范围）

C12 中国菜，我喜欢吃烤鸭。（话题与小句宾语有整体和局部的关系）

由于作者是从习得角度研究话题的，所以没有纠缠句首的名词性成分是话题还是主语。很明显，作者用逗号是为了突显话题。我们统计了《等级大纲》和《教学大纲》中的例句，结果发现以上列举的12类话题句，出现了6种：

同 C1 大虾我要一斤。(《等级大纲》第 105 页 [丙 175])

同 C2 什么事情她都知道。(《等级大纲》第 76 页 [乙 069])

同 C3 那个电影我看过。(《等级大纲》第 42 页 [甲 059])

同 C4 王教授我好像在哪儿见过。(《等级大纲》第 76 页 [乙 068])

同 C10 他眼睛大,鼻子小。(《等级大纲》第 103 页 [丙 173])

同 C11 这个问题我不想发表意见。(《教学大纲》第 50 页)

以上句式,主要出现在主谓词组或小句做谓语的语法项目中,而且句首成分是作为主语看待的。由于句首名词多半是动词宾语移位,教学中又没有交代"话题—陈述"结构,只讲"主语—谓语",容易引起外国学生理解上的困难。引进话题句概念,把移位句中的句首成分明确为话题,其后是陈述,对留学生把握汉语的组句模式,理解这类句式的结构和语义关系,都是有帮助的。

《等级大纲》和《教学大纲》中未列入的其他类型的话题句,如在教材中出现,都可照此处理。初级和中级阶段即可引入话题句。

4.4 篇章连接中主语或话题的功能

在汉语篇章连接的方式中,与主语或话题有关的涉及以下两种:

其一，主语或话题的零指称。即篇章中在第一句出现了主语或话题后，以后出现的相关句子中本该出现的指称词语缺省，也叫承前省略。这在汉语中很常见，而这一点与印欧语等语言差异很大。外国学生，尤其是母语是印欧语的学生，在这方面常常出现偏误，不会承前省略，因此造成语句之间的不连贯和衔接生硬的现象。例如：

（22）坐飞机的时候，我特别紧张，我吃不下饭，我睡不着觉，我看不了书，我只能跟别的旅客谈话[①]。

而在汉语中，除了第一句出现主语"我"，以下四个句子中的"我"都应该省略，否则就极不自然。因此主语在篇章中省略的特点，是教学中不容忽视的问题。

其二，话题连接。即话题是篇章的连接手段，话题把前后句子连接起来。《教学大纲》在列举语段的连接手段时提到了"话题连接"（第94页），其例句是：

（23）[1] 旧的矛盾解决了，新的矛盾又产生了。[2] 矛盾是经常的，无矛盾是暂时的。[3] 我们只有在矛盾中前进。

作为话题的"矛盾"，把句子连接起来，使三个简单句成为一个语段。

主语、话题在篇章中的连接功能应纳入中高级阶段的汉语教学的内容。

---

① 引自陈晨（2002）。

参考文献

[1] 北京大学外国留学生中国语文专修班编（1958）《汉语教科书》，北京：时代出版社。

[2] 北京语言学院编（1980）《基础汉语课本》，北京：外文出版社。

[3] 北京语言学院来华留学生三系编（1986）《初级汉语课本》，北京：北京语言学院出版社/华语教学出版社。

[4] 曹秀玲、杨素英、黄月圆、高立群、崔希亮（2006）汉语作为第二语言话题句习得研究，《世界汉语教学》第3期。

[5] 陈晨（2002）英语国家中高级汉语水平学生篇章偏误考察，见中国对外汉语教学学会编《中国对外汉语教学学会第七次学术讨论会论文选》，北京：人民教育出版社。

[6] 国家对外汉语教学领导小组办公室编（2002）《高等学校外国留学生汉语言专业教学大纲》，北京：北京语言大学出版社。

[7] 国家对外汉语教学领导小组办公室汉语水平考试部（1996）《汉语水平等级标准与语法等级大纲》，北京：高等教育出版社。

[8] 胡明扬主编（1996）《词类问题考察》，北京：北京语言文化大学出版社。

[9] 胡裕树、范晓（1993）试论语法研究的三个平面，《语言教学与研究》第2期。

[10] 柯彼德（2004）以话题为纲——提高汉语语法教学效率的新尝试，见《第七届国际汉语教学讨论会论文选》，北京：北京大学出版社。

[11] 李德津、程美珍（1988）《外国人实用汉语语法》，北京：华语教学出版社。

[12] 刘月华、潘文娱、故铧（2001）《实用现代汉语语法（增订本）》，北京：商务印书馆。

[13] 陆俭明（1993）汉语句子的特点，《汉语学习》第 1 期。

[14] 马真（1981）《简明实用汉语语法》，北京：北京大学出版社。

[15] 潘海华、梁昊（2002）优选论与汉语主语的确认，《中国语文》第 1 期。

[16] 杨寄洲编著（1999）《汉语教程》，北京：北京语言文化大学出版社。

[17] 赵元任（1979）《汉语口语语法》吕叔湘译，北京：商务印书馆。

[18] 朱德熙（1982）《语法讲义》，北京：商务印书馆。

表达导向的对外汉语语法教学模式探讨

——以"了"的教学为例*

李先银

一、引言

从创始于 1950 年的清华大学东欧交换生中国语文专修班算起,对外汉语教学已走过了 60 多年的历程。对外汉语教学,从语言要素上来说,一般包括五个方面:语音教学、汉字教学、词汇教学、语法教学和文化教学。语法教学是对外汉语教学不可或缺的重要组成部分(陆俭明,2000)。语法教学的质量决定学生能否说得对,说得得体,说得漂亮。60 多年来,前贤在教学策略、教学方法、教学模式、教学实例展示、难易度、习得等方面对语法教学展开研究,提出多种观点和设想。这些研究,无论是共识还是分歧,对汉语语法教学大纲制定(修订)、教材编写、课堂教学乃至语法教学观念的更新和丰富,都具有重要的启发和借鉴意义(李泉,2007)。

---

* 原文发表于《国际汉语教学研究》2014 年第 3 期。

语法的本质问题是形式和意义的关系问题，这是语法研究的核心问题，也是语法教学的核心问题（孙德金，2007）。语法教学有两种切入点：（1）从解码出发，即从形式到意义，我们称之为"形式导向的语法教学"。（2）从编码出发，即从意义到形式，我们称之为"表达导向的语法教学"。形式导向的语法教学和表达导向的语法教学体现了不同的语法观，是两种教学理念、教学策略，也在教学实践中各自逐渐固化成一定的教学模式。

　　本文讨论形式导向的语法教学和表达导向的语法教学的优缺点，倡导表达导向的语法教学，并以"了"的教学为例，探讨建立表达导向的语法教学模式。

二、形式导向的语法教学模式

　　目前对外汉语语法教学实践中基本上采取形式导向的语法教学，即从形式到意义，注重讲解语法知识和规则，侧重形式操练。以教授状态补语为例，先从形式上把状态补语分成几个句式：（1）S+V得+Adv+Adj，如"她游得很快"。（2）S+V+N+V得+Adv+Adj，如"她打篮球打得很好"。（3）S的N+V得+Adv+Adj，如"她的篮球打得很好"。（4）N+S+V得+Adv+Adj，如"画儿她画得很好"。然后一个句式接着一个句式地进行讲练，练习方式主要是替换、变换、复述、完成句子、造句等偏重刺激—反应的操练模式。受任务型教学法影响，近些年形式导向的语法教学会在最后阶段设计一个综合性的语法活动，作为任务输出。

　　形式导向的语法教学优点是好组织，结构清晰，比较形式化，容易操作。亚洲国家的汉语学习者比较习惯这种模式。不过缺点也很明显：

1. 形式导向的语法教学基本上是一种知识的教学，主要内容是语法规则，教学是讲解式的。

教学的基本环节为：教师按照课本上出现的语法点讲解语法规则——举例——学生机械练习或根据教师的提示做有意义的练习——学生记忆规则并应用。这种教学模式容易造成"语法与词汇分家，语法与语境分家"（李晓琪，2004），"没有很好地体现培养学生实际运用汉语的能力这一教学目的"（卢福波，2000）。形式导向的语法教学模式，教学形式是"教师讲解＋机械操练"。拿"把"字句来说，常常是"教师在黑板上写一个主谓宾句，然后在它的旁边写一个'把'字句的词序，将这个主谓宾句按'把'字句的词序改写成一个'把'字句，接着让学生做变换句子的练习"（余文青，2000）。形式导向的语法教学模式一般不会涉及或较少涉及句式的语用差别及使用环境。学生虽然掌握了结构形式和规则，但并不明白"把"字句的语义、语用功能，不了解"把"字句的使用语境，因此经常用错或者回避使用。根据一些调查，在中国93%的被试使用"把"字句的语境中，外国学生只有7%使用"把"字句（余文青，2000；刘颂浩、汪燕，2003）。

2. 形式导向的语法教学模式侧重语法知识与规则的讲解，语法知识和规则的数量非常大。

"语法教学不宜过分强调，更不能直接给学生大讲语法规则"（陆俭明，2000）。任何一个语法项目，如果细化为语法知识和规则，恐怕都有很多项。而复杂的语法项目规则就更复杂了。刘月华等（2001）的《实用现代汉语语法（增订本）》一书，讲"把"字句，从731页到761页，共用了31页的篇幅；讲动态助词"了$_1$"，从362页到378页，用了17页的篇幅，把"了$_1$"分5大项22小项来讲，而讲"了$_2$"用了15页的篇幅（从379页到392页），分7大项28小项。如果把这些用法细化为一条条的规则，至少也有上百条，这是很难掌握的。当然，在教学实践中，不是所有的规则都要教给学生，但是对教师来讲，仍然存在哪些规则该讲、哪些规则不该讲的选择问题，这对新教师来说比较困难。根据卢福波（2007）的考察，语法教学实践中存在"偏重语法认知讲解，只重讲不重练的模式"。外国学生学习汉语的目的是使用汉语而不是了解汉语知识，因此能力的培养更为重要。语法教学应该实现从语法知识向语法能力的转变。

3. 形式导向的语法教学模式基本上是在句子的层面进行，强调单句的激发生成，忽略语段和语篇的教学与训练。

我们知道，单句正确并不能保证语段或语篇正确，也不能保证合适的人际交流。例如：

（1）她喜欢打羽毛球，她从中学开始打羽毛球。可是一直不常打。她打得很不好。跟她妈妈或者同学打羽毛球。

这段话不长，语法上每个句子都正确，中心也很明确，可是放在一起比较混乱，主语衔接上也存在问题。可以改成下面这样：

（1'）她很喜欢打羽毛球，从中学就开始打，跟她妈妈或者同学打。可是因为一直不常打，所以她打得很不好。

改动有4处：（1）因为主语衔接，第二个小句的"她"

省略更好。(2)因为承前省略,后句的"打羽毛球"中的"羽毛球"省略更好。(3)最后一句"跟她妈妈或者同学打羽毛球"承接"从中学开始打羽毛球",所以位置应该在它的后边,这样逻辑顺序就合理了。(4)"不常打"和"打得不好"有因果关系,加上"因为……所以……"就顺畅了。

基于以上几点认识,我们倡导表达导向的语法教学模式,这种模式在初级阶段的语法教学中有更好的适用性。

三、表达导向的语法教学模式

3.1 表达导向的语法研究

语言是形式和意义的结合体,语言研究可以从形式出发,也可以从意义出发,还可以形式和意义相结合。吕叔湘的《中国文法要略》把从语义表达出发研究语法发挥到极致,该书单列表达论,占全书篇幅的71.34%,详细讨论了范畴表达与关系表达(转引自马庆株,2000)。

对外汉语教学语法不是理论语法,而是教学语法,"是从意义到形式,而不是从形式到意义"(赵金铭,1994)。对外汉语教学语法体系中的参考语法曾尝试从表达出发讲解语法。刘月华等的《实用现代汉语语法(增订本)》(2001:745—746)中有少量从表达出发讲语法的探索,如"把"字句单有一部分是"什么时候用'把'字句":当着眼于某一事物,叙述或说明通过动作该事物发生了什么变化或有什么结果时,可以用三种方式表达:(1)话题—说明;(2)"把"字句;(3)"被"字句。

其后房玉清的《实用汉语语法》把外国学生的语法错误概括

为四个主要以意义表达为基础的语法范畴：数量范畴、动态范畴、时空范畴和语气范畴，是"对外汉语教学本体研究从语义角度探索语法规则系统的首次尝试"（转引自祖人植，2002）。《对外汉语教学初级阶段教学大纲》提出"不孤立地进行结构形式的教学，要从意义出发进行语法结构的教学，在进行句式教学的同时，尽量揭示该句式的语义和语用环境"（杨寄洲主编，1999：7）。祖人植（2002）述评了对外汉语教学语法体系研究的思路后，提出"以意义为出发点，紧紧扣住意义和形式之间的联系，……是改进现有对外汉语教学语法体系的必由之路"。

3.2 从表达出发的对外汉语教学语法构想

传统语法教学模式偏重于语法知识的教学，忽略了培养学生实际运用汉语的能力，针对这种情况，卢福波（2000）提出了从表达出发的对外汉语教学语法的设想，设想建立汉语的表达系统，首先对表达意图进行不同层级的分类，如请求、叙述、规定、解释、介绍、祝贺、感谢、道歉、评价、估测、抗议、反驳、命令、强迫、警告、恐吓、催促、禁止、提问、赞叹等等，然后找出不同表达意图的表达形式，并根据具体的场景确定最合适的表达形式。如表达"请求"，有如下表达形式：

A.（小姐，）请您帮我（买一张票）。
B. 请您帮帮我，好吗？
C. 能帮我（做……）吗？
D. 求你了，帮帮忙吧！
E. 来，帮一下！

不同的表达形式使用于不同的场景、不同的人际关系，礼貌等级不同，对应于敬请、非敬请、商请、恳请、命令等下位表达意图，从而形成"请求"的表达系统。可惜的是，到目前为止，汉语的表达系统还没有建立起来，在语法教学实践中也还没有看到成熟的案例。

3.3 表达导向的语法教学模式

教学语法和语法教学不同。从卢福波（2000）的设想看，基于从表达出发的对外汉语教学语法建立起来的表达系统实际上是功能项目，有的依赖语法形式表达，有的依赖词汇形式表达。与从表达出发的对外汉语教学语法的设想不同，我们倡导的表达导向的语法教学包括三个层面的问题：一是建立表达导向的对外汉语教学语法体系，其中重中之重是建立表达导向的汉语语法表达系统，吕叔湘先生的《中国文法要略》表达论部分提供了很好的示例。不过教学语法和理论语法不同，教学语法可以少用术语甚至不用。我们设想建立的表达系统都是和语法有关的，用"表达项目—表达形式"呈现，如"表达变化—了""表达使变化—'把'字句""表达经历—过""表达过去的事件—了""表达做事情的能力/水平—V得+Adv+Adj""评价表现—V得+Adv+Adj"等。这些语法表达项目的学习可以和以功能意念为纲编写的课文有机地结合起来，统一进行教学。二是建立表达导向的语法教学理念，形成语法教学设计是从意义出发而不是从形式出发的教学取向。三是建立表达导向的语法教学模式，应用于具体教学实践。

教学模式是在一定教学思想或教学理论指导下建立起来的较为稳定的教学活动结构框架和活动程序。表达导向的语法教学模式基于语言教学目的是为了培养语言能力而提出，应用于具体的语法项目，其教学活动程序与形式导向的语法教学模式相对。一种教学模式总是以相对稳定的教学架构和教学活动程序为载体展开的。表达导向的语法教学模式的活动程序包括两个方面：

  A. 在什么场景下用什么形式，即用什么。
  B. 该形式使用上有什么限制，即怎么用。

"在什么场景下"是表达项目，是交际需要，"用什么形式"是输出。其中前者是核心问题；后者是附加问题，对有的表达项目来说教学中不会涉及。

与形式导向的语法教学模式相比，表达导向的语法教学模式优势更为明显，更加适合新形势下对外汉语语法教学的需要。

第一，直接服务于培养语言能力的教学目的。一般认为"把"字句难教难学，学生即使学了也回避使用，或者一用就错。这是因为形式导向的语法教学模式使得学生即使掌握了"把"字句的结构形式和规则，但是记不住，也不知道什么情况下用，什么语境下用。表达导向的语法教学模式在教学中倾向于从整体上把握"把"字句的功能，在情境中进行操练。表达导向的语法教学模式认为"把"字句的语义是表达"使变化"，即"某人做了某事使某事物发生了变化"[①]。其典型使用场景为两种：一种是解决问题场景，如：教室里太热了，怎么解决？请人"把空调打开"；光线太暗了，请人"把灯打开"；外边太吵了，请人"把门关上"；老板让秘书"把这份文件送到经理的办公室"，等等。另一种场景是报告已经发生的"使变化"事件。如幼儿园老师向孩子的父母报告"你的孩子把同桌打哭了"，同学 A 向同学 B 报告"小米

[①] 教学语法的术语和理论语法的术语可以不尽相同，特别是在初级阶段。理论语法中"把"字句的语义是"致使"。

把你的书拿走了"等①。

第二，在具体场景中学习语法，体现"学中用，用中学"的教学理念。场景是结构化的情景类型。人类言语行为的情景可以在理论和实践上归结为不同的类型，如买卖场景、安慰场景、劝解场景、批评场景等，已经结构化的场景是双方共享知识的一部分。同时，场景也是框架性的，对言语和行为具有导向性。拿状态补语来说，汉语的状态补语应用于两种典型的场景，一种是表达某人做事的能力或水平，通常使用"S+V+N+V 得 +Adv+Adj"和"S（的）+N+V 得 +Adv+Adj"的形式，如"张元说英语说得很好"或者"张元的英语说得很好"。表达能力和水平可以和"会"结合进行情景操练，如以下对话：

（2）A：你会跳舞吗？

B：我会跳舞。

A：你跳舞跳得怎么样？

B：我跳得很好。

状态补语使用的另一种典型场景是评价表现，即对某人做的事情或表现做出评价，一般用"S+V 得 +Adv+Adj"。因为做的事情或表现都是已经发生的，是当下的，一般不需要重复动词。教学设计中可以让学生现场唱一首歌、写一个汉字、说一个绕口令等，让其他学生进行评价——"他唱得很好、他写得很好、他说得不错"等。

第三，不局限于单句，更侧重语段和语篇层面的学习，语言

---

① 在初级阶段学习"把"字句，我们认为应该先学习典型场景中的典型"把"字句。非典型的半截子"把"字句如"看把你美得"之类应放到高级阶段去教。

情景真实。比如叙述过去发生的事情要用"了",如果不在语篇里,不在具体语境里,"了"的用法和隐现规律不容易理解和把握。例如:

(3) 昨天我和直美去书店了,我买了一本书,她买了一本词典。

这段话叙述了发生在昨天的一个事件,事件涉及发生的时间、地点、人(我和直美)、动作(去、买)、物(书、词典)等多个因素。这些"了"是不能隐去的。

再比如"于是",形式导向的语法教学给出的是没有情景的单句如"于是我回家了"。表达导向的语法教学告诉学生"于是"用于叙述过去发生的事情,典型的语篇结构是这样的:"T,S做什么,事情A,于是S做B"。例如:

(4) 昨天下班后,我去山本的宿舍找他喝酒,山本不在宿舍,于是我一个人去喝了。

其他如"突然、连忙"等也是这样,都使用于叙述过去事件的场景中。

第四,突出学生的主体性,整个过程不是教师讲,而是引导、启发学生自己去发现。如教"把"字句的时候,我们给出以下两组句子:

(5) A组:B组:
①他瘦了。①书放到桌子上了。
②风小了。②水喝完了。
③天冷了。③门关上了。

教师引导学生发现两组句子的不同，A组表达"自变化"，B组表达"使变化"。"使变化"可以使用"把"字句，"自变化"不可以。然后引导学生发现"把"字句的功能类型、使用限制和使用场景等，学生很容易发现并理解"把"字句的动词后为什么需要补语成分（李先银，2011）。

四、表达导向的"了"的教学示例

4.1 "了"的教学现状

语法学界一般按照句法分布区分"了$_1$"和"了$_2$"，用于动词后边的"了$_1$"表示已然、完成或实现，如"昨天我去了王府井"；用于句子末尾的"了$_2$"表示变化、新情况的出现、肯定语气等，如"天气凉了"。关于"了"的分类、语法性质和语法意义，学界一直存在争论。"了"的使用规则按照刘月华等（2001）有5大项22小项。在汉语教学实践中，外国学生使用"了"的偏误率一直较高（孙德金，1999；李大忠，2007）。有人曾形象地总结外国学生学习"了"的情况："我'了'你不'了'，你不'了'我'了'；该'了'你不'了'，不该'了'你'了'，看来，这个'了'我永远也'了'不'了''了'！"（盛炎，1990：9）

对外汉语语法教学需要吸收和转化理论语法研究的成果，但不必照搬，更不必面面俱到，而要结合学科特点和教学实际，有选择、有针对性地进行教学。我们认为对外汉语语法教学不必按句法分布区分"了"，而应该按照语法意义区分表完成的"了"和表变化的"了"。前者可以用在句中动词后，也可能出现在句尾，和表示过去的时间词共现，用"没/没有"否定，但不能和"不"

"没/没有"及能愿动词共现,如"昨天我看了一本书—昨天我没看书—*昨天我没看了书";后者只能出现在句尾,可以与"不""没/没有"及能愿动词共现,与时间词的共现也没有限制,如"下雨了—不下了—没下了—不会下了—明天不能下了"。

如前所述,表达导向的语法教学模式关注两个问题:A. 在什么场景下用什么形式,即用什么;B. 该形式使用上有什么限制,即怎么用。拿"了"的教学来说,有两个表达场景,一是叙述过去发生的事件,二是说明变化。下文以"叙述过去发生的事件"为例,展示表达导向的语法教学模式。

4.2 "叙述过去发生的事件"用"了"

4.2.1 在现代汉语里,报告过去发生的事件,要用"了"。一个事件的发生涉及时间、地点、人、物、原因、程度、方式、目的、结果等各种要素,这些以事件为核心的要素根据表达的需要,或者隐藏,或者出现。而其出现也是以不同的句法配置方式(包括句法位置、句法性质和语义关系)呈现出来的。报告过去发生的事件,常常与过去的时间联系,在形式上可以表现为一段对话。例如:

(6) A:昨天你去哪儿了?
    B:我去王府井了。
    A:你买东西了吗?
    B:买了。我买了一件衣服。

也可以是一段叙述。例如:

(7) 上个周末我跟同事一起去内蒙古了。在那儿我们玩儿了两天,住了一个晚上。

所谓"已然发生"的意思是：动作已然开始，至于结束没结束不一定。在汉语里，表示动作已经开始的时候，都要用"了"。例如：

（8）电影开始了。

（9）一天晚上，叶公正在书房里看书。突然，刮起了大风，下起了大雨。

（10）这本书我看了三天了。

在教学设计中，不提出"今天学习语法'了'"，也不一一学习"了"的几个句型，如"SVO了""SV了O"，而是提出"今天的学习目标是'叙述过去发生的事件'，叙述过去发生的事件汉语要用'了'"，目的是让学生形成叙述过去的事件用"了"的汉语思维。然后通过问答"昨天你去哪儿了？"形成用"了"的语言习惯。教学中甚至没有独立的语法教学环节，而是和课文学习紧密结合。课文内容既有对话，也有语篇，先对话，后叙述。操练环节也是既有对话，又有语篇表达。

4.2.2 叙述过去发生的事件要用"了"，只是提出了可能，那么"了"怎么用，是表达导向的"了"的教学的第二个重要方面。关于"了"的使用有很多规则，表达导向的"了"的教学只选择与表达需要最相关的，那就是"了"在句中的位置。有两种情况是强制性的。第一种情况是，如果句子宾语前边有数量成分，"了"一定放在动词的后边、数量成分的前边。即"V+了+数量成分+N"。例如：

（11）首先我们在凤凰雕像前面照了一些纪念相片。

（12）我们参观了两个故居，一个是有名的文学家、历史学家沈从文，另一个是政治家熊希龄。

（13）去了草原以后，我们骑了两个半小时的马。

同时，这个"了"一般是必须有的。

第二种情况是在"V₁了N（以后），V₂……"结构中，如果没有"以后"等时间词，"了"一定要有。例如：

（14）……回到出发点以后吃晚饭喝酒。除了我以外，我们都喝了很多酒。喝了酒以后看蒙古民俗舞。看了民俗舞以后，回到呼和浩特。

一个完整的事件，也是一个过程，它可能包括很多连续的阶段，一个阶段可能还包括很多连续的动作，这些动作常常有时间上的先后关系，形成动作链。前一个动作完成以后，后一个动作开始。在这种语境中，"V₁了N（以后）"的功能发生了句法和语义降级，成为句子的背景成分，只指示动作链中的时间。这里的"了"处于动词"了"到助词"了"的过渡阶段，词汇意义比较实在，可以用"完"代替。如果用"以后"，"了"也可以去掉①。

4.3 表达导向的"了"的教学环节

上文谈了表达导向的"了"的教学思路，下面简单展示一下"了"的教学步骤：

①生词教学之后导入课文（含"了"的教学）。导入语：

---

① 正因为"V1了N以后，V2……"结构中的"了"词汇意义比较实在，所以既可以用于过去的时间，也可以用于将来的时间。为教学方便，和叙述过去发生的事件的"了"一起教。

今天我们学习怎么告诉别人过去发生的事情，汉语要用"了"（中英文）。

②学习课文中的小对话。

③操练对话。形式为师生问答、生生问答等。

④引导发现"了"的位置规则。

⑤练习：两人一组，每个学生一张小纸条，写下最近一次买东西的时间和地点，交给对方，然后用所写内容练习对话。

⑥表演对话。

⑦将课文对话改成叙述体。

⑧学习叙述体课文。

⑨叙述练习。

⑩小结与布置作业。

五、余论

全球"汉语热"在升温，汉语教学也正在从以来华留学生汉语教学为主转向来华留学生汉语教学和海外汉语教学并重，任务教学法和情景化教学日益深入人心。面对新的形势，语法教学也应该有观念创新和模式创新。表达导向的语法教学是一个系统工程，需要配套的教学理念创新、语法体系发展、教材编写、表达系统构建及教学模式建立等，我们提出这个问题并做出一些粗浅的尝试，希望能引起学界同人的重视，共同推动汉语语法教学的发展。

参考文献

[1] 李大忠（1996）《外国人学汉语语法偏误分析》，北京：北京语言文化大学出版社。

[2] 李泉（2007）对外汉语语法教学研究综观，《语言文字应用》第 4 期。

[3] 李先银（2011）表达导向的对外汉语语法教学模式及"把"字句的教学，见迟兰英主编《汉语速成教学研究》，北京：北京语言大学出版社。

[4] 李晓琪（2004）关于建立词汇—语法教学模式的思考，《语言教学与研究》第 1 期。

[5] 刘颂浩、汪燕（2003）"把"字句练习设计中的语境问题，《汉语学习》第 4 期。

[6] 刘月华、潘文娱、故铧（2001）《实用现代汉语语法（增订本）》，北京：商务印书馆。

[7] 卢福波（2000）谈谈对外汉语表达语法的教学问题，《语言教学与研究》第 2 期。

[8] 卢福波（2007）语法教学与认知理念，《汉语学习》第 3 期。

[9] 陆俭明（2000）"对外汉语教学"中的语法教学，《语言教学与研究》第 3 期。

[10] 吕叔湘（1982）实用现代汉语语法·序，见刘月华、潘文娱、故铧《实用现代汉语语法》，北京：外语教学与研究出版社。

[11] 马庆株（2000）结合语义表达的语法研究，《汉语学习》第 2 期。

[12] 盛炎（1990）《语言教学原理》，重庆：重庆出版社。

[13] 孙德金（1999）外国学生汉语体标记"了""着""过"习得情况考察，第六届国际汉语教学讨论会，德国汉诺威。

[14] 孙德金（2007）对外汉语语法教学中的形式与意义，《语言教学与研究》第 5 期。

[15] 杨惠元（2003）强化词语教学，淡化句法教学——也谈对外汉语教学中的语法教学，《语言教学与研究》第 1 期。

[16] 杨寄洲主编（1999）《对外汉语教学初级阶段教学大纲 1》，北京：北京语言文化大学出版社。

[17] 余文青（2000）留学生使用"把"字句的调查报告，《汉语学习》第 5 期。

[18] 赵金铭（1994）教外国人汉语语法的一些原则问题，《语言教学与研究》第 2 期。

[19] 祖人植（2002）对外汉语教学语法体系研究思路述评——从语言共性与个性的视角，《北京大学学报（哲学社会科学版）》第 4 期。

后方法时代的汉语语法教学方法分析 *

翟 艳

21世纪，由于全球化的发展，外语教学走向"后方法"时代。以库玛（2013）为代表的西方第二语言教学专家认为，教学理论家们所提倡的语言教学方法都是建立在理想语境的概念基础上的，面对真实的语言教学需求和千差万别的教学情况，则存在较大局限。"后方法"提出"学习者自主"和"教师赋权"等核心理念，否认所谓"最佳"教学法的存在，提出了基于语境的教学主张和一系列宏观策略，旨在帮助解决长期以来令全球外语教师困惑的难题——对各种教学法的选择。

语法能力是语法规则内化之后所形成的语感，它是语言能力的重要组成部分。课堂教学是获得语法能力的主要途径，为什么教语法、如何教语法，教师的作用是否得到了最恰当和最大的体现，是摆在语言教师面前的一个重要问题。

对外汉语教学已走过60多年的历程，各种教学思潮和教学方法或多或少都留下了它们的痕迹，对语法教学的认识也有变化。在后方法时代这个大的教育背景下、运用后方法的理念来观察汉

---

* 原文发表于《华文教学与研究》2017年第2期。

语语法教学的现状，梳理和分析不同方法的理论依据与教学价值，不仅可为有实效的语法教学方法正名，为教师选择语法教学方法提供依据，更体现了对教师经验的尊重。

一、关于语法教学的讨论

1.1 语法教学观念的变化

"语言教学的历史，本质上就是主张支持和反对语法教学的历史"（索恩伯里，2011）。从传统的翻译法、听说法、交际法到现今的任务型教学，对语法教学地位和作用的不同认识成为彰显不同教学法特征的关键证据。支持语法教学的观念认为，语法规则可以帮助学习者造出大量的新句子，给学习者提供潜在的、无限的语言创造机会。反对语法教学的观点则认为，语言就像一种技能，需通过应用来掌握，由此诞生了两种基本的语法教学方法：明示法和暗示法，或称显性语法教学和隐形语法教学。明示法如翻译法、听说法等强调对语法规则进行有目的的学习。它们往往采用演绎的方式，教师先解释语法规则，然后引导学生做有一定语境的练习，如展示—操练—应用的3P模式。暗示法则强调必须置身于有意义的、可理解的语言环境，教师往往采用归纳的方式，引导学生在具体的语言实践中和大量的语言材料中归纳语言的规则，如任务型教学。

近百年来外语教学法的兴衰更替，容易由一个极端走向另一个极端，语言教学的效果却不尽如人意。20世纪90年代以来，现代语言教育受到语言习得、认知心理学及教育学三大领域科学研究的极大影响（靳洪刚，2011），社会文化理论、互动理论、任务型教学等相关领域的研究成果运用到第二语言教学中，语言教学方法呈现多元化的、更加丰富与合理的态势。研究表明（参见 Robinson & Ellis 中的相关论述，2016），如果缺乏必要的语法形式教育，会形成一种习得的终止状态，这促使人们对第二语言语法教学的意义和作用进行了重新思考，语法教学的地位得到了重新肯定。正如研究者所言"以某种形式教授语法的必要性目前已经得到了多数人的认可，争论已转向语法教学的精确性问题"（Achard，2016），语法教学的方法论问题提到议事日程，明示法与暗示法趋于融合。

1.2 影响语法教学的一些新认识

1.2.1 "注意形式"

研究者认为，"注意"是语言学习的一个必不可少的条件，只有"被注意到的事物才会被学习"（Ellis & Robinson，2016）。在语言输入的过程中，如果学习者只对输入语言的意义进行加工，而不注意特定的语言形式，就不可能对形式进行加工和习得。"注意"理论解释了为什么教师的讲解并未被学习者全部吸收这种学习现象。

1.2.2 "意识提升"

"指出语法系统的特点"是意识提升的一种形式。任务型教学是关注意义的教学，即便如此，研究者也认为，以形式为中心的教学是二语获得必不可少的组成部分（Ellis，2016），"对语言形式的关注有助于提高二语习得的速度和最终的水平"（Ellis & Robinson，2016）。在语言学习的过程中，让学习者自我发现并指出语言形式的特点，可以强化理解，激发认知，在恰当的时候就可能导致准确和恰当的语言输出。

1.2.3 任务型教学

社会文化理论、建构主义、互动理论等都认为，学习者是在社会环境中和他人交流来学习知识和获得技能的。任务型教学是这些理念在语言教学中的一个应用，学习者在一个个相似真实世界的任务中，通过平等、协商、互动的教学方式，在实际交际中表达思想，接触新的语言形式，发展自己的语言能力，可以说任务型教学从思想观念上明确了语言教学与学习的根本目的，在操作上较好地平衡了语言形式的学习和语言意义的表达。

就像掌握其他技能一样，语言学习需要大量的重复操练，即知识的程序化、自主化，而学习汉语，由于存在汉字记忆和书写的困难，这个过程则更为艰辛。因此汉语语法教学更应该讨论的是如何教的问题，而无论选择何种教学法，都源于教师对语法本质和教学本质的认识。

1.3 汉语语法教学法的形成

对外汉语语法教学方法的演化是一个多变的过程。20世纪50年代的语法教学，在入门阶段的前7周时间内，采用的是边讲、边翻译的方法（李培元，1988）；60年代采用相对直接法、归纳法（钟梫，1985），是看到了实践性原则和"学以致用"的必要；80年代确定了结构、情景、文化三结合的教学路子（任远，1985），尝试在更广泛的层面来看待语法教学；经过对交际法的纠偏，到21世纪初，辅助性任务教学开始得到应用。对待语法教学方法，对外汉语教学基本采用的是兼容并包、博采众长、各得其所、各取所需的做法，走着一条继承、引进、消化、融合之路，并逐渐形成具有综合特色的教学法。"综合"也可理解为"灵活的选择性综合教学法"，它是在具体语境下对不同语法教学方法的选择和运用。赵金铭先生（2008）在谈到汉语作为第二语言教学的理念与模式时，特别提到他赞同 Cook 的观点，即"语言教学需要的不是一个模式或一种理论，而是一个更大的框架，其中几个模式并存"。模式的并存，就在于其各自的合理性，方法也亦然。

库玛（2013）强调，后方法不是"最佳方法"或"没有方法"，而是教学方法更趋多元化。他提出的"特殊性""实践性""可能性"三个教育参数，就是赋予教师权利去决定如何教，面对纷繁复杂的语言事实和教学环境，灵活选择、具体分析、有效运用。以下结合一些教学实例，来具体分析汉语语法教学的方法及相关问题。

二、8 种汉语语法教学方法例释

在外语教学界，语法教学的方法主要集中在输入加工、互动反馈、文本加强、任务型教学、合作输出、基于语篇的语法教学等 6 种（戴炜栋、陈丽萍，2005；郝兴跃，2004），本节基于这样的分类并结合对汉语教学课堂的观察调整为 8 种，如下具体说明。

2.1 文本加强

指通过版面的粗体、斜体、下划线或颜色变换来强调输入语的某些特征。这些操作在感官上凸显了目标语的结构，因此使它们更容易被注意。在有些课本中，我们看到生词部分使用了不同的颜色，注释部分使用斜体的字形或框式的排版，这些都是突出显示的手段，在语法操练中，这样的做法也应用在板书或 PPT 上。

例如，在"动词+着"的教学中①，教师使用不同的颜色来标示不同的语法成分。句式中最突出的部分是用红色字体标示的动态助词"着"，它跟在动词之后，是表示动作或状态持续这一语法特征的标志。

文本加强的另一种做法是在语言输入时提供大量的目标语结构，即目标语结构输入流。下列文本中有下画线的部分呈现的是包含可能补语的句子②：

小雨：咱们坐这儿吧。

英男：太远了，恐怕<u>看不清楚</u>字幕。

小雨：那么就坐前边吧。

英男：坐这儿不错，<u>看得清楚</u>，也<u>听得清楚</u>。

小雨：可是我前边这个人太高了，<u>我看不见</u>。

英男：咱俩换一下座位吧。

文本加强，可以促使语言学习者注意到语言形式的特点，这为学习的发生创造了条件。

2.2 输入加工教学法

指在语言输入的过程中，通过一系列导引、解释、分析等语言加工方式进行语法教学，其目的是帮助语言学习者理解某些事先选定的目标结构。汉语教师们总结出多种语法教学的方法，如图示法、情景法、问答法、设疑法、对比法、公式法、动作法、

---

① 选自2008年对外汉语综合课观摩录像，王枫《手里拿着红色的手机》，见崔希亮主编《对外汉语综合课优秀教案集》，北京：北京语言大学出版社，2010年。

② 选自苏英霞、翟艳编著《汉语口语速成：入门篇》第25课，北京：北京语言大学出版社，2005年。

翻译法等来呈现语言形式的意义和规则。例如，教授汉语中的主谓谓语句（主题评论句）[①]，教师用丰富的图片引出要表达的目标句，在输入的同时，引导学生关注语言形式的特点和使用的语境（例中 T 代表教师，S 代表全体学生，S1、S2 代表学生个体。以下各例同）：

  T：（出 PPT）这位先生他怎么了？

  S：脸色不好。

  T：对，脸色不好。我们说"他脸色不太好"。一起说一下，"他脸色不太好"。

  S：他脸色不太好。

  T：他脸色怎么样？

  S：他脸色不太好。

在一系列的语言输入活动中，教师不断带领学生去产出目标句，PPT 上及时呈现目标句，进而教师引导学生归纳出语法规则，信息加工的过程自然而流畅。

2.3 基于语篇的语法教学方法

指利用语篇文本，引导学生分析和产出目标语结构。教师需要帮助学生将语言形式与语言意义联系起来，形成合理的语法阐释。如下例对目标词"当年"意义的确定[②]：

[①] 选自 2008 年对外汉语综合课观摩录像，郑家平《我特别喜欢夏天》，见崔希亮主编《对外汉语综合课优秀教案集》，北京：北京语言大学出版社，2010 年。

[②] 选自 2008 年对外汉语综合课观摩录像，于昆《罗布泊——消失的仙湖》，见崔希亮主编《对外汉语综合课优秀教案集》，北京：北京语言大学出版社，2010 年。

T：跟在江南差不多。谁看到了这个景象？

S：张骞。

T：张骞。他是什么时候来到这里的？找时间词。

……

T：课文说什么？看第七段第三行，前面有个时间词。

S：当年。

T："当年"是什么时候？

S：公元前206年。

T：好，在哪儿找到的？

S：……（答案不集中）

T：对。看下页，我们需要借助注释。

语篇内容包括词语的复现、指称、省略、替代，语篇的连接方式和语篇结构等多方面，在此例中，教师引导学生一步步分析出时间词"当年"所指代的具体时间。在本课因果复句的教学中，教师也大量运用了梳理结构、查找线索、概括总结、启发应用等多种手段，让学生理解了"导致""以至于"和"终于"引出的结果所具有的不同性质，然后布置小组活动，让学生应用这三个关联词，对罗布泊消失的原因进行了概括练习。

2.4 意识提升任务

这些任务往往提供一些包含目标语结构的例子，要求学习者互相讨论，然后从中总结出使用规则；也可以是提供反例，进行语言的分类对比。它们侧重于提升学习者的语言意识、更好地理解语言的规则。学习者必须注意并理解输入的目标形式，并做出恰当的反应，如判断、更正等。如下例①：

> 我的自行车被风刮倒了。
> 花瓶被小弟弟打破了。
> 这图画被著名的画家画。
> 那篇文章被他写完。
> 这几个句子在结构上一样吗？它们都能说吗？两人一组，讨论，试着解释一下并予以纠正。

母语的负迁移是造成偏误的重要原因，如"被"字句。汉语中的"被"字句有终结性、名词有定，在语义上多表示"不幸"。研究者认为，汉语"被"字句的适用范围明显小于英语（黄月圆等，2007），因此也是一个学习的难点。在理解性任务中，学生们往往通过讨论、纠错、分析原因等方式，强化对句法结构、语义特征和语用限制的理解和认识。

2.5 结构操练

结构操练指针对词汇、句式、复句、语篇的形式操练，特指句型操练。它是听说法教学的典型方式，也是初级汉语语法教学一种常用的、传统的方法。

结构操练多采用诸如替换、扩展、填空、组句、完成句子、改说句子、使用指定词语回答问题等机械或半机械的操练方法。如"替换"，教师通过提问、给提示词、图片诱导等方式，指导学生更改句子中的某一个成分，使其不改变句子的结构，却能表

---

① 选自2008年对外汉语综合课观摩录像，莫丹《我的自行车被人偷走了》，见崔希亮主编《对外汉语综合课优秀教案集》，北京：北京语言大学出版社，2010年。

达不同的语义。"改说句子"则可实现两种语法形式间的转换，将一些句子改为"被"字句，通过施事与受事成分的变化，帮助学生体会不同语境下语义对语法形式的制约作用。如下例①：

  T：下面我说句子，你们用"被"来改说句子。"妹妹弄坏了我的 MP4"。

  S：我的 MP4 被妹妹弄坏了。

  T：非常好。风吹走了他的帽子。

  S：他的帽子被风吹走了。

  T：怎么说呢？艾力？

  S1：他的帽子被风吹走了。

  T："吹走了"，再说一遍（发音问题）。

  S1：他的帽子被风吹走了。

使用结构操练的方法时，教师指令清晰，目标明确，节奏感强，学生配合积极。

2.6 基于结构的语言输出任务

指使用指定的目标语形式来完成某些交际任务，这些交际任务往往与特定语言形式关联，如描述一幅图片、找不同、合作听写、看图说话、故事接龙等。如下例②，教师通过 PPT 给学生展示一张房间内景图片，要求学生运用本课的语言点"动词+着"来介绍这个房间。学生首先分组，进行小组活动，然后教师与学生一

---

① 选自2008年对外汉语综合课观摩录像，莫丹《我的自行车被人偷走了》，见崔希亮主编《对外汉语综合课优秀教案集》，北京：北京语言大学出版社，2010年。

② 选自翟艳《汉语口语课堂活动的设计理念与应用》，见张旺熹、何景贤主编《汉语国际教育两岸教师研讨集》，北京：北京语言大学出版社，2014年。

起互动：

  T：我们用今天的语法一起来说说这个房间。这个房间怎么样？干净吗？
  S：很干净。
  T：房间里放着什么？一个同学说一句，阿莱莎。
  S1：房间里放着一张床、一张桌子、一个书架、一个……

基于结构的语言输出任务更多借助关键词语或图片场景来完成，学习者要做有一定意义的生成性练习。

2.7 互动反馈

指在交际过程中为了增进理解，学习者使用各种语言形式进行有意义的磋商和策略修改。在这种互动式的学习中，由于使用可理解性输入和语言修正，凸显了某些结构特征或词汇表述，为学习者理解句法语义提供了机会。如下例[①]：

  S1：你爸爸做什么工作？
  S2：我爸爸退休了。
  S3：你妈妈什么工作？
  S2：我的妈妈也退休了。
  T：你妈妈做什么工作？
  S3：哦，你妈妈做……

在这个活动中，全班同学轮流向 S2 发问，就像一个采访活

---

 ① 选自 2008 年对外汉语综合课观摩录像，王枫《手里拿着红色的手机》，见崔希亮主编《对外汉语综合课优秀教案集》，北京：北京语言大学出版社，2010 年。

动。语法意识强的学生，还有教师都在用不同的方式做着反馈纠正的工作。

2.8 合作完成交际任务

在小组或多人组合完成任务的过程中，学习者需要准确地输出语言，以表达真实的意图。像角色扮演、辩论等这类自主性输出程度较高的真实任务，语言形式能与一个特定的社会行为连接起来，因此与社会生活具有高度相似性。在完成任务的过程中，教师都会要求学生使用一些特定的句式或词汇，并在任务完成之后进行纠错反馈。此例教学过程较长，限于篇幅无法全部转录，故采用语言描述的方式[①]：教师要求学生看视频讲故事，并使用"V_1 着 V_2 着"这个句式。教师在黑板上及时记录下学生表达中的问题，之后进行讲解并组织学生做重复性操练。

三、语法教学方法的适宜性分析

以上介绍了 8 种汉语语法教学的操作方法，它们各自基于一定的教学理念，操练时也各有所长。以下我们尝试对它们的特点进行分析。

3.1 教学法方面的解说

文本加强的目的在于强化输入信息，以吸引学习者的注意，但有时却显得一厢情愿。研究显示，输入强化可以促使语言学习者有意识地注意到语言形式，但这并不足以使其被习得。因此"注

---

① 选自 2010 年对外汉语口语课观摩录像，魏耕耘《特别的经历》，见崔希亮主编《对外汉语综合课优秀教案集》，北京：北京语言大学出版社，2011 年。

意"只是语言习得的一个条件,而不是唯一的条件。但作为一种潜在的可能性,文本加强仍有可利用的价值。

输入加工教学法也是在语言输入的过程中起作用的,它是教师们常用的一种语法教学方法。在操作中,教师通过辅助媒介如图片、实物、动作等,具体化了语境,同时以启发思维的方式进行了规则的梳导。输入加工法可以帮助学习者把输入的语言形式与意义建立联系,在发展学习者的理解能力方面成效显著。

基于语篇的语法教学方法是汉语教学尤其是中高级汉语教学中常用的教学方法。据对9位优秀教师的课堂观察,在课文教学中,教师分别采用了"解释语法点、猜想词义、就疑难词语提问"等13种讲练的方法(翟艳,2010)。由于有明确的语境,教师可以引导学生对文本进行分析,加速对语法形式的理解,随后配合一定的操练,达到理解和运用的目的。

意识提升任务是任务型教学的一种方法,它要求学生自己去发现语言规律,做法上非常可贵,也有一定的效果,不过这样的方法只适合成人以及那些规则明晰的语法知识,在处理一些难懂的、涉及较多规则的语法知识时,耗时且收效不明显。

对于第二语言学习者而言,重复接触和练习对形成流利、规范的言语的认知结构是必不可少的(Bybee,2016)。结构操练的方法简便易行,特别适合新手教师,不过如果缺乏一定的技巧,则有死板、枯燥的感觉。有经验的老师会利用汉字卡片、图片以及小组问答、游戏等方式来增加训练的节奏感和趣味性。更重要的是,结构操练也不是不讲功能,20世纪60年代对外汉语教学就提出了"精讲多练"原则和"实践性"原则,80年代采用结构、情景、功能相结合的方法,在例句的选择、语言点的解释和操练上都着力体现真实性和交际性,避免过多机械性操练给教学带来的不利影响。李绍林(2014)曾统计了三部较著名的综合课教材的练习题型,发现使用频率最高的三种方法为"用指定词语完成句子""造句"和"模仿造句",这三种练习方法都比较单调且机械性较强。实际上,初级阶段因句型有概括性强、能产性高、易类推、错误少等优点,结构操练有较大应用空间;到中高级之后,虚词的用法越来越多,结构操练的方法就受到限制。

互动反馈从互动的角度阐释了意义协商、纠错反馈给语法学习带来的效果,它与任务型教学的语法教学方法都是传统课堂的有效补充。不过它的使用在很大程度上依赖于互动的质量与数量,比如分组,因为理想的方式是学习者在能力、知识以及掌握的信息方面存在差异,这样互动合作才有可能发生。目前在汉语教学的课堂,针对这种语法教学方法效果的实证研究还明显不足。

合作完成交际任务,这是任务型教学"做中学""用中学"理念的体现,它强调语言是学来的。在富含社会语境的任务中,学习者主动参与、完成某些语言交际任务来实现语言能力的建构。据笔者观察,在这样的任务活动中,教师起到了更为重要的解决语法问题和纠错的作用。

3.2 学习心理方面的解说

语法教学的方法若从学习发生的角度,分别应用于识别、理解、记忆、应用等不同的心理层次。识别是最基础的层次,也是"注意"产生之时,"文本加强"能凸显语言形式的特征,有助于学习者在接触语言材料伊始,即识别和注意到语言形式的特征,这直接触发了学习的产生。

识别之后进入理解层次。理解是师生双方共同努力的结果。

信息加工、针对语篇的解释、意识提升等任务，都为学习者的理解创造了有利的条件。为获得较好的理解，学习者的认知加工起到很大作用，加工程度越深，理解的效果越好。教师的解释概括也很有价值，因为大部分语法规则不仅不是显性的，而且是要详细说明的。

结构操练往往在理解之后，它们是直接的操练形式。大量重复性的练习有助于知识的记忆和巩固。基于结构的语言输出任务与语言形式结合紧密，可以在有意义的交流中来运用语言形式。

互动反馈、合作完成交际任务往往融理解、运用为一体。在小组活动、互动协商中，可以看到纠错反馈、求证澄清等促进语法学习的做法，特别是合作输出的任务，创设了较为真实的语境，最大化了学习机会，为学习者理解和应用语法规则提供了较大可能。

以上介绍的8种语法教学方法，有的内容较为单一，如文本加强不涉及任何操练，属于视觉刺激，而合作完成交际任务更多在于输出，其他语法教学的方法则多体现出融合性，也有较为复杂的教学步骤。从明示、暗示的角度来看，显性的教学方法并不占据优势，相反，更多的语法教学是在语境、任务活动中，以互动交流的方式展开，显示出语法教学的新趋势——明示法与暗示法的融合。此外，文中展示的一些教师的做法，只是截取了几个典型的片段。然而通过观看录像与分析教案我们发现，一个完整的语法教学过程，实际上融会贯通地运用了多种教学方法，显示出语法教学思想、理念的多样性在实践中的应用。语法教学也大量使用了新的教育技术手段，这为课堂教学提供了丰富的资源，这样的课堂在20世纪是不可想象的。

四、语法教学方法的选择策略

库玛的后方法教学,是以他的十大宏观策略来对具体的教学语境做出注解。在讨论完汉语语法教学的诸方法后,仍有以下问题引起我们的思考,那就是面对纷繁复杂的汉语语法现象,如何选择合适的语法教学方法。借鉴库玛(2013)设置"特殊性""实践性""可能性"三个教育参数的思路,我们将选择策略归纳为以下五个参数。

4.1 解释力:语法本体研究的成果应成为选择教学方法的重要依据

根据汉语语法的特点进行教学是语法教学最重要的原则。汉语语法有的形式特点更明显,有的语义内涵更隐蔽,有的语用环境更复杂,语法教学首先要对语言现象和规则做出解释,但解释必须有力有效。因此,语法本体研究的成果应能帮助我们确定最恰当的教学方法。

如在解释语法的结构、语义和语用时,利用上下文语境分析虚词,就比分析句型更加有力。李泉(2015)在谈到体系内语法与体系外语法的区别时明确表示,语法教学"只教句型是不够的,还应该教语法点",语法点就是纷繁复杂的语言现象。李绍林(2014)对中级汉语的语法点进行了分析,他发现每个语法点对语境的依赖程度不同,如"我不是日本人,而是韩国人",之所以不直接说"我是韩国人",是因为"不是……而是……"这个语法点使用的条件是,针对上文一个错误判断的回答,来做出更正性或辩解性的说明。此时,语境起到厘清使用条件的作用。语法点也包括大量的小词,如副词、助词、介词等,它们在交际动态过程中的语义表述远远超出静态上我们对它们的理解或认识。如副词"太",在"太好了""太贵了"两句中,邓守信(2015)认为前者仅具有词汇义,而后者则包含情感义,这个情感态度,也需要语境来确定。基于用法的理论(Achard,2016)认为,学习者接触语言使用的实例最有益。多接触特殊语境下语言使用的实例,学习者才能获得必要的信心以及用于自我分析的语言知识,因此,对语境依赖程度强的语法点,适宜采用基于篇章的语法教学方法,以培养学习者参与分析与解释的能力。

在解释语法规则时,也要充分利用学习者的语言认知能力。一般认为,汉语是一种语法形态较少的语言形式,在语言类型学的视角下,汉语还是一种较为特殊的语言,如它是唯一一种中心语置后的 SVO 式语言。留给学习者挖掘的语法规则应具理据性,或有清晰可循的组织线索。认知语法理论认为:语法概念的象征化总是具有某种程度的概念理据的,语法的象似性都是其可学性的一个重要因素(Langacker,2016)。时间顺序的象似性原则在很大程度上可以解释汉语的语序问题(戴浩一,1988;李宝贵,2004),先发生的动作在前,后发生的动作在后,如"吃饭散步"一定表达的是先吃饭后散步的意思。以整体与部分的关系来解释主谓谓语句如"他脸色不太好",认为整体应先于部分。面对"这东西不是味儿了"这个"不是+名词"结构,主观化的分析方法认为(李泉,2015),"不是"与部分名词组合后,整个结构带有了明显的主观性,其语义向负面、消极方向倾斜,"不是味儿"就是"不是好味儿"的意思。任务型教学特别强调学生去发现和解释语法规则,汉语语法的理据性在意识提升等任务中能得到较好的应用。

4.2 运用限制：精选慎用句型操练

几十年来，以句型教学为代表的结构操练取得了显著的教学效果，"可以说时至今日，句型教学依然发挥着举足轻重的作用"（赵金铭，1996）。卢福波（2008）曾提出语法教学的八项基本原则，其中第一条是"实用原则"，她认为最具有价值的语法教学内容应是最基本、最常用的语法，它们在现代汉语里具有规范性、典型性和普遍性。句型教学之所以在初级语法教学中占有一席之地，盖因它们多具有这样的特点。不过，进行句型操练有必要对句式进行一定的选择。首先，句式的抽象性和概括性要强，如果语法规则系统有许多例外，学习者就会觉得困难，句式的能产性也会受到影响。其次，要有代表性，以保证大多数的例句和应用是可靠的。吕文华根据频率统计提出简化补语系统的观点。她发现，在1141个带复合趋向补语的句子中，不带宾语的占75.8%（吕文华，1994）。这说明在复合趋向补语中，不带宾语的句子的使用频率远远超过其他类型的句子。如果不考虑这种使用现实，句型教学反而会产生缺乏实用性的问题。当然句型的归纳与选择是个复杂的问题，范晓（2015）认为，"单纯对具体句进行句法分析并确定其句型显然是不够的"，语义分析和语用分析都对句型的确定产生影响。因此，在使用结构操练的方法时要考虑到实际的限制，对句型、规则的选择和应用都应谨慎，以防类推泛化。

4.3 组配和谐度：配对任务和语言形式

任务融入语法教学，必须解决意义与形式的结合问题。那些开放式的任务并不要求必须使用某个或某些具体的语法结构，如"角色扮演"就与语言形式的结合不紧密；而基于结构的任务却离不开某个或某些具体的语言结构，如用主谓谓语句描述一个人的外貌,用"动词+着"来描述一个房间的布置等。确定任务和语法形式的配对,需要对任务类型进行准确理解,对语言形式的功能进行准确把握。章欣(2014)梳理出 6 部近年出版的任务型初级教材中的常见任务 23 项,如见面问候、介绍个人信息、问路和指路等,得出典型任务—必用语法、常见任务—常见语法两种搭配类型。如"问路和指路"的必用语法为方位名词、引出方向的介词"往"、用疑问代词"怎么""哪儿"提问;常用语法项目有时间副词"就"、引出处所的介词"在"、承接复句等 6 项。任务—语法形式的配对和谐能把特定的语言运用与其交际功能结合起来,但目前这方面的研究还在起步阶段。

4.4 互动性:最大化学习机会

最大化学习机会,意味着学习者有更多的参与、更多有意义的实践。研究者告诫说:"认识到语法是促进(Subserve)意义的,而并不是目标本身是非常有益的"(Langacker,2016),语法操练的目标应该是更具自主性的语言产出。对外汉语一直践行"精讲多练"原则,无论是输入过程中的加工,还是语言形式的操练,都预设语境进行引入,构建多种交际情景,设计多种活用性的练习。即使在语篇分析、意识提升活动这些更具理解性的活动中,我们也提倡教师不能替代学生的活动,如提问,可面向全班提问,让学生来提问,提更多具有参考性的问题等,这些教学策略都淡化了机械性语法教学的特征,而让学生体会到更多的自然习得的乐趣。

在互动反馈、合作完成交际任务等活动中,双人活动和小组活动的方式为语言的互动和产出提供了机会,使学生语言输入和输出的机会成倍增长、意义协商和互动反馈的频率大大增加,加快了显性知识向隐性知识的转化。虽然这些语法学习的方法使用得并不普遍，但因其具有较大意义和应用价值，在教学中应得到加强。

4.5 个性融入：善用学习者学习优势

学习者的个性融入语言学习，使之产生积极的影响是发挥语法教学作用的重要因素。对学习者的了解，包括对他们学习习惯、认知特点、文化背景的理解和认识。比如通常认为，日本学生因为"不给他人添麻烦"的民族心理，不愿当众讲话，他们强于分析，擅长书面理解和表达；而欧美学生更乐于参与活动，反感死记硬背，而这多源于学习者教育观念不同、国别文化不同而带来的学习方式的差异。如果这种说法成立，在面对日本学生和欧美学生时，我们的方法就应有所不同。

再比如认知风格，场依存——场独立是最先被提出的，也是研究最多的、同时也是最成熟的（Witkin *et al.*，1977）理论。学者们认为，场独立型的个体善于独立思考，倾向于抽象思维，善于使用分析型的方法解决问题，而场依存型个体则更喜欢人际交往活动，倾向于使用综合型的方法处理问题，倾向于把"场"作为一个整体来感知。在进行语法教学时，为场独立型的学生设计一些需要探索发现、独立完成的学习任务似乎更为有益，而为场依存型的学习者多设计一些任务型、合作型的学习任务似乎更为有益。

五、结语

后方法时代，二语教学进入多元化发展，语法教学的地位得到重新界定，而方法的运用则更加有针对性。传统语法教学的 3P 模式，融入了任务教学的做法，使其交际性得到强化，新的任务型教学的操作模式也逐渐得到实施。总体而言，老的方法运用得更熟练、更广泛，新的方法还存在任务设计、任务实施等多种问题，应用推广还需假以时日。

相较于外语教学或海外二语教学，汉语界关于语法教学再讨论的热度并不明显，盖因汉语教学界从未放弃语法教学之故。但汉语教学长于使用输入加工、基于语篇的分析和结构操练的方法，课堂上教师的主控意识较强，却相对较少利用意识提升、互动反馈、合作完成交际任务等自主学习方式来促进学习者注意和习得语法，因此这些方法的应用还有较大空间。语法教学的任务也往往由综合课来承担，像写作、听力、阅读、翻译等技能课程也具有一定的纠错和提高学生语法能力的作用，所以在这些课程中是否融入以及如何融入语法教学和学习，还需要认真研究。但是，无论选择何种方法来进行语法教学，教师都要思考的核心问题是：我们为什么要教语法？当明确了语法教学的目的后，对方法的选择才容易信手拈来、水到渠成。

参考文献

[1] 戴浩一（1988）时间顺序和汉语的语序，黄河译，《国外语言学》第 1 期。

[2] 戴炜栋、陈莉萍（2005）二语语法教学理论综述，《外语教学与研究》第 2 期。

[3] 邓守信（2015）教学语法在教材编写中的功能，《国际汉语教学研究》第 1 期。

[4] 范晓（2015）"三维语法"视角下的汉语句子教学，《国际汉语教学研究》第 1 期。

[5] 郝兴跃（2004）20 世纪 90 年代以来国外语法教学的新趋势，《外语界》第 4 期。

[6] 黄月圆、杨素英、高立群、张旺熹、崔希亮（2007）汉语作为第二语言"被"字句习得的考察，《世界汉语教学》第 2 期。

[7] 靳洪刚（2011）现代语言教学的十大原则，《世界汉语教学》第 1 期。

[8] 库玛（2013）《超越教学法——语言教学的宏观策略》，陶健敏译，北京：北京大学出版社。

[9] 李宝贵（2004）汉语语法的理据性与对外汉语教学，《汉语学习》第 5 期。

[10] 李培元（1988）五六十年代对外汉语教学的主要特点，见《第二届国际汉语教学讨论会论文选》，北京：北京语言学院出版社。

[11] 李泉（2015）体系内语法与体系外语法——兼谈大语法教学观，《国际汉语教学研究》第 1 期。

[12] 李绍林（2014）中级汉语综合课语法点的分类教学和对应性练习，《华文教学与研究》第 2 期。

[13] 卢福波（2008）语法教学的基本原则与操作方法，《语言教学与研究》第 2 期。

[14] 吕文华（1994）《对外汉语教学语法探索》，北京：语文出版社。

[15] 任远（1985）北京语言学院六十年代对外汉语教学法回顾，见《语言教学与研究》编辑部编《对外汉语教学论集（1979—1984）》，北京：北京语言学院出版社。

[16] 斯科特·索恩伯里（2011）《朗文如何教语法》，邹为诚译，北京：人民邮电出版社。

[17] 翟艳（2010）汉语综合课课文教学过程分析，见崔希亮主编《对外汉语综合课课堂教学研究》，北京：北京语言大学出版社。

[18] 章欣（2014）初级汉语任务与语法项目关系的实证研究，《华文教学与研究》第 2 期。

[19] 赵金铭（1996）对外汉语语法教学的三个阶段及其教学主旨，《世界汉语教学》第 3 期。

[20] 赵金铭（2008）汉语作为第二语言教学：理念与模式，《世界汉语教学》第 1 期。

[21] 钟梫（1985）十五年汉语教学总结，见《语言教学与研究》编辑部编《对外汉语教学论集（1979—1984）》，北京：北京语言学院出版社。

[22] Achard，M.（2016）教学识解：认知语法教学，见罗宾逊、埃利斯主编《认知语言学与第二语言习得》，鹿士义译，北京：世界图书出版公司。

[23] Bybee，J.（2016）基于用法的语法与第二语言习得，见罗宾逊、埃利斯主编《认知语言学与第二语言习得》，鹿士义译，北京：世界图书出版公司。

[24] Ellis，N. C. & P. Robinson（2016）认知语言学、第二语言习得和语言教学，见罗宾逊、埃利斯主编《认知语言学与第二语言习得》，鹿士义译，北京：世界图书出版公司。

[25] Ellis，N. C.（2016）基于用法和以形式为中心的语言习得：构式、学习产生的注意以及有限的 L2 最终状态联想学习，见罗宾逊、埃利斯主编《认知语言学与第二语言习得》，鹿士义译，北京：世界图书出版公司。

[26] Langacker，R. W.（2016）作为语言教学基础的认知语法，见罗宾逊、埃利斯主编《认知语言学与第二语言习得》，鹿士义译，北京：世界图

书出版公司。

[27] Robinson，P. & N. C. Ellis（2016）结论：认知语言学、第二语言习得和第二语言教学——研究的问题，见罗宾逊、埃利斯主编《认知语言学与第二语言习得》，鹿士义译，北京：世界图书出版公司。

[28] Witkin, H. A., C. A. Moore, D. R. Goodenough & P. W. Cox (1977) *Field dependent and field independent cognitive stylesand their educational implications*. Review of Educational Research.

汉语并立复合构式与量范畴*

李艳华

一、引言

"并立复合构式"是指汉语中一系列形式并列、语义并重的格式，如"直来直去、跑跑跳跳、搁不下放不下、你一句我一句、一会儿出一会儿进"等。朱德熙（1982：36）将这类格式称为"并立式复合词"，并指出其性质和特点：第一，构成项限于两项，不能扩展。第二，语法功能与组成部分的语法功能不一定一致。第三，每一项的意义不是实指的，而是比况性的，整个结构的意义不是各项组成成分意义的机械的总和。但实际上这些格式既可以表现为凝固性很强的四字格（如"东张西望"），又可以表现为具有一定弹性的短语等句法结构（如"东瞧瞧西看看"），既属于词法平面，又系连句法平面，具有词法性和句法性的接口特征，将其称为"词"有失偏颇。

对这一语言现象的研究有多个角度：从"待嵌格式"角度的研究，如周荐（2001）、孟祥英（2009、2010）；从构式角度的

---

* 原文发表于《语言教学与研究》2018年第5期。

研究，如吴长安（2016）；从"类固定短语"角度的研究，如齐沪扬（2001）以及陈昌来、朱艳霞（2009）；从"框式结构"角度的研究，如邵敬敏（2011、2015），等等。但有的研究对象外延范围较大，甚至还包括"连……也……""宁可……也不……"等格式。本文的研究对象具有形式并列、语义并重、语义整体性强的特点，整体大于部分之和，与Goldberg（1995、2006）对"构式"的界定高度吻合，故称为"并立复合构式"。构式的基本特点是：1）构式是形式和意义（包括了功能）的匹配（form-meaning pair）；2）构式能表示独特的语法意义，有独特的语义结构关系；3）构式的形式、意义都不能从其组成成分或其他构式直接推知。本文重点探讨并立复合构式的语法意义，将其概括为调量、交替和强调三种，并指出其与量范畴的密切关系。

二、并立复合构式的语法意义1：调量

并立复合构式一般由格式标和格式槽两部分构成。格式标是指并立复合构式中明显的、固定不变的词语，构成语义的框架。格式槽是指并立复合构式中可以填充不同语义内容的空位，是语义的主要承担者。如"东奔西走"中，"东"和"西"是格式标，"奔"和"走"来填充格式槽。格式标和格式槽在语义上存在选择限制关系，共同决定并立复合构式的整体语义。

并立复合构式的语法意义具有较强的一致性，大体可以归纳为三类：调量、交替和强调。"调量"是并立复合构式最基本的语法意义，主要有减量、增量、周遍量、适中量和偏离量等不同维度，其调整的量的次范畴包括物量、动作量和度量等。

2.1 减量
2.1.1 减小物量

物量是计算事物数量的量范畴,这一范畴在语言中主要与名词有关(李宇明,2000a:30)。简单地说,物量表达的是事物等的多少。当格式标为较小的数词,格式槽由语义相同或相近的名词或名量词来填充时,并立复合构式表示减小物量。在共现成分上,并立复合构式常与表示小量的副词"就、只、光"等连用,或者与表示语气轻快、随便的"个"(吕叔湘主编,1999:221)共现,突显小量的语义。例如:

(1)三大娘的儿子跟表姐同岁,双方三言两语就凿定了这门亲事[①]。

(2)无论学生只是想学个一招半式,还是有心钻研博大精深的中国武术,骆老都悉心指点。

2.1.2 减小动作量

动作量是计量行为动作等的力度、涉及的范围、活动的幅度、反复的次数和持续的时长等的量范畴(李宇明,2000a:59)。动词是语言单位组织语义的中心,语言单位中所出现的成分几乎都可能与动作量发生直接或间接的关系,而格式标的语义及其语义虚化程度会直接影响并立复合构式调节动作量的维度。

表示减小动作量的并立复合构式有"半 A 不 A、半 A 半/不 B"和"小 A 小 B"等,要求格式槽由语义相近或相反的单音节动词来填充,具体指动作的程度低或指一种模糊的中间状态。

---

① 文中语料均来自北京大学中国语言学研究中心现代汉语语料库,下文简称为 CCL。

现实世界不是非黑即白的，本就存在许多中间状态，这类并立复合构式正是对现实的准确表达。在句法功能上，这类并立复合构式常作谓语，也可作状语和定语，在一定程度上体现了其语义转移，即从动作域转向性状域。例如：

（3）尽管一再对职工讲用钱可以随时到银行去取，可职工们都<u>半信半疑</u>。

（4）景泰<u>半懂不懂</u>地点点头："二叔，咱不跟四大爷一般见识！"

（5）不像一般的文学青年从<u>小打小闹</u>的豆腐块文章写起，阙小兰一开始写作就瞄上了"大工程"。

2.1.3 减小度量

事物和动作行为都具有各种各样的性状。性状各异，有色度、深度、长度、亮度、硬度、速度等，但都具有程度差异。度量就是指程度的高低（李宇明，2000a：359）。并立复合构式具有调整度量的语法意义。

表示减小度量的并立复合构式主要有"半A半B"和"半A不A"，要求格式槽分别由语义相反或相同的单音节形容词来填充，格式整体语义为A、B所对应的度量实现程度不高，且"半A不A"常含厌恶义。这类并立复合构式在使用时常加"的"，体现其描写性。例如：

（6）要么就超短，要么就超长，只有中学女生的裙子<u>半长不短</u>，最没劲。

（7）他的长袍，不管是绸的还是布的，不管是单的还是棉的，永远是<u>半新半旧</u>的，使人一看就感到舒服。

2.2 增量
2.2.1 增大物量

当格式标为比较大的数词，格式槽由语义相近或相关的单音节名词来填充时，并立复合构式"七A八B"表示增大物量，如"七姑八姨"。"七A八B"在具体语境中可能具有转指义，如"七嘴八舌"转指多人说话的场面，"七手八脚"转指多人合力做事的场面等。这时"七A八B"在句中常作状语，且主语多为复数。例如：

(8) 工人们七嘴八舌地告诉工作组和市里领导，他们已经四个月没开支了……

(9) 当煤车终于到达时，大家七手八脚地把我拉了上去，并且将我围在煤堆的中央。

2.2.2 增大动作量

两个语义相近、相关的动词或语素重叠再加合所形成的"AA+BB"加叠[①]表示增大动作量，具体指A和B的动作整体持续时长或反复量的增大，常与长时幅度副词或高频动量副词共现。例如：

(10) 月凤的性格，与韶华在本质上是相同的，但表现在外在世界的风貌，却是一个整天说说笑笑，凡事不当成真的一般的一枚"烟幕弹"。

---

① 李宇明（2000b）首先提出"加叠"的概念，认为加叠是AA和BB先分别复叠后再叠结在一起的现象，可以记作"AA+BB"，其与双音节词AB重叠式的不同之处在于，"AA+BB"加叠式中，AB不成词，如"走走停停、偷偷摸摸"中"走停、偷摸"不成词。

（11）校园很小，学生每天上学、放学，上课、下课，总是吵吵闹闹，也许有人不喜欢，但老师们早已习惯。

由方位词及"来、去"作为格式标，语义相同或相近的动词填充格式槽的并立复合构式也表示增大动作量，指动作以不同方式反复进行，如"东A西B、A来B去"等。这类并立复合构式其格式标的语义已经虚化，由确定的方向义虚化为表示各个方向的"到处"义，如例（12）中的"东奔西走"，进而由方向域虚化为方式域，表示"这样……那样……"，如例（13）中的"想来想去"，后续句常为"想"的结果，中间用逗号隔开。在CCL中，我们检索到"想来想去"516句，其中后跟逗号的有359句，占69.8%。可见"想来想去"已具有明显的语篇衔接作用。例如：

（12）加之戴季陶终日东奔西走，生活很不稳定，1920年美智子只好返日，这段异国之情遂告中断。

（13）我想来想去，唯一的办法是搬走，我们带着小宝另找房子。

由本身具有大量义的"大、特"作为格式标，语义相近或相关的单音节动词填充格式槽的"大A大B"和"大A特A"也表示增大动作量，具体指行为的力度或活动的幅度大。并立复合构式在强调行为的力度和幅度的同时，也强调持续的时长，有时会与长时时间成分共现，如例（14）。"大A大B"语法化程度渐高，有的格式已经开始由动作域转向状态域，如"大摇大摆"常作状语和定语，描写性强，并带有趾高气扬的主观评价色彩。例如：

（14）他们聚在一起，不住地絮絮叨叨，一连几小时把同样的奇闻说了又说，大讲特讲白色阉鸡的故事。

（15）凯里先生还没来得及答话，门倏地被推开，沃森先生大摇大摆地走了进来。

（16）要提倡节俭办事业，坚决反对社会上那种大吹大擂、大手大脚、大操大办、大吃大喝的不良风气。

由具有"累加"义的"连""带"或"又"作为格式标，语义相近或相关的动词填充格式槽的"连A带B"和"又A又B"也表示增大动作量，此时动作量的增大以两个动作的同时发生或相互协调为基础。此类并立复合构式具有一定的描写性和主观性，表现在句法上是常作状语，与结构助词"地"共现或带比况性成分。例如：

（17）一时间，林海被梅小芬那股疯劲吓傻了，连滚带爬地逃出宿舍。

（18）他们像孩子似的又说又笑，把我当老太太似的簇拥着向站外走去。

无论表示增大动作量的并立复合构式侧重的是行为的力度、涉及的范围、活动的幅度还是反复的次数等，最终都暗含着一个持续时间长的语义。可见，并立复合构式表示增大动作量的基点是持续时量的增大。

2.2.3 增大度量

格式槽由形容词填充时，"又A又B"表示增大度量。格式槽填充成分语义相近时，"又A又B"表示A或B所对应度量的增大，如"又干净又整齐"。格式槽语义相反时，"又A又B"

表示 A 或 B 之外一种偏离性状度量的增大，如"又哭又笑"表示一种高度矛盾的感情。"又 A 又 B"的主观性强，可与结构助词"的"或比况性成分共现。例如：

（19）"是我啊！"小草抱住了李大海，喘着气，又哭又笑的。

（20）一轮像铜盘样又大又圆的火红的月亮径直照到窗子上。

由"大"作为格式标，语义相近或相关的单音节形容词填充格式槽的"大 A 大 B"也表示增大度量，如"大红大绿、大富大贵"等。此时，"大"的语义对并立复合构式增大度量的整体语义有一定影响。例如：

（21）各处都是新油饰的，大红大绿，像个乡下的新娘子，尽力打扮而怪难受的。

当格式槽由语义相近或相关的形容词来填充时，"AA+BB"加叠的语法意义为加大度量。当格式槽填充成分语义相反时，"AA+BB"加叠表示某事物形态各异、复杂多样，这也是度量加强的一种表现。需要指出的是，此时"AA+BB"加叠表达的是一种静态现象。例如：

（22）刘家媳妇刚刚生了一个小男孩，白白胖胖，很招人喜爱。

（23）几十个大大小小高高低低形态各异的石头矗立在海滨，自有它迷人的情趣。

表示减量的并立复合构式明显少于表示增量的并立复合构

式。根据邹韶华（2001），在汉语1000个最常用词中，有大义词18个，小义词7个，两者使用频率分别是72%和28%；在5000常用词中，大义词共36个，小义词19个，两者使用频率分别是70.42%和29.58%。汉语中小义词少、表示小量的并立复合构式少，由此可以得到合理的解释。

2.3 周遍量

"所有"和"每一"是对周遍意义的两种不同角度的表述，前者的着眼点在总体，后者的着眼点在个体。与之相对应，格式槽为名词的"AA+BB"加叠和"一A一B"都表达周遍量。"AA+BB"加叠偏于表达"所有"，这与复叠的语法形式有关，其周遍义会通过共现成分得到突显，如例（24）中的结果补语"遍"。而"一A一B"偏于表达"每一"，这与格式标"一"的语义有关。"一"在汉语中既表示最小单位量，如"一本书"，也表示最大整体量，如"一车人都惊呆了"，意为"车上所有人都惊呆了"。"一A一B"常与全称副词"都、全"等共现，突显其周遍义。例如：

（24）万学远从上海调到浙江一年多来，跑遍了浙江的山山水水。

（25）千家洞的一草一木都在述说着瑶族的传奇。

2.4 适中量和偏离量

由"不"作为双格式标，语义相对或相反的单音节形容词填充格式槽的"不A不B"表示度量的适中或偏离。具体讲，当格式槽由相对性质形容词填充时，"不A不B"表示度量适中，说话人对此持喜欢、满意的态度，如"不高不矮、不快不慢"等。

有时表示满意的词语会直接出现以使语义显豁，如例（26）中的"正好"。当格式槽由绝对性质形容词填充时，"不 A 不 B"表示度量的偏离，说话人对此持不满甚或厌恶的态度，如"不男不女、不土不洋"等。这是因为，与相对性质形容词不同，绝对性质形容词所表示的概念之间是绝对矛盾关系，不存在中间状态。如果客观世界偏离了正常的认知而出现第三状态，人们的态度自然是不接受和不满意的，如例（27）中的"怪态可憎"直接表达了这种感情色彩。

（26）刘钧今年 40 岁，刚近不惑，身材<u>不高不矮</u>，<u>不胖不瘦</u>，正好。

（27）还有孔二小姐（孔令俊），打扮得<u>不男不女</u>，怪态可憎。

综上，"调量"是汉语并立复合构式的主要语法意义，有减量、增量、周遍量、适中量和偏离量等不同维度，涉及物量、动作量和度量等量的次范畴。调整后的量都是不定量、主观量，这使得并立复合构式具有一定的主观性，并通过共现成分及语义的引申和转移等得以突显。

三、并立复合构式的语法意义2：交替

交替是以两个或两个以上相对、相反内容的相继实现为单元的一种特殊的反复。相对、相反的内容称为交替项，完成一次交替所需要的时间称为交替周期。作为反复的一个次范畴，交替具有"完成性+持续性"的体特性，即如果将内在时点放在每一个

语义单元内部,是交替完成性的,而如果将内在时点放大到能关照多个语义单元,就是持续性的。但从并立复合构式的表义重点看,交替性是主要的,因此我们将"交替"单列为并立复合构式的一种语法意义。

由时间名词或时间副词为格式标,动词或形容词(结构)填充格式槽的并立复合构式表示交替。交替周期与时间名词或时间副词所对应的时间量一致,但具有主观性,即交替周期对应一个模糊的时间量,由说话人来判断交替周期或短或长。这类并立复合构式主要有表示瞬时交替的"忽而A,忽而B"和"忽A忽B",表示短时交替的"一会儿A,一会儿B""时而A,时而B""时A时B"和"一阵A,一阵B"以及表示长时交替的"有时候A,有时候B"等。并立复合构式可以表达的交替内容有动作、性状、动作对象、动作主体和事件等。各举一例如下:

(28)(小伙子)大多抱着一把吉他,<u>时而弹,时而唱</u>。

(29)走廊里传来一串脚步声,<u>一阵快,一阵慢</u>。

(30)这种夹缝中诞生的中国临终关怀医院,像老式挂钟的吊摆,<u>忽而倾向濒危的去者,忽而倾向疲惫的生人</u>。

(31)笔者家乡老人是这样评述和感慨的:那兵过的呀,<u>一会儿共产党,一会儿国民党</u>,后来也弄不清谁是谁了,也不知道谁撑上谁了。

(32)但是他们<u>有时候很固执,我有时候也不耐烦</u>,这便用着叱责了;叱责还不行,不由自主地,我的沉重的手掌便到他们身上了。

不同的并立复合构式所表达的交替内容不尽相同,如表1

所示：

表 1 并立复合构式交替内容对照表

并立复合构式	交替内容				
	动作	性状	对象	事件	主体
忽 A 忽 B	+	+	−	−	−
忽而 A，忽而 B	+	+	+	−	−
一会儿 A，一会儿 B	+	+	+	+	+
一阵 A，一阵 B	+	+	−	−	−
时 A 时 B	+	+	−	−	−
时而 A，时而 B	+	+	+	−	−
有时候 A，有时候 B	+	+	+	+	+

可见，不同的交替内容进入并立复合构式的难易程度不同，由最易进入到最难进入大体形成一个优先序列：动作 > 性状 > 对象 > 事件 > 主体。之所以呈现以上顺序是因为，交替义并立复合构式的格式标多为时间名词或时间副词，这些词单用时一般在述语前作状语或述语后作时量宾语，这使得其与动词和形容词的联系最为紧密，并立复合构式对动作、性状的包容度自然也最高，其次是与动作有关的对象，最后才是事件和动作的主体。

交替义并立复合构式在句中主要作谓语或独立语，增强语句的描写性，且多与高频动量副词或表时段的时间成分共现，这也体现了交替义并立复合构式所对应的反复量或持续时间量的增大。例如：

（33）可是，他仔细观察，后起的小肉铺总是<u>时开时闭</u>，站不住脚。

（34）一般来说，从夜晚到凌晨，他都在书房里度过，烟抽得云天雾地，<u>一会儿伏案，一会儿踱步</u>，白天他关起电话蒙头大睡。

语义相反的单音节动词以及伴随有时间推移的单音节形容词的"AA+BB"加叠，都表示交替，即不同的动作或性状的动态交替，如"走走停停""（箫声）高高低低"。"AA+BB"加叠所对应的交替周期可长可短，需要在具体语境中加以确定，主观性较强。例如：

（35）摩尔多瓦历史上<u>分分合合</u>，1991年改为现国名并宣布独立。

（36）大学生活中的爱情也许是甜蜜的，但毕业时面临的<u>分分合合</u>却是现实和残酷的。

以数量结构为格式标，语义相对或相反的单音节形容词、方位词或代词填充格式槽的并立复合构式也表示交替，如"深一脚浅一脚""东一下西一下""你一句我一句"等。此类并立复合构式在句中多作状语或独立语，描写动作进行的状态，常出现结构助词"地"，或在总—分—总及总—分的概括—叙述性语篇中充当背景信息。例如：

（37）郑培峰一天至少投掷上百次，她的母亲就要在泥泞的田里<u>深一脚浅一脚</u>地走上十几里。

（38）据说，《茶馆》初排时，第一幕<u>东一句西一句</u>，<u>左一下右一下</u>，导演十分为难。后来总导演焦菊隐精心调度，忽然浑然一体。

并立复合构式"A了（又）B，B了（又）A"也是表达交替的常用格式，要求A、B为语义相对、相反的动词或形容词。这类格式一般只有A、B两个交替内容，且彼此交替，回环往复，A的结束就意味着B的开始，B的结束也意味着A的开始[①]。通过对比可知，例（39）中"A了B，B了A"使语句简洁，语义丰富，表达效果远高于一般叙述句例（40）。

（39）日复一日，他<u>写了撕，撕了写</u>。终于，他用情与爱浇铸的第一首小诗变成了铅字。

（40）看过之后，把纸揉成了一团，又拿了一张新的，重新填写，写完了又揉成一团，然后又伏在桌子上，想要再填写一张。

综上，交替义并立复合构式都有一个交替周期，交替周期都对应一个时间量，但这个时间量是一个模糊量，也是一个主观量。因说话人时点选择的不同，交替、反复和持续可以看作是一个语义范畴的连续统。这也使得交替义并立复合构式常与长时时间成分共现，并与量范畴，特别是时间量和动作的持续量关系密切。

四、并立复合构式的语法意义3：强调

说话人在谈话时，因其立场观点、价值取向、生活阅历、文化水平、看待世界的方式和表述世界的方式以及情绪、与谈话人

---

① 李宇明（2000b）也提到了这类格式并指出，其用顶真或回文的方式构成，可以称为回叠，并可以进一步码化为"AXB，BXA"。

的关系、对话题的熟悉程度等各方面的原因，对不同的述说内容会表现出不同的态度和感情。这些不同的方面都会以代数和的方式凝聚为语言情感，造成不同的语势。语势反映的是言语情感的"量"，不同的语势代表不同的言语情感度（李宇明，2000a）。强调是语势的一种重要表现，表明说话人特别着意或着重提出的内容，在言语情感上表明说话人的重视程度，从这一点上说，强调也与量范畴有密切关系。表达强调的语法手段很多，并立复合构式是其中之一。

强调义并立复合构式主要有两类。一类是以否定词为格式标，语义相近、相关的单音节名词或动词填充格式槽的并立复合构式，强调否定，如"无A无B（无亲无故）""不A不B（不折不扣）""没A没B（没心没肺）""A不X B不X（打不得骂不得）"等。此外，语义相反的形容词也可以自由进入"没A没B"表示强调，如"没大没小"，语义相反的单音节动词也可以自由进入"A不X B不X"表示强调，如"进不得退不得"。另一类是以"有"和"任"等为双格式标，语义相近、相关的单音名词或动词（语素）等填充格式槽的并立复合构式，强调"有"或无条件接受，如"有A有B（有理有据）""任A任B（任劳任怨）"等。强调义并立复合构式的格式标都相同，且多为"有无"类动词，这使得并立复合构式或表现为肯定加合式，如"有权+有势"，或表现为否定加合式，如"无儿+无女"，有助于其强调意义的产生。

强调义并立复合构式的语义与格式标单用所表达的语义并无区别，只是强调意味更明显，重在表达说话人的语言情感量，主观性较强，具有明显的句法表现。一些具体的情感词语或语气副词会与并立复合构式共现，增加说话人的语言情感量和强调意味。

例如：

(41) 五个人在雪地里追踪，有逃有赶，热闹极了。

(42) 在爸爸的"字典"里，公与私绝不可通用，公家的东西沾不得碰不得。

感情色彩是在语用层面对说话人主观好恶情感的直接表达，强调义并立复合构式具有明显的感情色彩。格式标为否定副词或动补结构否定式的并立复合构式都具有贬义色彩，体现主体无奈、尴尬、厌恶等消极状态。如"没脸没皮"指不知羞耻，"不明不白"指说话含糊不清或暧昧。这种贬义色彩会通过共现成分得以突显。例如：

(43) 我忽然开始厌恶柳吉，这个没脸没皮的女人，也配做我的情敌。

(44) 如果要跟他这么不明不白地来往，她觉得别扭，更觉得有失自己的尊严。

强调"有"的并立复合构式"有A有B"常含褒义色彩。刘丹青（2011）认为现代汉语的"有"字领有句具有"表好"（褒义）和"表多"（主观大量）的语义倾向。由于"有"字的原型语义特征参与了并立复合构式整体语义的构建，因此"有A有B"也大多表示积极义，并且在量上表达一个高于一般水平的程度量。例如"有条有理"意为"很有条理"，"有头有脸"意为"很有威信"。正是因为"有A有B"已有程度义包含其中，因此排斥程度副词的修饰，如不能说"很有权有势"。有时语气副词会与之共现以突显其感情色彩。例如：

（45）未央郡主和雪鸿完完全全是两个人，她高贵、典雅，矜持而<u>有礼有节</u>，完全是个无缺的贵族小姐。

综上，强调为并立复合构式的语法意义之一，重在表达说话人的语言情感量，进而使表达具有主观性，在共现成分和感情色彩方面有明显的表现。按照李宇明（2000b）的观点，强调义并立复合构式都属于复叠。复叠表示强调并非汉语独有，在其他语言中也存在。Abbi（1992）考察了 33 种南亚语言，发现名词、形容词复叠也都可以表达强调。这样看来，我们需要调查更多的语言样本，以便考察复叠表达强调是否具有普遍性。

五、余论

并立复合构式之所以具有以上的语法意义，可以从两方面进行解释。按照 Lakoff & Johnson（1980：128）提出的句法隐喻理论"形式越多，内容越多"（More of form is more of content），并立复合构式多为复叠式，形式上增加了，在语义上也应该增加，这样其向加大的维度调量、表达言语情感大量（如"强调"）等就很容易解释了。而并立复合构式还可以向减小的维度调量，这可以从另一个方面进行解释。并立复合构式的语法意义是格式标与格式槽的语义共同作用的结果，且多数格式标还未完全虚化，对并立复合构式的语法意义有一定的影响，因此也不难理解"一知半解"表示小量，"大吃大喝"表示大量，"忽高忽低"表示瞬时交替，"没心没肺"等表示强调且具有贬义色彩。

本文重在从整体上研究并立复合构式的语法意义，只是零星论及其句法功能、语义转移、语篇特点等。实际上，对于汉语这种形态变化不是很丰富的语言来说，并立复合构式可以看作是其重要的类型学特征，更是汉藏语系语言共同创新的结果（孙宏开，2014）[①]，在汉语语义表达系统中发挥着重要作用。

参考文献

[1] 陈昌来、朱艳霞（2009）类固定短语"边V_1边V_2"的多角度考察，《云南师范大学学报（对外汉语教学与研究版）》第5期。

[2] 李宇明（2000a）《汉语量范畴研究》，华中师范大学出版社。

[3] 李宇明（2000b）汉语复叠类型综论，《汉语学报》第1期。

[4] 刘丹青（2011）"有"字领有句的语义倾向和信息结构，《中国语文》第2期。

[5] 吕叔湘主编（1999）《现代汉语八百词》，北京：商务印书馆。

[6] 孟祥英（2009）方位词待嵌格式构词能力的不均衡性及成因，《修辞学习》第5期。

[7] 孟祥英（2010）汉语待嵌格式研究，山东师范大学博士学位论文。

[8] 齐沪扬（2001）有关类固定短语的问题，《修辞学习》第1期。

[9] 邵敬敏（2011）汉语框式结构说略，《中国语文》第3期。

[10] 邵敬敏（2015）关于框式结构研究的理论与方法，《语文研究》第2期。

[11] 孙宏开（2014）汉藏语系语言的共同创新，《民族语文》第2期。

---

① 孙宏开（2014）指出 ABAC（恶言恶语）、ABCB（似笑非笑）、ABCD（居安思危）等四音连绵词是重叠现象的延续，是汉藏语系语言共同创新的结果。几乎所有的汉藏语系语言都或多或少存在着四音连绵词。他所说的四音连绵词很多都属于并立复合构式，因此也可以说并立复合构式是汉藏语系语言共同创新的结果。

[12] 吴长安（2016）待嵌构式的挖掘价值和未来话题，《东北师大学报（哲学社会科学版）》第 4 期。
[13] 周荐（2001）《现代汉语词典》中的待嵌格式，《中国语文》第 6 期。
[14] 朱德熙（1982）《语法讲义》，北京：商务印书馆。
[15] 邹韶华（2001）《语用频率效应研究》，北京：商务印书馆。
[16] Abbi, Anvita（1992）*Reduplication in South Asian Languages: An Areal, Typological, and Historical Study*.New Delhi: Applied Publishers.
[17] Goldberg, Adele E.（1995）*Constructions: A Construction Grammar Approach to Argument Structure*. Chicago: The University of Chicago Press.
[18] Goldberg, Adele E.（2006）*Constructions at Work: The Nature of Generalization in Language*.Oxford:Oxford University Press.
[19] Lakoff, George & Mark Johnson（1980）*Metaphors We Live By*.Chicago: The University of Chicago Press.

面向二语教学的构式研究

——以"V着也是V着"为例 *

杨玉玲

一、前言

现代汉语中有一些用词简洁精炼,含意却丰富生动,并在口语中使用频率颇高的构式,如:

X是X,Y是Y	如:<u>朋友是朋友,生意是生意</u>。
VOV的	如:他这眼睛就是<u>看电视看的</u>。
V_1着V_1着就V_2	如:他<u>听着听着就睡着了</u>。
V着也是V着,……	如:<u>闲着也是闲着</u>,干脆出去走走吧。
X就X(吧)	如:"唉,<u>不去就不去吧</u>!"大哥垂头丧气地说。

这些母语者司空见惯的构式看似简单,但要用简洁的语言解释清楚其确切含义并非易事。对留学生来说,这些标记性构式更

---

* 原文发表于《国际汉语教育(中英文)》2017年第3期。

是难以掌握,因此,在使用中出现偏误的概率也非常高,如:

(1)*她小时候很喜欢阅读,有时候阅读着阅读着就哭了。

她小时候很喜欢阅读,有时候读着读着就哭了。

(2)老师:对不起,周末我很想跟你们一起去香山,但我家里有事去不了。

*学生:你爱去不去,我们人很多,没关系。

学生:老师,您不能去很遗憾,但我们人多,没关系。

(3)老师:我用用你的笔好吗?

*学生:用就用吧。

学生:您用吧。

(4)*你学习着也是学习着,不如我们去打篮球吧。

我们发现,留学生在学习和使用这些构式的过程中出现偏误的原因可能是结构方面的,如例(1),但更常见的原因是不理解其深层语义背景,如例(2)—例(4)。

构式所表示的整体语法意义相当凝练,因而其语义背景更需要认真研究,并注意在教学中加以说明,否则学生出现语用失误的偏差就在所难免。"这些固定格式很有表现力,而外国留学生对这些常用固定格式的每个字、每个词都认识,都知道,但表示什么意思,如果老师不告诉他们,他们是不知道的,而且他们也很难从工具书上找到现成的答案;当然,他们更不会准确地使用这些固定格式。"(陆俭明,2005)鉴于此,本文打算以"V着也是V着"为例来谈谈二语教学中的构式研究。

二、构式"V着也是V着"的研究现状

构式"V着也是V着"具有独特的语用价值，值得研究。但从目前的文献来看，学界对其关注并不多，甚至连一些集中讨论口语格式的著作如《汉语口语常用格式例释》和《汉语口语常用句式语用研究》都没有涉及该构式。目前仅有付玉萍、刘利民（2005）、宗守云（2005）、赵彩红（2014）、刘禀诚（2015）和温锁林（2015）对该构式进行了一些研究。

付玉萍、刘利民（2005）认为，能够进入该构式的都是单音节动词或形容词，且具有 [+ 口语][+ 持续][– 主动 /– 积极] 的语义特征。该文对该构式的关注和分析给了我们很多启发，但其结论有失偏颇。例如，文章认为进入该构式的动词以单音节为主，虽然此结论是正确的，但我们不能据此解释"你学习着也是学习着，不如我们去打篮球吧。"这样的偏误。实际上，产生此类偏误是由于留学生对该构式的构式义及语义背景掌握不好，而非单纯由于选用了双音节动词。否则，我们把双音节的"学习"换成单音节的"学"就应该是正确的句子。但事实上，即使把"学习"换成"学"，句子仍然是错误的，可见该偏误的产生原因不是因为其中的动词音节数出错。

赵彩红（2014）分析了该构式的来源、结构特点以及其中V1 和 V2 的语义特征及其关系。

刘禀诚（2015）把"X着也是X着"与相关结构如"X了也是X了""与其P不如Q"等进行了比较，最后得出结论，"在句法上，X通常是静态动词，有 [+ 持续性][+ 静态性] 语义特征"。并把该构式义分成两组，即"（人的）无为性"和"（物的）弃

置性"。

温锁林（2015）对构式"VP着也是VP着"进行了全面细致的研究，指出了该构式的构造共性，考察了构式要素"VP"的语义特征，把构式义总结为"确认人或物现时的非正常效用状态"。难能可贵的是温锁林对该构式的表意机制也进行了概括。

以上几篇文章对构式"V着也是V着"的研究很有启发性，但关于该构式仍有进一步研究的空间：该构式的构式义到底是什么？其语义背景又是什么？其语用功能从何而来？这些相关问题都需要进一步研究。

三、构式"V着也是V着"的结构分析

根据构式语法基本思想，一个构式就是一个心理上的感知完型，具有整体意义，且整体意义大于部分意义之和。虽然构式的整体构式义不能严格地从其自身组成成分或其他已有构式中推测出来，但我们在分析一个构式时，仍然可以借助形式，采取从形式入手，到整个构式的语义语用和篇章的分析步骤。即我们认为对整体构式义的分析并不意味着不能采取从部分到整体的策略。为了方便二语教学，本文不拆开分解构式构成成分的句法功能，而是重视其整体的句法功能；不去分析各构成成分的句法功能，但会去考察什么样的词语可以充当该构式的某个变量，以便二语学习者学习和使用。

构式"V着也是V着"的结构非常规语法规则可以解释和生成，语义上也非构成成分的简单相加，具有典型的构式特点。在结构上，该构式由三个语块构成："V着"+"也是"+"V着"；

主宾语同形，但其功能不同：前"V着"是客观陈述性的，后"V着"是主观评价性的。构式中的"V"是变量，其他都是衡量。为了便于学生掌握，我们必须指出变量的特点，即什么词语才可以进入该构式。

3.1 "V"的有限性和该构式的非能产性

通过分析大量语料，我们发现能够进入构式"V着也是V着"的动词非常有限，CCL和BCC语料中能够进入该构式的仅有"闲、放、呆（待）①、空、等、坐、躺"等几个动词，其中频率最高的是"闲"。在BCC综合语语料库和CCL语料库中，这几个动词的使用频率如下：

	闲	放	呆	（待）	空	等	躺	压	扔	留	搁	耗
BCC	467	14	9	2	26	2	1	0	0	2	1	0
CCL	42	2	0	0	4	0	0	1	1	1	3	1

从能够进入该构式的动词的范围来看，"V着也是V着"只具有半能产性，即只有非常有限的动词才可以进入该构式。

3.2 "V"的特点

我们固然可以用列举的办法告诉学生哪些动词可以进入该构式，但从研究的角度还是应该分析这些动词的特点，即什么样的动词才可以进入该构式。通过分析大量语料，我们发现该构式中的"V"具有以下几个特点：

---

① "呆""待"为异体字，本文所引例句均与原文保持一致，故本文存在两种写法。

3.2.1 "V"的音节特征

能够进入该构式的动词大多都是单音节动词,如下面各例中的"闲、躺、等、放、摆"等。如:

(5)他的祝酒词是这样说的:"大家可以放心,今天这桌饭是我和总理掏的腰包,反正我们的工资也不用,<u>闲着也是闲着</u>,还不如拿出来收买收买人心!……"

(6)<u>躺着也是躺着</u>,没有丝毫睡意,那我只得不断安慰自己:你和其他人不一样。

(7)反正<u>等着也是等着</u>,要不……我们再去看看《灭世之门》?

(8)反正那些衣服她少穿,<u>放着也是放着</u>,不如——"瓶儿姑娘要是喜欢的话,可以带走。"

(9)我没法子,只好先到没收物档案室把摆了好几年的手榴弹先偷出来用,反正——反正<u>摆着也是摆着</u>,不如我把它用掉。

虽然在日常生活中我们确实也听到过类似"闲置着也是闲置着"这样的用法,但在我们收集的语料中没有双音节动词进入该构式的例句。至少可以说该构式中的动词以单音节为主。

3.2.2 "V"的语义特征

通过上面的例句,我们可以发现,能够进入该构式中的动词都具有[+无为]的语义特征,如"空、闲、放、躺、摆"等。所谓"无为",即这些动作在说话人看来不能带来某种意义或价值。并且,能够进入该构式中的动词都是自主动词,即行为主体可以自己控制的动作行为,如"我想待着就待着,不想待着就不待着""某东西我想摆着就摆着，不想摆着就做其他处理"等，所以我们可以把能够进入该构式的动词的语义特征总结为 [+ 无为] [+ 可控]。至于有学者提出"V"还应具有 [– 消极] 的语义特征，我们认为，这种消极的语义特征不是单个"V"所具有的，比如单个的"等""放""摆"就没有消极的语义特征，而是整个构式产生的。

四、构式"V 着也是 V 着"的构式义和语义背景分析

汉语中能够带"着"的动词很多，为什么只有具有 [+ 无为] [+ 可控] 的动词才可以进入该构式？我们相信还有别的影响因素，那就是构式义。

4.1 构式"V 着也是 V 着"的构式义

按照普遍认知，该构式中"V 着"这种状态本身不能带来任何意义和价值，说话人正是基于某人（包括自己）或某物目前所处的这种状态是没有意义和价值的，所以提出一种有意义的建议或者做出了某种有意义的行为。如：

（10）我最近发现家里闲置了一支颜极润的水啊，我放在家里<u>闲着也是闲着</u>，不如我拿出来给舞台吧。

（11）军士们<u>闲着也是闲着</u>，倒不如来此给他们即将到来的家人修修梯田。

（12）反正<u>放着也是放着</u>，借给小弟我用一下。

（13）在家<u>待着也是待着</u>，不如出去转转。

（14）魏胖子苦笑道："生意人，没办法，老朽生来劳

碌命,天只要亮,就怎么睡也睡不着啦,<u>躺着也是躺着</u>,不如干脆起来。"

例(10)中"颜极润的水"在家里"闲着"没有意义,因此提出"拿出来给舞台"这一有意义的建议;例(11)中"军士们""闲着"没有任何意义,不如"给家人修修梯田";例(12)中某物"放着"也发挥不了作用,所以不如"借给小弟"更有价值;例(13)中某人"在家待着"也没有任何好处,不如"出去转转";例(14)中说话人睡不着躺着也没有意义,所以不如"干脆起来"。

有时为了凸显"V着"的无价值无意义,说话人还会在后"V着"之前使用一些表达强烈主观性的副词,如"白""干"等。如:

(15)邵书桓回房后,见着四处送来的礼物颇多,其中有些都是名贵的布料,想着自己是用不了这些东西的,<u>放着也是白放着</u>,当即挑了一些出来,命杏儿捧着,送来给周姨娘年下做衣服。

(16)这东西,当初带出宫来的时候只想寻个机会先找人试验一下,反正有两粒嘛,<u>放着也是白放着</u>,浪费了。

(17)这老宅子<u>放着也是白放着</u>,还是物尽其用吧。

(18)因为天气太热,肉店是半天生意,肉卖完或者卖不完,下午都没有买主,<u>耗着也是干耗着</u>,不如早点关门歇息。

根据以上分析,我们可以把该构式的构式义总结为:陈述某人或某物目前处于无价值无意义的状态,然后基于这一状态,提出一个有意义的建议。

我们知道,构式义和构成成分是互相制约的,特定的构式义只允许某些和该构式义相和谐的词语才能进入该构式,和该构式义相冲突的词语则无法进入该构式。这也就容易解释为什么"学""吃""做"等动词无法进入该构式,因为从社会普遍认知来看,这些动词本身的语义都"有价值有意义",和该构式的构式义相冲突。

至于"表面肯定实则否定""为某一建议或行动提供原因"等则是该构式的会话含义或语用功能。

4.2 构式"V着也是V着"的语用功能

"V着也是V着"表面是肯定,即陈述某人或某物处于无意义无价值的状态,但显然说话人并不仅仅是要表达对这种无意义无价值状态的陈述,实际上是要对该状态进行一种否定,即通过说明"V着"这种状态是无价值的从而否定目前所处的状态,为后面的建议或已经做出的行为提供理由。如:

(19) 我打断他的话:问题是现在前排没人,<u>座位空着也是空着</u>,你到前面去坐并没有违反什么原则问题嘛!

(20) <u>闲着也是闲着</u>,干吗不读点科技书呢?

(21) 家里没用的什么的都往这儿倒腾吧,<u>搁着也是搁着</u>。

(22) 那时候,歌星们的出场费已经上了4位数了。<u>闲着也是闲着</u>,心眼活泛的刘桂娟出走了,唱歌,从商,挣了点钱。但心里头总不踏实,京剧艺术总是牵着她的心。

(23) 史玉柱自己也没事儿干了,<u>闲着也是闲着</u>,既然有这么好的统计数据,史玉柱就开始琢磨能分析到什么。

例(19)—(21)是说话人基于"V着"的"无价值无意义"状态,提出某种建议;例(22)—(23)则是基于"V着"的"无价值无意义"状态，做出某种能够改变状态的行为。

4.3 构式"V着也是V着"语用功能的实现

上文我们分析了"V着也是V着"的构式义是：陈述某人或某物处于无意义无价值的状态，然后基于这一状态，提出某种建议。其语用功能是表面肯定实则否定，通过陈述某人或某物处于无意义无价值的状态而引出建议或为某个已经做出的行为提供理由。那么这种语用功能是从何而来的呢？

根据普遍认知，人类的行为应该能带来一定的意义，如果不能带来任何意义，这种行为常常会被否定。比如，"躺"这种行为就应该带来"睡着、休息"等有价值的结果，如果"躺着"不能产生这种有价值的结果，就会被否定。但出于"礼貌原则"，说话人一般不直接否定，有时会用肯定或者疑问的形式达到否定的目的，即委婉否定。"V着也是V着"就是采取肯定的形式以达到委婉否定的目的。下面是直接否定和委婉否定的对比：

（24）别躺着了，下来走路吧。

（25）任梅君道："躺着也是躺着，不如出去走走。"

（26）"行。我回头就去问问她们俩，别闲着了，你们赶紧干活儿去。"

（27）他忽然来到我的办公室说："总监，你外边的客厅闲着也是闲着，干脆租给我住吧。"

例（24）和例（25）、例（26）和例（27）都是要对"躺着""闲着"进行否定，但例（24）和例（26）有一种命令的口气，显得直接且不客气，例（25）和例（27）则显得委婉客气。

从逻辑意义上看，"V着也是V着"似乎没有传递任何信息，但事实上，该构式具有超乎字面意义的语义和用途。表面上看，该构式既违背了"合作原则"的"量准则"，又违背了"方式准则"。根据"量准则"，会话双方都应该提供足够的信息量，但该构式用词重复，似乎没有提供任何信息；根据"方式准则"，会话双方都应该尽量避免词语重复、啰唆等表达方式，显然，该构式并不符合"方式准则"。我们知道，说话人如果故意违反某一会话准则，肯定是为了达到某种语用效果，具体到该构式就是为了实现用表面的肯定达到否定的效果。但是主宾同形的构式很多，如"A就是A（孩子就是孩子）""A是A，B是B（朋友是朋友，生意是生意）"等，这些构式具有各自的构式义和语用功能，为什么单单"V着也是V着"具有委婉否定的语用功能呢？这和构式中的"也"有关。

我们知道"也"的基本用法是表示"类同"，如：

张三是我的朋友，李四也是我的朋友。

显然，"李四"只是"我的朋友"中的一个，二者并不完全等值，即我们一般不会说：N也是N。可在"V着也是V着"中，"也是"前后完全等值，显然，违反了"量的准则"和"方式准则"，于是就产生了超乎常规的语用效果。

五、构式"V着也是V着"的篇章分析

从篇章的角度来看，"V着也是V着"具有非独立性，即"V着也是V着"不独立成句，后面一般紧跟一个尚未发生的建议或者已经发生的动作。一般用"不如""何不""干吗""干脆""为什么""索性"等引出之后的建议。如：

（28）孙喜开导她说："大姐，你<u>闲着也是闲着</u>，还不如把这钱挣了。"

（29）这件事情倒提醒了苏瑜瑜，她灵机一动，对"丈夫"说：那间<u>房闲着也是闲着</u>，你不如把它出租给人，我们真的变成三个单身，也许反而方便。

（30）我不爱穿它！<u>放着也是放着</u>，何不换几个钱用？乘着正要冷，也许能多卖几个钱。

（31）反正那个宝船<u>放着也是放着</u>，为什么不叫它有点用呢？

说话人给出的建议一般放在"V 着也是 V 着"的后面，但有时候也可以放到前面。前者是先说明无意义的一种状态，然后提出在这种状态下的一个更好的建议；后者是先说出建议，然后再进一步解释。对比如下：

（32）拿住几个汉奸，不是还有赏哪吗？<u>闲着也是闲着</u>，我何不拿几个汉奸，弄点零钱花？

（33）自己<u>待着也是待着</u>，不如出去散散步排遣一下。

（34）下午第三节回去开班会，反正<u>闲着也是闲着</u>。

（35）路上人们也为这场临时起意的马赛呐喊助兴！反正<u>待着也是待着</u>嘛。

（36）因为这事，我想换个地，我说上下班太远了，老乡和崔哥于是合资又为我买了一辆自行车，叫我不要走，说他们的施工队过两天就要上天津干了，房子<u>空着也是空着</u>。

说话人提出的建议可以是说话人对听话人的建议，如下例（37）—（40），也可以是说话人自己给自己的建议或决定，如下例（41）。

（37）突然间，老妈看见旁边堆了一大摞旧报纸，就对我姑姑说：这些报纸<u>放着也是放着</u>，要不给我带回家给我们家猫猫上厕所用吧。

（38）大家都划拉划拉家里的旧服，<u>放着也是放着</u>，贡献出来您又可以进新货了，别人也可以过个温暖的冬天，多好！

（39）师父，你在寝室<u>待着也是待着</u>，不如来北远耍一耍？

（40）米莱抱住杨晓芸："啊，对了，这是我租的那房子的钥匙，折腾了半天，我一天都没住，还有五个月才到期，你住吧，反正<u>空着也是空着</u>。"

（41）后来，我当了医生，但看到战士们整年到头头不痛脚不痒的，身体一个个很棒，用不着我什么，我就想，<u>待着也是待着</u>，还不如找点事干。

"V 也是 V 着"后面紧跟的小句一般是尚未发生的建议，如下例（42）—（44），但也可以是已经发生的动作，如下例（45）—（47）。

（42）在这里<u>待着也是待着</u>，不如下去试一试，或许有什么收获也不一定。

（43）李中元微一沉思道："<u>等着也是等着</u>，晚辈去看一看。"

（44）内有一位觉得<u>等着也是等着</u>，何不顺着楼梯往上走，还可以看看风景。

（45）胡延平挤眉弄眼地问，"总往这儿跑，你不嫌累呀？""没啥事儿，待着也是待着。"罗桂香分辩道，"出来走走，就当是锻炼身体了。"

（46）"你们是八路军李节帅麾下？"等着也是等着，王朴索性盘问起这些守城军士来。

（47）有一段时间，问祖父讨字留作纪念的人，渐渐多起来，闲着也是闲着，祖父就挨个地写，唐人的诗，宋人的词，毛主席的教导……

和该构式共现率比较高的是副词"反正"。我们知道，"反正"多用在动词、形容词或主语前，用来指明情况或原因，强调因为这种情况或原因而建议做某事。如：

（48）反正摆着也是摆着，还不如送给可能驯服的人。

（49）农民"变"市民后，习惯性地"开垦"了房前屋后的边角地，种上了青菜、萝卜。待城管部门得知情况前去制止时，这些新市民竟然说："反正空着也是空着，再说种菜也是绿化。"

如例（48）中"反正"强调因为"摆着"没有什么意义，建议"送给可能驯服的人"；例（49）中"反正"强调因为"空着"没有价值和意义，说明"种菜"的可接受性和合理性。然后还在后面补充了第二个"种菜"的理由：也是绿化。

六、"核心＋构式"教学模式

按照传统观点，"V着也是V着"这样的构式既不属于语法也不属于词汇。但正如Skehan（1998）提出的语言具有双重性——

可分析性（analysability）和程式性（formulaicity），语言的双重体系可图示如下：

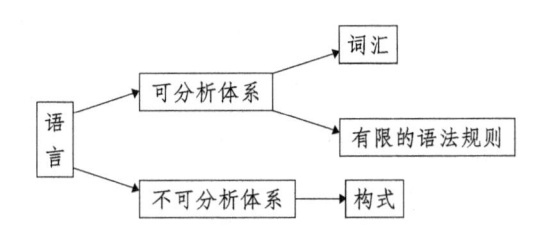

```
              ┌─ 可分析体系 ─┬─ 词汇
语言 ─┤               └─ 有限的语法规则
      └─ 不可分析体系 ── 构式
```

据此我们拟提出"核心 + 构式"教学模式：

在汉语作为第二语言教学中，不仅要重视传统语法和词汇的研究和教学，还要重视介于二者之间的构式研究和教学；对构式不仅要采取自上而下的研究，即研究整个构式的构式义，还要采取自下而上的研究，即研究构式的构成成分的特点；不仅要研究构式的构式义和结构特点，还要研究构式的语用和语义背景，包括上下文篇章的特点等。

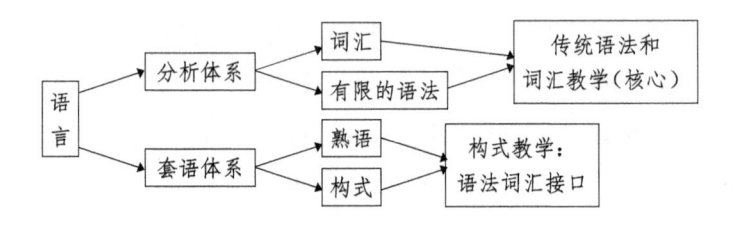

```
              ┌─ 分析体系 ─┬─ 词汇         ─→ 传统语法和
语言 ─┤             └─ 有限的语法    词汇教学（核心）
      └─ 套语体系 ─┬─ 熟语         ─→ 构式教学：
                    └─ 构式          语法词汇接口
```

参考文献

[1] 付玉萍、刘利民（2005）"V/A 着也是 V/A 着"的句法语义分析，见孙玉华、徐珺主编《语言与文化研究》，长春：吉林人民出版社。

[2] 刘禀诚（2015）也谈"X 着也是 X 着"，《语言研究集刊》第 1 期。

[3] 陆俭明（2004）对外汉语教学一得——要重视交代词语或句法格式使用的语义背景，《海外华文教育》第4期。

[4] 陆俭明（2005）汉语教员应有的意识，《世界汉语教学》第1期。

[5] 陆俭明（2007）词汇教学与词汇研究之管见，《江苏大学学报（社会科学版）》第3期。

[6] 陆俭明、马真（1985）《现代汉语虚词散论》，北京：北京大学出版社。

[7] 马真（1983）说"反而"，《中国语文》第3期。

[8] 马真（2001）表加强否定语气的副词"并"和"又"——兼谈词语使用的语义背景，《世界汉语教学》第3期。

[9] 马真（2004）《现代汉语虚词研究方法论》，北京：商务印书馆。

[10] 温锁林（2015）"VP着也是VP着"构式表意的机制与特点，《语言科学》第4期。

[11] 吴丽君、鲁文霞、潘瑞芳、黄烨（2010）《汉语口语常用句式语用研究》，北京：北京出版社。

[12] 张建新（2008）《汉语口语常用格式例释》，北京：北京语言大学出版社。

[13] 赵彩红（2014）"V_1着也是V_1着，……V_2P……"句式探究，《吉林广播电视大学学报》第9期。

[14] 宗守云（2005）"闲着也是闲着"类句式考察，《励耘学刊（语言卷）》第2期。

[15] Skehan, P.（1998）*A Cognitive Approach to Language Learning*. Oxford: Oxford University Press.

句式意义分析的观念、路径和原则

——以"把"字句为例 *

施春宏

一、引言

  句式作为特殊的论元结构构式（argument structure construction），其形式和意义一直广受学界关注，研究焦点主要集中于两个方面：就形式而言，集中于句式的配位方式及生成机制；就意义而言，集中于各个句式所表现的语法意义。具体到语法意义，它是指由语法形式（如语序、结构关系、虚词、功能类别选择等）所负载的结构意义，既区别于词汇意义，也区别于语用意义。为简便起见，本文以"句式意义"专指"句式的语法意义"。

  句式意义的性质主要从两个角度来认识：一是结构意义，即作为结构整体的意义和组构成分之间的关系意义；二是区别性意义，即该句式与其他句式相区别的语法意义。因此，概括句式意义可从内外两个方面来考察：内，指相关成分之间的结构化关系；

---

* 原文发表于《汉语学报》2019年第1期。

外，指不同句式意义之间的共性和个性。基于此，无论是认识（句式性）构式的形式还是意义，都需要立足于构体（构式的整体结构）和构件（构式的组构成分）①、此构式和彼构式之间的互动关系。

构式语法（Construction Grammar）强调任何构式都是一个完形，是形式和意义/功能的配对体（form-meaning/function pair），而对句式形式结构和意义结构之间匹配关系的研究，正是句式意义分析的根本。然而，目前学界对此关注得还不够充分。对句式性构式而言，论元结构和配位方式互动关系的分析对认识构式的形式和意义及其关系非常重要。因此，对形义关系的匹配方式、过程和机制的分析，是我们认识句式意义的基本路径。基于构式观念的形义匹配关系分析或可将其推进一步。就句式意义研究而言，既需要基于构式分析的基本原则对特定句式的形式和意义做出概括，还需要关注该句式所赖以存在的句式系统及其相互关联的结构化机制，在系统中确立各个相关句式具有区别性特征的结构意义。

在汉语句式意义的研究中，"把"字句作为一种极具汉语个性的特殊句式，备受关注，而且取得了相对瞩目的成果。然而，"把"字句研究中存在一种甚为常见的情形，即就"把"字句论"把"字句，而对"把"字句与其他相关句式的语法意义之间的系统关联少有说明。这样的分析路径容易带来一些问题。首先，基于结

---

① 为有效区别和说明构式的整体和组构成分及其特征，我们将构式（construction）分为构体和构件两个方面，由此构式特征也包括构体特征（whole-body feature，即作为构式而具有的整体特征）和构件特征（component feature，即作为构件而具有的组构特征）两个方面。也就是说，构式并不只是等于构体（由此构成特征也不只是指构体特征），它包括构体和构件这样的整体和部分两个层面的内容。

构主义方法论原则下的系统性原则和区别性原则（或者说差异性原则），这种就单个句式论单个句式的研究方法，很容易将相关句式语法意义的共性看作是某个句式的个性。其次，即便是对"把"字句个性的概括，也容易割裂特殊句式的形式和意义之间的关联，尤其是两者之间结构化的匹配关系。

基于汉语句式研究现状和构式语法基本理念，本文以"把"字句语法意义的分析为例来探讨句式意义分析中的一些元语言学意义上的问题。本文的基本思路是，首先通过梳理"把"字句语法意义研究中的重要发现及存在的问题，揭示其所折射出来的基本观念和方法，然后进一步概括出句式意义研究过程中的主要分析模式，并提出本文所主张的分析策略，最后探讨句式意义研究中应遵循的若干原则问题。

二、"把"字句语法意义分析的基本观念

关于"把"字句的语法意义，自王力（1943/1985）提出"处置"说后，就一直成为研究"把"字句所关注的焦点，但始终伴随着各种争议。其中基本上贯穿着一根主线，即"处置说"与"致使说"的争论。基于此，我们首先探讨两说各自的合理性根源何在，揭示问题的实质，以及两种思路对研究句式语法意义有何启发。

对"把"字句语法意义的研究历程，学界已有较多整理，在概括既有描写成果的基础上力求做出结构和认知、功能上的解释，如叶向阳（1997、2004）、沈家煊（2002）、郭锐（2003）、王红旗（2003）、胡文泽（2005）、施春宏（2006）、刘培玉（2009）、施春宏（2010a）、翁姗姗（2012）、席留生（2014）、陆俭明（2016）、

施春宏（2018）等。这里并不试图全面概括各种理论背景下"把"字句的研究状况，而是拟从句式意义研究方法论的角度来对相关研究观念做出新的梳理。为表述方便，下面关于"把"字句结构成分的说明，大多按照目前的术语系统来叙述。

2.1 构件义还是构体义

句式意义研究存在的一个方法论问题是：所概括的句式意义是某个特定槽位出现的词汇意义还是整个句式的语法意义？若从构式语法的观念来认识，它是属于构件义还是构体义（即一般所言的构式义）？句式意义指的是独立于句式中特定词项的意义而存在的构体意义，而"把"字句语法意义的研究有时并没有对构件义和构体义进行明确区分。

王力（1943/1985）关于"把"字句的处置说影响深远，很长时期里的讨论都围绕此展开。对于"处置"，王力先生是通过正反两个方面来说明的。王力（1943/1985）通过列举正面类型来理解处置式：处置式是把人怎样安排，怎样支使，怎样对付；或把事物怎样处理，或把事情怎样进行。王力（1944）则指出，表示精神行为（如"我爱他"）、感受现象（如"我看见他"）、不能改变事物状况的行为（如"我上楼"）、意外遭遇（如"我拾了一块手帕"）和"有、在"（如"我有钱""他在家"）这五类叙述词（即述语动词）无法进入"把"字句[①]。

受当时的学术背景所限，王力先生并没有明确"处置义"是词汇意义还是句式意义，且对"把"字句限制条件的考察，也主

[①] 王力先生主要从述语动词的语义特征认识"把"字句；吕叔湘（1984）则看到了其中的不足，认为只有"看见"类和"有、在"类不能用于"把"字句，其他三类在述语动词前后补上某个成分就可以了。

要限于述语动词的语义特征。对处置说而言,解释力度最强的是由宾格(accusative)动词或宾格性动结式构成的"把"字句[①]。例如:

(1) a. 晴雯把扇子撕了。
b. 晴雯把蜡烛吹灭了。

例(1)a句可理解为晴雯通过"撕"的方式处置了扇子;例(1)b句则是晴雯通过"吹"的方式处置了蜡烛并使蜡烛灭了。然而,由作格动词(ergative)或作格性动结式构成的"把"字句则是处置说的一个疑难点。例如:

(2) a. 他昨天不小心把钥匙丢了。
b. 一句脏话就把他气坏了。

我们很难将例(2)理解为某人通过"丢"的方式处置了钥匙(实际上"丢了"是一种结果状态)、"一句脏话"通过"气"的方式处置了他而使他变"坏"了。面对这种情况,王力先生将它们归为"处置式的活用",有些学者则尝试扩大对处置的理解,进而提出广义处置说[②],认为这里的"处置"应该是一种语法上的处置,而非逻辑上的处置。这种认识至今也是一种重要的理解策略,虽然每个阶段的理解或有差异。

也有学者看到了处置说的困境,进而提出了致使说(包括一般意义上的因果说)。对致使说而言,情况似乎正好相反,它最方便说明的是由作格动词或作格性动结式构成的"把"字句。这

---

① 将宾格性动结式以及下文关于作格性动结式的概念引入这种分析中,显然已经扩大了对"处置"的理解,但一般坚持处置说的文献实际上是包含它们的。
② 如王还(1957)、潘文娱(1978)、宋玉柱(1979、1981)、马真(1981)等。

类句式虽无明显的施事,但有明显的致使/因果关系蕴含其中。例如:

(3) a. 偏又把凤丫头病了。
　　 b. 把老王急疯了。

它们可以理解成"(某件事)偏又使凤丫头病了"和"(某件事)使老王急疯了"。由于这种致使说偏重述语动词或动词性结构的语义特征,我们可以称作词汇性致使说(lexical causativity)。然而,词汇性致使说却不好说明宾格动词或宾格性动结式构成的"把"字句中致使的含义。如"晴雯把蜡烛吹灭了",将它理解成"晴雯使蜡烛吹灭了",显然很勉强;而理解成"晴雯吹蜡烛"致使"蜡烛灭了",则更合乎实际。这便是句法性致使说(syntactic causativity)的理解。

有鉴于此,近些年来学界普遍关注到了处置义或致使义的负载者或来源:是句式,还是"把"字句中的述语动词,甚或是"把"。目前较为普遍的看法是,这种处置义或致使义从根本上说是一种句式意义,即句式性构式义。认知语言学(尤其是构式语法)兴起之后,对这方面的认识更加明确了,学者们做出了很有启发性的探索。但对这种句式意义如何由"把"字句来体现,目前的认识差异仍然很大。

与之同时,由于看到了"把"字句系统存在不同次类,有学者便区分了不同语义类型的"把"字句[①],采取分而治之的

---

　　① 如邵敬敏(1985)区分出致态类和致果类,金立鑫(1993)区分出结果类、情态类和动量类,崔希亮(1995)区分出结果类和情态矢量类,范晓(2001)区分出处置句和使动句,邵敬敏、赵春利(2005)区分出有意识"把"字句/处置"把"字句和无意识"把"字句/致使"把"字句等。

研究策略。然而更多研究者则从现代语言学理论所追求的"一致化"（uniformity）目标出发，尝试从新的角度对这一句式进行概括，如将该句式的认知结构概括为位移图式（张旺熹，2001），是表达"事项界变"的手段（张黎，2007）。而更多的研究则是将其语法意义明确概括为"致使"①，尽管这种句法性致使说在不同研究之间存在较大差异。此外，仍有研究坚持处置说，但都对处置的内涵做了新的阐释，如提出"主观处置"（沈家煊，2002）、将处置理解为"控制性的致使"（王红旗，2003）等。

综上，仅仅从句式主要槽位中的词汇意义（即构件义）来说明其语法意义显然存在着困境，要说明句式意义（即构体义），既要考虑整体义和主要动词词汇意义的互动关系，也需要说明构件组合如何整合浮现出构体义，以及意义和形式之间的匹配互动关系如何。将词汇意义看作句式意义固然不可取，但割裂了两者之间的联系同样不足取。这就存在一个首先要处理的方法论问题：如何区分构体义和构件义，并在两者之间建立合理的互动关联？

2.2 语义自主还是形义互动

句式意义研究的方法论问题之二是：对句式意义的概括是否具有构式形式的依存性？若具有依存性，则句式的语法意义和语法形式之间存在着怎样的结构化关系？

结构化（structuralization）是现代句法理论的基本目标之一。

---

① 如薛凤生（1987）、戴浩一（1989/1994）、叶向阳（1997、2004）、郭锐（2003）、施春宏（2006、2010a、2015b）等。

不仅是形式，意义的组构成分之间也存在结构化关系。只有将语义结构跟特定表达形式关联起来，并在形式和意义的结构性互动关系中去考察其限制条件，所得的语义内容才是特定句式的语义结构。

"把"字句在句法和语义上的限制一直是人们关注的重点之一。如吕叔湘（1984）讨论了"把"字句什么时候非用不可，什么时候绝不能用，什么时候可用可不用。后来人们对"把"字句结构成分及其功能特点的描写都是在此基础上展开的。遗憾的是上述研究思路未能深入下去，缺乏严格的条件表述。结构类型的归纳并非简单的线性描写，而与理论背景亦紧密相关。广义处置说和词汇性致使说试图在"把"字句语法意义结构化方面有所突破，但仍受限于词义结构本身的认识，而未能充分认识"把"字句形式和意义之间的关系。在事件语义结构分析方法引入句式分析之前，人们主要是根据谓语部分的表达形式来归纳"把"字句的结构类型，并借此概括其语法意义。

在此基础上，研究者开始关注这些附加在述语动词前后成分的性质和作用，以及它们和述语之间的语义关系，从各句法成分在表达"把"字句语法意义的结构中的不同权重来分析其句式意义。狭义处置说强调的是述语动词；广义处置说和词汇性致使说从本质上说也是如此，但已有明确的结构化认识。如提出"广义的处置"的潘文娱（1978）指出，VP这一行为动作是对"把"后名词性成分施行的，VP有广义的结果，广义的结果必须落在"把"后名词性成分上。

这方面分析得比较充分的是句法性致使说及其相关认识，如薛凤生（1987、1989/1994）将"把"字句的结构描写为"A 把

B+C",其中,A、B代表"把"字前后的名词性成分,C充当句子的谓语,表现为动词短语VP,用来说明由于某一行动而造成B的某一状态的描述语段。"把"字句的语义被诠释为:"由于A的关系,B变成了C所描述的状态。"这应该是"把"字句语法意义研究中结构化程度很高的分析。然而,由于将B后的成分笼统地看作一个描述语段,便放弃了对"把"字句中述语动词及其前后成分的句法语义特征的认识,也即放弃了对C内部进行结构化分析(而这一点对于分析"把"字句这种论元结构构式十分关键),从而使不少"把"字句难以得到解释。例如:

(4) a. 孩子把妈妈哭醒了。("哭"是孩子的动作,"醒"是妈妈的状态,但"哭醒"不是妈妈的状态)

b. 你去把大衣熨熨。("熨"重叠,全句没有显性的"造成……状态"之义)

c. 他把工资喝了酒。("喝"后带宾语,全句没有呈现状态义)

其后,很多研究在结构化方面有了新的认识,尽管有的分析重点不在结构化本身。如崔希亮(1995)将典型的"把"字句的语义描述为:VP是一个描述性语段,其功用在于说明B在某一行动的作用下所发生的变化;杨素英(1998)认为"把"字句表现某物、某人、某事经历一个完整的变化过程,或者有终结点的事件。张伯江(2000)基于构式语法理论将"把"字句"A把BVC"的整体意义概括为:"由A作为起因的、针对选定对象B的、以V的方式进行的、使B实现了完全变化C的一种行为。"

这是对"把"字句相关句法成分及其关系的至为全面的考察①，然而这一概括恰恰更好说明的是汉语史上曾经出现过的动结式隔开式，如"今当打汝两前齿折"（《贤愚经》）。但这是对"把"字句语法意义的高度结构化的认识，非常有启发性。持致使说（句法性致使说）的胡文泽（2005）则将"把"字句"A 把 B+C"的语法意义概括为："A 使'把'字宾语 B 处于 C 描写的致使结果状态中。"该文对"把"字句的处置、致使、"话题—说明"的分析和对结果在"把"字句中的地位、表现有重要的认识，但由于将"把"字句的结构分析为"A 把 B+C"，这样概括出来的语法意义同样难以完全避免薛凤生（1989/1994）中存在的问题，但"使……处于……致使结果状态中"这一认识较薛文已有很大进展。

叶向阳（1997、2004）、郭锐（2003）则从事件结构语义学的角度对"把"字句语义结构做出较为系统的分析，将"把"字句看作具有致使关系的两个事件。如"晴雯把蜡烛吹灭了"表达的是"晴雯吹蜡烛"致使"蜡烛灭了"这样的语义关系。此外，他们还根据"把 +NP"后的成分在形式上是表达单事件还是双事

---

① 其中也有一些不好解决的问题，如沈家煊（2002）指出其中"实现完全变化"的认识，不能用来说明吕叔湘（1984）所说的"偏称宾语"现象，如"怎肯把军情泄露了一些儿"；郭锐（2003）则指出该文并未交代上述整体意义是否适用于那些 VP 不是述补结构（VC）的"把"字句，如"把衣服洗洗、把钱满地撒"。其实，即便是对"阿 Q 踢坏了大门"这样的动结式，也大体可以做出这样的理解。另外，该意义说明由"去除义"动词构成的"把"字句比较方便，而"获得义"动词则不然。如"他们把房子建好了"，"房子"是成品结果，在"建"之前并不存在，难以作为"选定对象"，如作者文中所言 B"居于动词的前面，语义上要求它有自立性，因此排斥结果宾语"；此时若解释为房子因"建"而"实现了完全变化"，则理解上也有些曲折。

件,将"把"字句分为双述"把"字句(显性层面有两个述语谓词)和单述"把"字句(显性层面只有一个述语谓词),进而对"把"字句语义结构的各种类型都做了细致的分析。这是一种结构和语义/功能相结合的分类。然而,这种分析仍重在对"把"字句语义结构的分解,而未进一步说明这样的语义分解结构如何投射为"把"字句的句法形式(即没有把语义结构和形式结构结合),以及其他句式的语义结构是否也有此表现。施春宏(2006)进一步对"把"字句的构造过程及其形义关系做出系统性的派生分析,但"把"字句形式和意义的互动关系仍有待进一步说明。

现代句法理论的一个重要认识就是,对语义结构的分析应该重视语义结构的句法化(syntacticization)表现,即需要对句式语义结构的句法实现有所分析。就"把"字句而言,就是"把"字句的配位方式如何实现"把"字句的语法意义。因为如果不这样,很可能因对句式的语义结构类型认识不充分而不能实现一致性的理论追求。因此,我们有必要将句式意义看作是一种由相关语义成分整合而成的结构化意义,而不能只看成句式中某个句法成分的意义;研究句式意义,必须结合该句式中各个语义成分的表达方式及相关表达形式之间的结构化方式,从形式和意义的互动匹配关系入手找到语法意义的句法表现形式。这种句法和语义的互动关系包括两个方面:句法结构如何适应语义结构要求;语义结构如何实现为句法结构。即需要进一步研究句式的句法结构和语义结构相互作用的构造过程。

2.3 语义特性还是语义共性

句式意义研究的方法论问题之三是:所概括的句式意义是该句式的特性还是相关句式的共性?就"把"字句而言,则是:目前所概括的语法意义是"把"字句的特性还是相关句式的共性？这可以从汉语句式系统和语言类型比较两个层面来认识。

就汉语句式系统而言，如前所述，目前的处置说、致使说等基于"把"字句本身的认识，虽然可以在一定程度上说明"把"字句的句法意义，但所概括出来的句式意义并非为"把"字句所独有。如"晴雯把扇子撕了"和"晴雯把蜡烛吹灭了"固然有处置或致使的含义（无论是广义理解还是狭义理解），然而"晴雯撕了扇子"和"晴雯吹灭了蜡烛"这样典型的主动宾句也有此含义。甚至"扇子被晴雯撕了"和"蜡烛被晴雯吹灭了"类典型"被"字句亦然。也即处置或致使实际上是一系列相关句式的共性，而非"把"字句的个性。即使是将"把"字句语义结构概括为主观处置、表示位移图式等的认知语言学研究，仍然无法摆脱这一困境。因而处理好句式的个性意义及其与相关句式的共性意义之间的关系，是讨论句式意义的重要问题之一。

就语言类型比较而言，"处置"或"致使"是各种语言中的普遍范畴，如英语中的"Mary broke the vase."，自然具有处置或致使的意义；"He wiped the table clean."类动结构式和"He put a book on the table."类使移构式更是如此。汉语"把"字句同其他语言可相类比的结构在表达相似的句式意义或语法范畴上，有什么共同点，又有什么区别，这不仅仅具有普通语言学上的理论意义，也能帮助学界深化对汉语致使结构及相关特殊句式形义关系的认识。因此，对"把"字句语法意义的概括似宜放到更大的类型学背景上去认识。

以上指出的三个方法论层面的问题，实际上均涉及句式形义关系研究的基本观念。根本问题集中在本体论和方法论两个方面：

从本体论方面来看，"把"字句的语法意义到底是什么？从方法论方面来看，如何对"把"字句及相关句式的语法意义进行概括？接下来我们便在进一步概括"把"字句语法意义分析路径的基础上探讨如何定位"把"字句的语法意义问题，并对句式意义分析的基本原则做出概括。

三、"把"字句语法意义概括的基本路径

任何学术概念都只有在相应的理论范式（paradigm）或分析模式（approach）中才能呈现其特殊的含义。"把"字句的语法意义也是如此。通过上面的分析可以看出，人们对"把"字句语法意义的认识，基本上围绕处置和致使而展开。这就会引出这样一个问题：长期争执不下的处置说和致使说是不是一个问题的两个方面？亦即处置和致使的基本语义结构是相近或相关的，理论刻画的侧面却有所不同。

正如上文已经指出的那样，经典意义的处置说并不能充分概括"把"字句的多样化表现。在此情况下，如果试图寻求一致性解释，必然面临两种选择：或者扩展对处置的理解，或者另寻出路，重构概念并发掘其理论效应。这样庶几可以揭示"把"字句的典型现象和非典型现象所体现出来的一致性和差异性。

由此，关于"把"字句乃至一般句式的语法意义，学界形成了两种分析模式和路径类型，这也是学界在阐释核心概念及其理论效应时常见的基本策略。

3.1 链推式的概括路径

人们一般认为某个句式的典型现象应该出现得比较早，使用

的频率比较高，比较容易观察到，也相对比较容易对它的语法意义做出概括；而次典型现象、不典型现象等非典型现象应该是典型现象功能扩展的结果。扩展发生后，对典型现象语法意义的概括未必能够涵盖非典型现象。这个过程简单地看就是从一种语法意义逐渐推演出另一种语法意义，或从典型现象所表示的语法意义发展出非典型现象所表示的语法意义。从句式意义概括的实际过程来看，通常首先对典型现象做出概括，此时最容易将核心词项义（构件义）理解成结构义（构体义）；随着对共时平面上典型现象与非典型现象共存格局的关注，则建构出多义共存的语法意义系统。"把"字句语法意义研究的推演过程可以做出下图1的刻画。

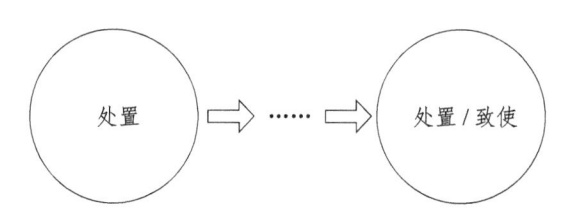

图 1　链推式图示

王力先生对处置式及其活用的理解，在一定程度上体现了链推关系。这也是引起后续研究者对处置和致使都有所怀疑的地方，因为根据这种关系，无论哪一种理解，都只能说明一部分现象而忽视另一部分现象。不过，这种概括路径既有理论支持也有现实基础，词义的引申及分立义项就是采取这种策略。它体现了词汇意义分析和句式意义分析的平行性。所有将语法意义分成几种类型的分析都是这种路径下的具体表现，因此都可以看作由这种路径衍推而来。即便是下面就要讲到的蕴涵式，在做出一致性概括之后同样需要对其内部不同层次的语义关系做出链推式刻画和解释。

3.2 蕴涵式的概括路径

链推式概括路径采取的是分析本义和引申义之间关系的研究策略，然而，人们对语法意义的分析似乎更愿意做出某种统一的概括。也即将某种语法意义的含义做扩展性理解，而后将另一种语法意义看作这种语法意义的特殊现象或典型现象，这种现象需要加上某些条件或置于某个特定的理论背景下加以说明。这又有两种情况。

第一种情况是将链推式中较早出现的语法意义（一般是从典型现象中归纳出来的语法意义）看作这个句式的基本意义，晚出的意义则看作一种有标记的情况，因而可以通过扩大或限制对基本语义的理解来解决问题。就"把"字句而言，也就是将处置义作为它的基本语法意义，而致使义只是一种特殊的处置。可以用"蕴涵A式"图表示，见图2（图中箭头指语义分析的特化认知路径）。

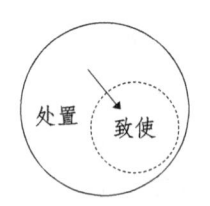

图2 蕴涵A式：特化

如潘文娱（1978）、马真（1981）、宋玉柱（1979、1981）

和沈家煊（2002）等都将"把"字句的语法意义归纳为处置。但他们的处理方式也有差异。如潘文娱、马真等都认为不要对处置做狭义理解，特殊现象也能包含在广义的处置当中①；沈家煊则从语言表达主观性的角度提出新的解释，认为"把"字句的语法意义是表示"主观处置"，即说话人认定主语甲对宾语乙做了某种处置。这些理解都使得致使义包含在处置义当中。

第二种情况是将链推式中比较早的意义看作是比较晚的意义的一种有标记的情况，而将整个句式的意义看作比较晚出的意义，晚出的意义涵盖的范围比较广，抽象度高。就"把"字句而言，也就是将致使义作为"把"字句的基本语法意义，而处置义只是一种特殊的现象。可以用"蕴涵 B 式"图表示，见图 3（图中箭头指语义分析的泛化认知路径）。

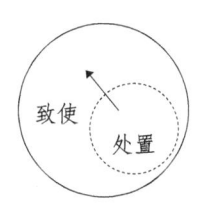

图 3　蕴涵 B 式：泛化

如薛凤生（1989/1994）、戴浩一（1989/1994）、胡文泽（2005）、叶向阳（1997、2004）、郭锐（2003）等就将"把"字句的语法意义归结为致使，而与处置相关的则是施事—受事关系和动作—结果关系都特别具体明确的情况（形如"晴雯把蜡烛吹灭了"）。

---

① 马真先生后来则采取了叶向阳（1997）的看法，参见北京大学中文系现代汉语教研室（2003）。

但如前文所述,他们的处理方式也有差异。

概括起来,蕴涵式的两种处理办法就是:或者扩充对典型意义的理解,扩大其适用范围;或者提出一个具有更大概括性的概念,而将典型意义作为它的特例。显然,这种研究策略潜在地将句式意义和词汇意义的分析模式分别处理了。

3.3 不同概括路径的现象基础

其实,链推式和蕴涵式都体现了人们对特定语法现象认识的加深。它们都试图说明共时的复杂现象之间的多义关系和层级关系,同时又有历时发展层级的背景,因此可以看作是共时现象的历时方法考察。这些方法之所以有效,既是基于对原型(prototype)观念的认识和运用,也是基于对共时现象是历时的沉淀这一语法化观念的认识和运用。它们对特定现象的刻画是互相推进的。链推式直接反映了句式意义扩展过程的脉络和人们对这个"异质"系统发展的过程的刻画。对这个过程刻画得越精细,就越能够刻画共时平面上各种现象之间的关系。既然共时平面上的句法系统是历时的沉淀,共时平面的语法现象的参差性便体现了异质演变的结果。当然,就句式的共时研究而言,人们还是希望对特定句式语法意义的概括既能涵盖典型现象,也能涵盖非典型现象。

这样看来,"把"字句到底是表示处置义还是表示致使义,似乎还有继续争论下去的趋势,但追求对现象的一致性解释则基本成了共识。其实,争议的最关键之处在于处置的施动力和致使的使动力的表达及其对处置或致使的对象的作用方式。我们可以将施动力和使动力这两者合在一起看作动因。从句法结构着眼,动因的表达往往跟动词或动词性成分的情状类型有关联。如宾格动词"杀""砍""切""种""建筑""发射"等,它们的主体论元能够主动地发出动作行为，可以看作施动因。而役格动词如"气""急""累"等，它们需要通过引入外在事件作为产生某种结果的原因，可以看作使动因（如"奶奶突然病重，把她急坏了"），有时这种外在原因不出现，可以看作隐含的使动因（如"把椎间盘累突出了"）。狭义上的处置是由施动因造成的，而狭义上的致使是由使动因造成的。但处置本身蕴涵着使被处置的对象产生某种结果，这自然使处置含有致使的意义。这就是蕴涵A式的理解。而如果我们不侧重对原因的分析，而是侧重某个事件带来的结果，那么，这种结果是由某种原因而得以出现的，这就自然使处置包含于致使的含义之中。这就是蕴涵B式的理解。

如果一个句式由典型意义向不够典型的意义发展的过程脉络清晰，人们则比较愿意采取链推式的观察角度和理解策略。而一旦一个句式发展得比较成熟，各种发展的空间已经基本实现，人们则比较愿意采取蕴涵式的观察角度和理解策略，更希望为这种句式找到较为一致的解释，用概括面较大的概念来抽象这种过程。也就是说，蕴涵式是链推式发展到一定阶段的必然概括，而二者都既是特定句式的发展过程，也是观察、描写和解释的过程。对此有一个比较充分的认识，可以使我们在不同认识之间构造一个合理的对话空间。

这样看来，处置和致使实际是一个问题的两个方面，或者说是两个不同的视角。处置强调的是事件主体的施动性，致使强调的是事件主体的使动性。因此，如果只着眼于述语动词的语义特征对整个句式语法意义的贡献，处置说必然将由役格性成分构成的"把"字句看作是广义的处置，致使说必然将由宾格性成分构成的"把"字句看作是特殊的致使。然而，如果着重于"把"

字句语义结构的句法表达，致使说似乎比处置说在系统解释各种"把"字句类型时更为方便简洁。含施动因的视为典型处置，含使动因的视为典型致使。蕴涵 A 式是处置蕴涵致使，即将由役格性成分构成的"把"字句看作是广义的处置；蕴涵 B 式是致使蕴涵处置，即将由宾格性成分构成的"把"字句看作是特殊的致使。

四、相关句式语法意义的系统性和区别性

上面提到的句式意义的概括方式和路径，不管是链推式还是蕴涵式，总体而言都是就"把"字句而看"把"字句，句式的形式结构与意义结构相结合的考察做得还不够充分。基于此，我们提出一种新的分析路径，即结合形式和意义的匹配关系与结构化过程，将特定句式放到相关句式系统中去考察，得出关于句式意义的基本认识：所有的句式意义都是一种区别性意义，这种区别性意义又同时基于句式系统中的语义共性而存在。这种分析路径是由结构主义对语言成分及其价值的基本认识所决定的：系统决定关系，关系决定价值。

4.1 句法结构和语义结构的匹配关系

我们首先从"把"字句句法和语义的结构化过程来看"把"字句的语法意义。为便于说明问题，下面以动结式为述语谓词的句式为例：

(5) 拨亮：a. 袁人拨亮了油灯。
　　　　　b. 袁人把油灯拨亮了。

c. 油灯被袭人拨亮了。

d. 油灯被拨亮了。

e. 油灯拨亮了。

f. ? 袭人拨亮了。

g. 油灯袭人拨亮了。

h. ? 袭人油灯拨亮了。

既然"把"字句表达的语义范畴可归入致使,而表达致使的句法结构化方式有很多表现形式,那么最好的办法就是将相关句式的构造过程联系起来,通过分析其句法结构方式的差异来透视其语义结构方式的差异。致使范畴所表达的致使事件由使因事件和使果事件这两个子事件所构成,经由概念结构概括为语义结构并向句法结构投射。典型致使结构的语义成分包括:致事(Causer)、动作、役事(Causee)、结果,其语义内容是:致事通过某个动作对役事施加影响而使役事发生结果所呈现的变化。以袭人拨油灯(使因事件)致使油灯变亮了(使果事件)为例,这两个子事件的论元结构及其关系是:拨(袭人,油灯$_1$) cause 亮(油灯$_2$),其中,油灯$_1$=油灯$_2$。两个子事件的论元结构经过整合,形成动结式"拨亮"的论元结构:拨亮(袭人,油灯$_{1+2}$)。这种论元结构投射到句法结构中,根据施春宏(2005、2008、2015a)提出的论元结构整合的"界限原则"及相关的配位准则系统,其基础结构就形成了(5a)这样的表达。这是一般句法理论都认可的表达方式。根据施春宏(2006、2010a),例(5)中其他句式都可以在(5a)的基础上派生(包括初级派生和次级派生等不同派生层级)而来。参照施春宏(2004、2010a、

2015a）的分析，将例（5）中的各句分别命名为：（5a）致使性施受句（下文简作施受句）、（5b）"把"字句、（5c）长"被"字句、（5d）短"被"字句、（5e）受事主语句、（5f）施事主语句、（5g）受事话题句、（5h）施事话题句。如此一来，这些显然具有表达致使范畴特性的结构共同构成了一个基于相同底层论元结构的句式系统。由此可见，它们的句法意义一定具有共同特征（共性），但由于派生的路径和结果不同，其语法意义也就呈现出某种差异（特性）。就此而言，在句式系统中结合句式的句法形式的结构化过程来考察其语法意义就成为必要的路径。

4.2 在句式群中定位相关句式的语法意义

基于结构主义方法论的基本原则，任何语言成分都是因区别于系统中的其他成分而获得价值。句式自然也不例外。然而，"句式系统"这个概念比较宽泛，某个句式放到什么系统中考察其价值、如何在该系统中进行考察，学界少有明确的说明。因此施春宏（2010a）便引入了一个内涵具体且外延相对明确的新概念：句式群（sentential construction group）；并提出了一个系统的分析思路：在句式群中考察"把"字句及相关句式的语法意义。这样可使句法意义的分析变得具体明确，可操作性强，同时既便于证实，也便于证伪。

顾名思义，"句式群"就是相关句式构成的集合，这些句式之间具有某种相同或相关的形式和/或意义特征。如施春宏（2010a、2010b）将具有相同底层语义结构（论元结构）关系而表层配位方式不同的句式所构成的系统看作句式群，像例（5）和下面的例（6）就分别属于不同的句式群。

(6) 看蒙：a. 宝玉看《西厢记》看蒙了。
　　　　 b. ?《西厢记》看蒙了宝玉。
　　　　 c.《西厢记》把宝玉看蒙了。
　　　　 d. 宝玉被《西厢记》看蒙了。
　　　　 e. ? 宝玉被看蒙了。　　f. 宝玉看蒙了。
　　　　 g. ?《西厢记》宝玉看蒙了。
　　　　 h. ? 宝玉《西厢记》看蒙了。

当然，由于例（5）和例（6）都是致使句，因此也可进一步概括为致使性句式群（causative sentential construction group）。

就此而言，"把"字句的语法意义应该区别于同一句式群中其他句式的语法意义。以例（5）为例，显然，"致使"并非"把"字句所独有的语法意义，因为上面"拨亮"句式群中的各个句式表达的都是致使事件。同样，"处置"也并非"把"字句所独有的语法意义，因为各句式中的动词"拨"具有处置性，或者进一步说，"拨"和"亮"之间具有处置—结果关系。那么，(5b)"把"字句的语法意义是什么呢？这就需要将它跟（5）中的其他句式相比较。这里主要讨论（5a）—（5e）五种句式的区别性语法意义，其他几种句式语法意义的分析从略。

与（5a）施受句相比，从配位方式来看，其他句式有个共同点，就是役事"油灯"出现在了动结式之前，从而凸显了致使性影响的结果。

再进一步看它们之间的区别。先拿"把"字句和长"被"字句来比较，两者配位方式存在根本不同（致事和役事的句法地位不同，成分序列和标记形式不同），并由此带来侧显（profile）

内容的差异，因而所表达的语义结构关系便有差别。就此可以概括出两者语法意义的异同："把"字句是"通过某种方式的作用，凸显致事对役事施加致使性影响的结果"；长"被"字句是"在某种方式作用下，凸显役事受到致事施加致使性影响的结果"。这样的概括，是将语法意义的结构化关系和语法形式的结构化关系对应起来。由此可以回过头来看出施受句的语法意义：致使性施受句是"通过某种方式的作用，凸显致事将致使性影响的结果施之于役事"。通过上述追求一致性与区别性的概括，我们力图将各相关句式语法意义的结构化关系与语法形式的结构化关系对应起来。

此时短"被"字句和受事主语句的语法意义就不难推导出来了。可以假定它们与长"被"字句的派生路径是：短"被"字句由长"被"字句删除被降格的致事而来。因此短"被"字句的语法意义是："在某种方式作用下，凸显役事受到致使性影响的结果。"受事主语句则是长"被"字句删除被降格的致事及其格位标记而来（也可直接由短"被"字句删除格位标记而来），因此其语法意义是："在某种方式作用下，凸显役事出现致使性影响的结果。"

上面所概括的五种句式意义的结构中，致事、役事的配置方式及显隐情况有变化，而致使方式和结果的句法地位和语义地位保持一致，这是致使性句式群的建构基础。"把"字句凸显致事通过某种致使方式而使役事出现某种结果；而长短"被"字句及受事主语句则是凸显役事在致事的某种致使方式作用下而出现某种结果。就致使关系的表达系统而言，将汉语视为结果凸显型语言（result-prominent language）（施春宏，2018：369—372），具有比较强的解释力和预测力。

以上所述的是典型的"把"字句，实际上，"把"字句还存在一些边缘类型。例如：

(7) 他把所有的房间都扫了。（结果隐而不显的"把"字句）

(8) 一个趔趄，把一桶水都洒了。（述语动词隐而不显的"把"字句）

(9) 孩子把信封剪了一个角。（带保留宾语的"把"字句）

对此，施春宏（2015b）做了系统说明，限于篇幅，此处从略。这里想要特别强调的是，即便是边缘"把"字句，在句法和语义上跟常规"把"字句仍然呈现出一致性，也是"凸显致使的结果"的表达方式，只是其结果是隐性的，而常规"把"字句的结果是显性的。

五、句式意义分析的基本原则

鉴于学界关于"把"字句语法意义研究的基本历程、所持理念和分析路径，并基于上文对"把"字句及其相关句式的语法意义的分析，下面便从句式形义关系研究的基本观念和方法出发，对句式意义分析的基本原则做些思考。

5.1 在多重互动关系中认识句式意义

意义是与形式相互依存的，而形义匹配关系又依赖于更多相互作用的因素而存在。因此，要想更为准确地定位句式的语法意义，就需要在多重互动关系中去认识。首先是"形义互动"，即句法形式和句法意义之间的互动关系,"这种互动关系不是简单的形式和意义之间的相互验证的关系,而是形式结构化和意义结构化过程中相互适应、相互推动的关系"(施春宏,2010a)。这准确定位了句式意义的最基本的关系。其次,对句式这种图式性构式(schematic construction)而言,其互动关系进一步体现为"构体互动",这可以从三个方面来理解:一是句式中不同组构成分(构件)之间的互动关系,二是构体和构件之间的互动关系,三是不同句式之间的互动关系。上文所述的互动,主要强调的是构体互动中的"不同句式之间的互动关系"。第三重互动关系则是"界面互动","即影响构式结构体形式和意义的作用因素之间的互动,如语言系统内部各个界面(如音系、韵律、词汇、语义、词法、句法、形态、功能、篇章、语法、修辞,等等)、各种范域(如语体、文体,也可归入广义的界面)两两之间的相互作用和多界面、多层面的相互作用"(施春宏,2016)。就"把"字句研究"把"字句、就语法意义研究语法意义,有时难以充分观察其根本。对构式多重互动方式的刻画和多重界面互动机制的分析将会成为考察构式形义关系的突破口。

当然,无论是构体互动还是界面互动,都是以句式形义互动为基础,二者之间的匹配关系是认识句式作为构式的基础,而这种匹配关系实际上存在着一个相互适应和建构的互动乃至互驯的过程。既然强调形义互动关系,就需要重视句式的每个结构成分在形式结构和语义结构中所起的作用,句式成分的语序安排和句式意义的信息安排之间所存在的对应、匹配关系,句式成分的显隐对句式语义结构和信息结构侧显的影响等。如在"把"字句的生成过程中,有一种强制性提宾"把"字句:

(10) a. 王熙凤把所有的气都撒在了尤二姐身上。（比较：*王熙凤撒所有的气在了尤二姐身上。）

b. 他们把沟挖浅了。（比较：*他们挖浅了沟。）

强制性提宾"把"字句，是相应的施动受句式特定因素制约的结果，这是形式和意义/功能互动的结果。这种强制性提宾现象，不仅出现于"把"字句，而且涉及整个动补结构和动宾结构体系，是构体互动和界面互动相互作用的结果。如例（10）a 涉及句法形式和韵律结构的相互作用，在现代汉语句法系统中，动词的支配对象不能插在动词和介词性结果补语之间，也不能置于句末，于是只能前置；例（10）b 涉及句法形式和语用信息的相互作用，补语表示预期结果的偏离（陆俭明，1990；李小荣，1994；马真、陆俭明，1997），这种非常规结果通过句法上凸显的方式（即焦点后置）而得以体现，而汉语句法系统中的"把"字句刚好能够实现这样的形义匹配关系。

与此相关的是，对特定句式发展过程的考察也要立足于多重互动关系的动态调整过程。以例（6）为例，"《西厢记》把宝玉看蒙了"和"宝玉被《西厢记》看蒙了"的出现与动词拷贝句"宝玉看《西厢记》看蒙了"有着密切的关系，这样的"把/被"字句只有到了相关动词拷贝句发展得相当成熟了的阶段才能出现（施春宏，2010b、2014）。据此可以推论：一种语言或方言存在"宝玉看《西厢记》看蒙了"这样的动词拷贝句，是存在上述相应的"把/被"字句的必要条件。此所谓"有之不必然，无之必不然"（《墨子·经说上》）。就"把"字句而言，这种句式的语法意义只能看作致使性的了，而且其形义匹配关系比"袭人拨亮了油灯"这样的一般"把"字句要复杂多了。

5.2 在结构化配置中概括句式意义

本文强调对句式意义的研究要基于形式和意义的互动匹配关系，考察意义如何结构化，通过语义侧显来选择句式群中相应的句法形式。因而对于意义的研究也应走结构化之路。

从"把"字句的典型结构形式"A+把B+V+C"来看，如果只考虑其语义结构成分而暂不考虑各个成分的来源及其句法表现，典型"把"字句的语义结构就应该包括这样一些成分：致使者A（包含施动者），致使行为或方式V，受使者B（包含受动者），受使结果C。而这些正是致使事件所包含的要素，不只为"把"字句所独有，"把"字句所表达的语法意义只是致使范畴的一种类型。然而"把"字句在其句法配置的结构化方式上有其特殊之处。简言之，典型"把"字句的句法结构和语义结构的配置关系是：首先，表达使因事件和使果事件的两个述谓成分（包括介词结构做补语）先后紧邻，这两个底层论元结构需要整合成一个上层论元结构；其次，表达结果的句法成分置于句末，以凸显句义焦点；再次，结果凸显的要求迫使役事论元只能到述谓成分之前去寻找句法位置；最后，致事和述谓结构之间恰好有一句法位置，可供经"把"引入后的役事落脚。这便是"把"字句的句法语义配置，既能凸显结果，又保留了主动式的信息表达需求①。

这些配置方式是相互作用的，单个成分的配置方式未必为

---

① 这里对"把"字句形义关系结构化配置的说明，只是就典型"把"字句而言的，其实还有更为复杂的情况需要说明，主要有两种：一是像例（6c）《西厢记》把宝玉看蒙了"那种来自动词拷贝句"宝玉看《西厢记》看蒙了"的"把"字句；二是强制性提宾而形成的各种"把"字句。限于篇幅，这里不再展开。

"把"字句所独有，但合力作用则构成了现代汉语句式系统中这一特有的表达方式。在分析句式的句法语义配置关系时，每个成分的配置都应该在共时句法系统中找到句法结构和语义结构上的理据。

这种基于形式和意义结构化配置方式的考察，有利于说明句式意义的形式依存性，即形义配对关系的特异性。如表示致使关系并不必然导致构造出"把"字句，"晴雯吹灭了蜡烛"和"晴雯把蜡烛吹灭了"这两种句式一定有语义上的差异，而且这种差异可以通过一般性的结构化配置方式得到说明。句式意义的概括正是基于这种配位方式系统性差异得出的。

由此进一步说明，"把"字句的语法意义实际上是一种结构化意义，而不是单个动词和/或"把"所具有的及物性关系意义，虽然这两者在典型"把"字句中有很强的联系。而且这种结构化意义是与其他句式的结构意义相区别而存在的。如果想进一步认识"把"字句的结构性语义关系，一条便捷而有效的路径就是从"把"字句的构造过程入手。由于构造过程受到语义关系的促动，因此认识了"把"字句的构造过程，实际上也就同时认识到了跟"把"字句具有相同的基本语义结构关系的相关句式的构造过程；认识了"把"字句的语法意义，实际上也就同时认识到了跟"把"字句具有相同的基本语义结构关系的相关句式的语法意义。

对句式意义结构化配置方式的概括路径更容易凸显在句式发展过程中形式和意义的结构化是如何相互平衡、相互协调的，从而更容易对所考察对象的句法、语义特征做出一致性的描写和解释。

5.3 在句式系统中揭示语法意义的共性和个性

由于形式和意义在结构化过程中存在互动关系，因此相关句式之间在形式和意义上必然既有共性又有个性,而且这种共性和个性是有层级性的。因此需要立足于句式系统(如句式群),在句法形式和句法意义的互动中建构句式形义关系的层级,进而描写和解释句法形式和句法意义的共性和个性。

我们上面的讨论基本上是基于现代汉语的特定句式系统所做的分析。就致使说而言,"把"字句确实表达致使,但不能反过来说表达致使为"把"字句所独有。对于特定的语言系统,只有在句式群(构式群,construction group)中才能区别出各个句式(构式)的特殊意义。我们通过上文的分析已发现,表达致使是相关句式的共性,"把"字句只是相关句式系统中标记性比较高的一种构式。对此,上文已多有说明(尤其是第四部分"相关句式语法意义的系统性和区别性"),此不赘述。下面再从两个方面来进一步拓展相关认识。

一方面,除了上文的基于特定语言系统共时层面的考察,关于语法意义的共性和个性,还可以从跨语言比较和语言历时研究的角度认识。

从语言类型学上看,句式意义存在跨语言共性和具体语言个性的问题。致使范畴(causative category)是语言的基本范畴之一,所有的语言都有致使性语义关系的表达形式,而各个语言的表达形式却自成系统。也就是说,"致使"不但不为"把"字句所独有,而且也不为汉语所独有。但是相对于英语的致使性构式家族(causative constructional family,如双及物句式、使移句式、结果句式等),"把"字句的配位方式又具有汉语的个性。英语的双及物句式(如:He bought Mary a book.)、使移句式(如:He pushed a book into the box.)、结果句式(如:He shot a dog dead.）等在表达致使关系时，各个句式都是只有一种主动句的句法配置形式，没有强弱的对立，而汉语中"晴雯把蜡烛吹灭了"比"晴雯吹灭了蜡烛"处置意味更重，结果更为凸显，由此可见汉语句式系统中处置意味的表达显然更具有个性特点。

从历时语言的研究来看，句式意义也有共性和个性的问题。在汉语史上，"把"字句是后起的句式，而致使或处置的表达却是任何时期都存在的。只是"把"字句的出现，调整了汉语致使表达系统的格局，而且这种格局调整是逐步发展而来的。相较于唐宋之前的汉语句式系统，"把"字句发展成熟之后的句式系统中，汉语结果凸显型的特征更加鲜明。因此，在考察汉语史上这些句式的来源和流变时，如果某个形式上类似"把"字句的表达并不侧重凸显致使的结果，就仍然不能看作成熟的"把"字句。

另一方面，即便在处置和致使之外对"把"字句的语法意义做出新的分析，也需要对共性与个性的关系有明确的认识。例如，张旺熹（2001）在语料统计的基础上指出，典型的"把"字句突显的是一个物体在外力作用下发生空间位移的过程。张伯江（2000）也曾指出"把"字宾语有位移性特征，并通过统计数据"证明了'位移'意义在'把'字句语义中的基本性"。这样的认识就"把"字句本身而言是没有什么问题的。然而这种位移图式或意义也同样存在于与"把"字句有相同底层论元结构的其他句式之中。也即，"位移图式"理论上应该是致使性句式群的共性而非"把"字句的个性。这样就可以做出预测：跟"把"字句在派生过程中属于同一层级的"被"字句，位移图式同样是它的一个基本特征。

为此，我们统计了发表于《小说月报》2008年第11期的两

部中篇小说(川妮的《玩偶的眼睛》和傅爱毛的《天堂门》)中"被"字句的使用情况(不含"被迫"1例)①:

表1　两篇小说中的"被"字句统计下载原表

	字数	"被"字句数	表位移例数	位移例占比
《玩偶的眼睛》	约43千	58例	27例	46.6%
《天堂门》	约31千	34例	24例	70.6%

两篇小说共出现"被"字句92例,其中表示物体发生空间位移的占所有用例的55.4%,这与张旺熹(2001)表示"位移图式"的"把"字句的使用比例(51.8%)基本一致;而《天堂门》的"被"字句位移例占比高出很多。可见,"位移图式"同样是句式群中相关句式的一种共性。当然,如果从句法结构的配置方式和语义结构的凸显侧面来说,"把"字句常是主动发出作用力而使对象发生位移或变化,具有致动性;而"被"动句则是因承受某种作用力而发生位移或变化,具有受动性。因此,"把"字句的"处置"意味比较显著,至少相对于"被"字句而言是如此;而处置的结果往往是使物体发生明显的位置移动、状态改变、数量增减等,这些方面若更宽泛地说,都可以视为"变化图式"的不同表现。由此还可以进一步推测,受事主语句(如"衣服放柜里了")中表达位移或变化的使用频率也不低。当然,它没有"把"字句的致动性,而更接近受动性,但受动的作用力来源

---

① 因为两者的语言风格有异,因此我们分开做了统计。在统计过程中我们发现,文本内容及叙述方式对句式的选择有影响。《玩偶的眼睛》故事性强,动作描写多;《天堂门》故事性弱,心理描写多些。

并不呈现。

由此可见，在研究句法意义时，必须基于相关句式（如具有相同的底层论元结构）的形义关系所形成的特定句式系统，以此为背景逐层考察相关句式之间的共性，并通过句式间的形式对立来考察其意义对立，进而揭示出特定句式语法意义的个性。

六、余论

在分析特殊句式的语法意义时，若就某个句式而研究该句式，难以说明所概括出来的句式意义是该句式的个性特征还是普遍特征；即便是拓展相关范畴的理解以适应例外，也难以将特定句式的语法意义从相关句式中区别出来。有鉴于此，本文立足于结构主义基本原则（系统性原则和区别性原则），以"把"字句语法意义的分析为例，将特定句式放到句式群这样的句式系统中去对比分析，从而揭示出相关句式的语法意义及其共性和个性特征，而且这种语法意义是一种结构化意义。对任何构式意义的认识，都需要以这种结构化特征为基础，以构式系统中形义结构匹配关系作为分析问题的切入点。

由于"把"字句结构特殊，类型多样，语义复杂，有学者试图用分而治之的策略进行更精确的描写和解释。然而，一致化的解释仍然是学界所追求的目标。本文也希望在这方面做一些尝试，试图将对句式意义的分析结构化、句法化，从而实现一致化的目标。

然而，随之而来的问题是，所有从一致性出发所概括出来的句式意义，往往都是句式的典型义。而实际上，所有的句式作为一种构式，都是一个原型范畴，原型范畴的多义性在句式中也同样体现了出来。如何描写和解释多义构式的一致性和差异性、原型性和多样性、抽象性和层级性之间的关系，则是构式研究的重要论题。仅就"把"字句的语法意义研究而言，也是一个需要进一步探讨的过程。

与此相关的另一个问题是，任何句式都有一个"成长"的过程，当下使用的句式也只是其演变过程中的一个阶段。这就意味着，句式的形义关系实际上是个动态的关系，是句式化（构式化）过程中的阶段性产物。那么，如何从多重互动关系（尤其是形式和意义互动关系）的角度来认识每个发展阶段的构式形式特征和意义特征及其相互关系，又是一个新的研究任务。尤其是在句式化过程中，各个结构化因素如何调整而导致句式的用变和演变，更需要通过组构成分的特征差异和范畴变化来做出精细的分析。

参考文献

[1] 北京大学中文系现代汉语教研室编（2003）《现代汉语专题教程》，北京：北京大学出版社。

[2] 崔希亮（1995）"把"字句的若干句法语义问题，《世界汉语教学》第 3 期。

[3] 戴浩一（1989/1994）以认知为基础的汉语功能语法研究，见戴浩一、薛凤生主编《功能主义与汉语语法》，北京：北京语言学院出版社。

[4] 范晓（2001）动词的配价与汉语的把字句，《中国语文》第 4 期。

[5] 郭锐（2003）"把"字句的语义构造和论元结构，见《语言学论丛》第二十八辑，北京：商务印书馆。

[6] 胡文泽（2005）也谈"把"字句的语法意义，《语言研究》第 2 期。

[7] 金立鑫（1993）"把 OV 在 L"的语义、句法、语用分析，《中国语文》第 5 期。

[8] 李小荣（1994）对述结式带宾语功能的考察，《汉语学习》第 5 期。

[9] 刘培玉（2009）《现代汉语把字句的多角度探究》，武汉：华中师范大学出版社。

[10] 陆俭明（1990）"VA 了"述补结构语义分析，《汉语学习》第 1 期。

[11] 陆俭明（2016）从语言信息结构视角重新认识"把"字句，《语言教学与研究》第 1 期。

[12] 吕叔湘（1984）"把"字用法的研究，见吕叔湘《汉语语法论文集（增订本）》，北京：商务印书馆。

[13] 马真（1981）《简明实用汉语法》，北京：北京大学出版社。

[14] 马真（1985）"把"字句补议，见陆俭明、马真《现代汉语虚词散论》，北京：北京大学出版社。

[15] 马真、陆俭明（1997）形容词作结果补语情况考察，《汉语学习》第 1、4、6 期。

[16] 潘文娱（1978）对"把"字句的进一步探讨，《语言教学与研究》（试刊）第 3 集。

[17] 邵敬敏（1985）"把"字句及其变换句式，见本社编《研究生论文选集：语言文字分册（一）》，南京：江苏古籍出版社。

[18] 邵敬敏、赵春利（2005）"致使把字句"和"省隐被字句"及其语用解释，《汉语学习》第 4 期。

[19] 沈家煊（1999）"在"字句和"给"字句，《中国语文》第 2 期。

[20] 沈家煊（2002）如何处置"处置式"？——论"把"字句的主观性，《中国语文》第 5 期。

[21] 施春宏（2004）汉语句式的标记度及基本语序问题，《汉语学习》第 2 期。

[22] 施春宏（2005）动结式论元结构的整合过程及相关问题，《世界汉语教学》第 1 期。

[23] 施春宏（2006）"把"字句的派生过程及其相关问题，见中国语文杂志社编《语法研究和探索》（十三），北京：商务印书馆。

[24] 施春宏（2007）动结式致事的类型、语义性质及其句法表现，《世界汉语教学》第 2 期。

[25] 施春宏（2008）《汉语动结式的句法语义研究》，北京：北京语言大学出版社。

[26] 施春宏（2010a）从句式群看"把"字句及相关句式的语法意义，《世界汉语教学》第 3 期。

[27] 施春宏（2010b）动词拷贝句句式构造和句式意义的互动关系，《中国语文》第 2 期。

[28] 施春宏（2014）动词拷贝句的语法化机制及其发展层级，《国际汉语学报》第 1 期。

[29] 施春宏（2015a）动结式在相关句式群中不对称分布的多重界面互动机制，《世界汉语教学》第 1 期。

[30] 施春宏（2015b）边缘"把"字句的语义理解和句法构造，《语言教学与研究》第 6 期。

[31] 施春宏（2016）互动构式语法的基本理念及其研究路径，《当代修辞学》第 2 期。

[32] 施春宏（2018）《形式和意义互动的句式系统研究——互动构式语法探索》，北京：商务印书馆。

[33] 宋玉柱（1979）处置新解——略谈"把"字句的语法作用，《天津

师院学报》第 3 期。

[34] 宋玉柱（1981）关于"把"字句的两个问题，《语文研究》第 2 期。

[35] 王还（1957）《"把"字句和"被"字句》，上海：新知识出版社。

[36] 王红旗（2003）"把"字句的意义究竟是什么，《语文研究》第 2 期。

[37] 王力（1943/1985）《中国现代语法》，北京：商务印书馆。

[38] 王力（1944）《中国语法理论》，北京：中华书局。

[39] 翁姗姗（2012）现代汉语非典型"把"字句研究，北京大学博士学位论文。

[40] 席留生（2014）《"把"字句的认知语法研究》，北京：高等教育出版社。

[41] 薛凤生（1987）试论"把"字句的语义特性，《语言教学与研究》第 1 期。

[42] 薛凤生（1989/1994）"把"字句和"被"字句的结构意义——真的表示"处置"和"被动"？，沈家煊译，见戴浩一、薛凤生主编《功能主义与汉语语法》，北京：北京语言学院出版社。

[43] 杨素英（1998）从情状类型来看"把"字句（下），《汉语学习》第 3 期。

[44] 叶向阳（1997）"把"字句的致使性解释，北京大学硕士学位论文。

[45] 叶向阳（2004）"把"字句的致使性解释，《世界汉语教学》第 2 期。

[46] 张伯江（2000）论"把"字句的句式语义，《语言研究》第 1 期。

[47] 张黎（2007）汉语"把"字句的认知类型学解释，《世界汉语教学》第 3 期。

[48] 张旺熹（2001）"把"字句的位移图式，《语言教学与研究》第 3 期。

关于汉语句式习得研究方法论的再探讨*

张宝林

一、背景

《世界汉语教学》2010年第2期、《华文教学与研究》2011年第2期分别发表拙作《"回避"与"泛化"——基于"HSK动态作文语料库"的"把"字句习得考察》和《外国人汉语句式习得研究的方法论思考》，以下分别简称"张宝林（2010）""张宝林（2011）"。前者的主要观点之一是，对参加高等汉语水平考试的二语者来说，"把"字句并不难，"回避策略说"根据不足。后者则从方法论角度，提出了外国人汉语句式习得研究的七大策略。

2018年1月，《华文教学与研究》编辑部寄来刘颂浩先生的大作《"把"字句习得研究中的两个问题》，以下简称"刘颂浩（2018）"，并邀我撰文回应。

刘文"从回避和研究结果的普遍性两个方面讨论张宝林先生文中的若干论断"。其核心观点有三：（一）真正的回避是一种有意识的行为；（二）由于"把"字句内部尚有不同的小类，仅

---

* 原文发表于《华文教学与研究》2018年第2期。

从总体使用率的角度来谈论"把"字句的回避问题,所得结论并不全面;(三)学习者的作文语料和母语者的语料在性质上有比较大的区别,直接对比是有问题的。笔者认为,在汉语句式习得研究中,这些问题确实非常重要,值得深入探讨。但刘文在引述笔者观点进行批评时存在"选择性",不够准确、全面;对笔者文意的一些"推论"已远远超出笔者的本意,过于主观;对笔者文中的一些相关情况还存在误解。这些问题导致的后果关系到对回避的认识、习得与否的判断、研究语料的性质与选择、中介语之书面语与口语的关系、对研究方法的认识,乃至学术批评的原则等重大问题。因此,有深入探讨的必要,并进一步充实与拓展张宝林(2011)对句式习得研究方法论的认识。

二、批评与答复

2.1 关于"回避"概念

刘颂浩(2018)指出:张宝林(2010)关于回避的定义,即"在该用'把'字句、母语者一般会使用'把'字句的情况下而二语者未用'把'字句的中介语现象",这一定义相对宽松,判定回避时依据的也不是学习者的心理现象,而是外在的语言使用情况。"有可能漏掉某些严格意义上的回避""又会扩大回避的范围"。

首先要明确这里所说的"定义"的具体含义。张宝林(2010)在摘要中明确指出:"该文以'HSK动态作文语料库'为语料来源,在对语料进行统计分析的基础上,将外国人的'把'字句偏误概括为回避(该用而未用)、泛化(不该用而用)、其他偏误三大类……"在论文的第一部分"'把'字句的偏误类型"中,笔者对此概念进行了界定。显而易见，这里所谓"回避"是分类意义上的概念，是对二语者产出的"把"字句偏误现象的一种分类。

张宝林（2010）"3.1.2 回避：策略还是偏误？"一节中明确指出："根据《现代汉语词典》（第5版）的解释，'回避'意为'让开；躲开'。所举的例子是：'～要害问题'。显而易见，回避是一种有意识的行为。""……对任何学习策略的使用都是学习者的有意行为。""……回避现象也好，回避策略也好，皆属学习者的有意而为。"

张宝林（2011）更加明确地指出："其实，'回避'是一种很'高级'的学习策略，是一种有意识的心理行为。只有当学生主观上知道该用哪种语言形式而又由于某种原因不予使用时才有可能采用这种策略，这远远不是任何一名学生都能做到的，甚至不是大多数学生所能做到的。拿'把'字句来说，当我们发现学生在该用'把'字句之处却未用而向他们询问原因时，学生的回答不是'不想用'，而是'没想到应该用'。这显然不是'回避'二字所能解释得了的。"

这两处所使用的"回避"是学习策略意义上的概念。

学界对"回避"概念的使用是包含这两个含义的。例如"学生常常回避'把'字句"，意指学生"该用'把'字句而未用"，用的就是分类意义上的概念。而"学生对'把'字句采取了回避策略"，则是学习策略上的概念。后一个含义和学习者的心理活动密切相关，前一个含义则与学习者的心理活动没有任何关系。

如此看来，刘先生所批评的回避"定义"，只是笔者对二语者的偏误"把"字句进行分类时使用的概念，而非笔者对回避学习策略的认识。纵观笔者两文，并非如刘文所言只根据"外在的语言使用情况"立论，而不考虑"学习者的心理现象"，更未曾在学习策略意义上"将回避视为一种跟意识无关的偏误"。恰恰相反，在学习策略这个意义上，张宝林（2010）正是依据回避"是一种有意识的心理行为"来质疑"把"字句习得研究中的"回避说"的。

笔者在文中讨论不同问题时使用了"回避"概念的两个不同含义，其界限是非常清楚的。刘文则混淆了回避的两个不同含义，因而其批评就难免张冠李戴、南辕北辙。进而，其所谓"张宝林先生关于回避的一系列看法，比如，回避源于学习者对'把'字句的无意识和不敏感，回避对学习者学习、掌握'把'字句没有任何积极作用等，也都需要重新检讨"以及"改变回避的定义，将回避视为一种跟意识无关的偏误，涉及的不仅仅是学者的研究方法，也关涉到对第二语言习得研究历史的认识，因此不可不慎"等论断，也就难以立足了。

令笔者费解的是，刘颂浩（2018）既然对拙文进行批评，是不可能不看张宝林（2010、2011）全文的，也就不可能不了解笔者对回避问题的全面看法，以及笔者对"回避"概念不同含义的使用。果真如此，刘文所显示的似乎就是一种"选择性引用"（或称"选择性回避"）基础上的批评了。

2.2 关于致使类"把"字句

第一，刘颂浩（2018）批评张宝林（2011）"依据较多样本和较大规模语料得到的数据无疑具有更大的普遍性"的观点，一个非常重要的根据是："'把'字句内部的情况比较复杂，总体使用率并不能全面反映各小类的习得情况……""学习者一般不会回避相对容易的处置把字句，但是会回避比较难的致使把字句"。

笔者认为，刘文关于考察"把"字句的回避问题应区分其内部小类的观点是非常正确的，笔者完全赞同。区分小类可以使"把"字句的习得考察更细致，更深入，也就更便于得出全面、准确的研究结论。同时，也应注意到，学界在表达"'把'字句难""学生回避'把'字句"这样的观点时，一般并未区分小类，而是就总体而言的，例如吕必松（1992：110）、吕文华（1994）、李大忠（1996：132）、刘珣（2000：366）、赵金铭（2006：15）等。刘颂浩（2018）开头所引史有为（2017）"最难的'把'字句教学，你能贴什么标签？"也是如此。吕必松（2010）虽然认为"可以把'把'字句分为处置式、对待式和致使式三种类型"，但说到"把"字句难时，仍然是整体性评判，"'把'字句难，难就难在要涉及字法、词法和句法的诸多规则"。上述研究者都是对外汉语教学领域的著名学者，他们不约而同地采取了相同的表述方式，应该说不是偶然的，而是表达了他们对这一问题的共同认识。从这个意义上说，笔者对"把"字句习得情况的整体性研究与判断也并非毫无根据。

第二，刘文关于"致使把字句"难于"处置把字句"的观点笔者是认同的，但是否属于回避，尚需斟酌。主要原因是：

（1）刘文证明学习者回避致使把字句的证据有三：a. 黄自然、肖奚强（2012）对60万字韩国学生中介语语料库的考察发现，韩国学生对带处所补语、结果补语和趋向补语的"把"字句习得较好，语料库中没有"致使把字句"的用例。b. 刘同坤（2015）的研究表明，"即便是超高级组也仍然难以完全习得""致使把字句"。c. 王永德（2014）的研究表明"'处置把字句'出现频率高，学习者也经常遇到，比较熟悉，这类'把'字句处理速度快，相对容易。而'致使把字句'出现频率较低，处理时需要明确认识到其中的'把'不表示处置，因此需要更长时间，相对较难"。

笔者认为，证据 c 从心理学角度证明了致使把字句难于处置把字句，但并没有证明致使把字句的回避问题，因此不必讨论。证据 b 并没有交代所谓超高级组难以习得致使把字句的具体情况，无法具体讨论。下面对证据 a 进行讨论。

从证据 a 可以了解到的是，韩国汉语学习者没有使用致使把字句。无法了解到的是：第一，韩国学习者没有使用致使把字句的原因是什么？是其具体的语言环境中本来就不该使用，还是该用而未用？是有意识的不用，还是无意识的不用？不把这些问题搞清楚，就无法断定学习者的不用究竟是回避还是其他因素。刘文反复强调"回避是一种有意识的言语行为"，不知为何这里却忽略了这一认识。第二，刘文指出："张宝林先生使用作文语料来探讨回避问题，是无法谈论心理学意义上的回避的。"可是，黄自然、肖奚强（2012）所做考察所依据的"60万字韩国学生中介语语料库"中的语料也是作文语料。同样是作文语料，对张宝林来说就"是无法谈论心理学意义上的回避的"；而对刘颂浩而言就成了证明致使把字句回避的有力证据，似乎没有这个道理。第三，韩国学生中介语语料库是单国别、单语种的语料库，在其基础上进行的相关研究，只能表明韩国汉语学习者使用致使把字句的情况，而无法表明或证明其他国家、其他母语背景汉语学习者使用致使把字句的情况，更不能证明"学习者一般不会回避相对容易的处置把字句，但是会回避比较难的致使把字句"是一条普遍规律。

如此看来，证据 a 是无法证明学习者回避致使把字句的。

（2）肖奚强等（2009：22—35）是一项基于90万字（初、中、高级各30万）中介语语料且不分学习者国别、语别的"把"字句习得研究。其发现的"致使式""把"字句的使用情况为：初级阶段0例，中级阶段2例，高级阶段3例，全部为正确句。该类把字句的习得顺序，依据"正确使用相对频率法"，在5大类12小类"把"字句中列第10位；使用"蕴含量表法"，以0.80为习得标准，其为已习得句式，习得顺序为第4位，属于最容易习得的句式之一。这些发现启发我们进一步思考：60万字韩国学生中介语语料库中没有"致使把字句"用例是否语料库规模所致？是否仅有韩国学生未使用该类"把"字句？刘文所得结论的稳定性如何？是否具有普遍意义？语料扩充30万字便出现了5个正确用例，假如再扩充300万字语料，会不会再出现50个正确用例？似乎不能排除这种可能性，当然也需要实际的考察加以证实。虽然肖文"综合以上两种统计方法的研究结果，并结合前面对'把'字句纵向发展情况的考察和与本族语者使用情况的考察"，最后把该类"把"字句调整到"较晚习得或未习得的句式"之列，但相比于证据a，肖文的发现还是值得充分重视的，是对60万字韩国学生中介语语料库中没有"致使把字句"用例情况的有益补充，可以启发我们进一步思考与探究致使把字句的回避问题。

（3）判断二语者致使把字句的习得情况应以母语者使用致使把字句的情况作为参照标准。据吕文华（1994）的研究，在母语者的1094个"把"字句（来自53万字的语料）中，共有6种语义类型的"把"字句，其中第6种为致使把字句，仅有17句，占总句数的1.5%，是6种类型中最少的。而第1种表示位移或转移和第2种表示结果的"把"字句则分别有305句和546句，占比分别为 27.8% 和 49.8%。肖奚强等（2009）对 90 万字本族语者语料进行考察发现，致使式把字句共有 15 例，占全部把字句的 1.14%。在 5 大类"把"字句中同样是最少的，而且和吕文华（1994）的数据较为接近。这似乎也不能以偶然视之，可以认为是体现了母语者使用该类"把"字句的基本规律的。

由此看来，二语者和母语者使用致使把字句的整体趋势是一样的：都是使用率最少，占比最低的。既然我们从不认为母语者回避了致使把字句，也就没有必要一定认为二语者回避了致使把字句。这是合乎逻辑的。

2.3 关于语料性质与对比

2.3.1 关于语料性质

刘颂浩（2018）指出对"外国学习者使用'把'字句的频率尚且高于母语者"这一结论，我们认为有进一步讨论的余地。在作文语料库中，学习者的语料只有一种类型，即在考试时所写的作文，而张宝林（2010）和李宁、王小珊（2001）两项统计中母语者的语料，都包含多种类型。将二者直接对比可能是有问题的。之所以如此，是因为已有"把"字句研究的一个重要发现是，母语者"把"字句的使用频率受语料类型的影响。请看郭圣林（2004）的统计结果：

表 1　不同语体中的"把"字句的分布情况（源自郭圣林，2004：40）

	文艺语体	科技语体	政论语体	事务语体
语料字数（万）	118	19	111	42
"把"字句数（个）	1612	235	868	15
每万字"把"字句	13.66	12.36	7.82	0.357

可以看出，文艺语体和科技语体中"把"字句的出现频率高于政论语体，这三者又远远高于事务语体。杜文霞（2005）的考察得出了基本相同的结论。在上边提到的几种语体中，学习者的作文语料与文艺语体应该更接近一些，而在文艺语体中，母语者的使用频率（每万字 13.66 个）远高于学习者（每万字 9.2 个）。

这里之所以不厌其详地引述刘文，是因为其中有十分重要的误解，需要予以澄清。

首先，所谓"张宝林（2010）和李宁、王小珊（2001）两项统计中母语者的语料，都包含多种多样的类型"，是需要具体分析的。笔者实际考察与统计的只是《人民日报》，而该报虽然有 24 个版面，包括要闻、理论、经济、政治、文化、体育、新媒体、各地传真、企业天地、文教周刊、台港澳侨、国际、副刊等 13 个方面的内容，"反映了当代中国社会生活的方方面面，内容与语体多种多样"（俞士汶等，2003），但始终是以议论性文章为主，而以其他类型的文章为辅。由此看来，刘文引述的郭圣林（2004）"政论语体"每万字 7.82 个"把"字句这一数据，倒是和《人民日报》0.0754%—0.07762% 这一数据十分接近，为笔者的数据提供了一个新的旁证，进一步证实了张宝林（2010）母语者"把"字句的使用率。

其次，所谓"学习者的作文语料与文艺语体应该更接近一些"，完全是刘先生在未考察"HSK 动态作文语料库"作文类型和语体性质的情况下做出的错误推论。笔者所做"把"字句习得研究的中介语语料全部来自该语料库（1.0 版），而该语料库所收集的语料是外国汉语学习者参加高等汉语水平考试写作考试的部分作文答卷。作文题目共有 29 个，其中《我看流行歌曲》《谈有效阅读》《如何面对挫折》《如何看待"安乐死"》《吸烟对个人健康和公众利益的影响》等纯议论性的题目20个,《我的童年》《我的城市/乡村生活》《记对我影响最大的一个人》等纯记叙性题目只有6个,《一封求职信》《一封写给父母的信》《我最喜欢读的一本书》等3个题目写成议论性或记叙性作文的可能性都存在。显然,笔者研究所依据的学习者语料也是以议论性文章为主,而以其他类型的文章为辅的,和《人民日报》的语体性质"应该更接近一些",而"与文艺语体"并不"接近",反而是有比较大的距离的。

"HSK动态作文语料库"是一个免费开放的语料库,从2006年的1.0版到2008年的1.1版再到今天的2.0版都是如此,任何人只要有一台能够上网的电脑就可以很方便地登录查询。刘先生如果实际考察一下该语料库,是可以轻而易举地看到所有作文题目的,也就可以避免完全凭主观想象做出的如此不切实际的推论。

刘文在上述推论的基础上进一步得出结论:"语料类型不同,母语者对'把'字句的使用频率随之变化,总体使用频率掩盖了这一事实,因此,将性质单一的作文语料与母语者的综合语料进行直接对比得出的结论,在可信度上是存在疑问的。外国学习者使用'把'字句的频率是否高于母语者,需要用性质相同的语料进行检查才能下最后结论。"笔者完全赞同其关于语料类型不同会影响数据变化的观点,笔者之所以选用《人民日报》作为母语者语料与学习者语料做对比,也正是出于这一考虑。非常可惜的是,由于刘先生的推论失实,其在此基础上得出的结论对笔者的研究来说,也就失去针对性了。

2.3.2 关于语体

刘文批评笔者（2011）"依据较大规模语料得到的数据更具备普遍性"的观点，其另一根据是"张宝林（2011）所批评的其他研究，既有小规模语料库研究，也有小型调查研究；既有基于书面语的研究，也有基于口语表达的研究"，并由此推断笔者"所说的更有普遍性，其实意味着，根据书面语材料得到的结论，同时适用于学习者的其他语言运用，比如口语表达"，进而提到研究的同质性问题。

说明两点：第一，任何严肃的科学研究，不论其规模大小，也不论其是量化研究还是质性研究，都有其学术意义与价值，都是值得尊重的。因此，笔者提及其他相关研究，只是客观地说明其语料的规模数据，无意于对其他学者的研究进行"批评"。第二，任何研究都有其范围，包括研究范围和所得结论的适用范围。笔者（2010）的语料来源是 HSK 动态作文语料库（1.0 版），研究结论仅适用于在 2005 年以前参加高等汉语水平考试的考生的笔语表达。从张宝林（2010）的摘要中可以看到，其所有结论都是在"对参加高等汉语水平考试的二语者来说"这个前提之下得出的，这是笔者研究结论的适用范围，其他类型的研究是不能用这个范围内的结论去衡量的。笔者在行文中表述不周，片面强调语料规模，却忽略了语料的同质性，虽非主观故意，但确实不当。

语料的同质性是习得研究中一个非常重要的问题，下文还将专门讨论。

三、再谈方法论

3.1 关于回避的鉴别标准

这里所谓回避，使用的是分类意义上的概念；所要探讨的问题，是哪些语言现象应该归入回避（该用而未用），哪些不能归入回避。探讨此问题的目的，是希望避免在研究中"漏掉某些严格意义上的回避"和"扩大回避的范围"两种现象。

刘颂浩（2018）中列举了两个例子：

例1：

问：北京有那么多汽车，你觉得汽车对空气有什么影响？

G3：怎么用？把……？嗯，把……，我觉得，嗯，对不起，我不会。

刘文说明："对话以G3放弃努力而结束。此时，可以认定，G3在被动的情况（要求用'把'的任务）下，想到了要用'把'，但后来回避掉了。从G3的话语中，可以明显地看出这一点。"刘文这里所谓"要求用'把'的任务"，指其所做的一项调查中的强制回答，即"调查第一步是自由回答，第二步是强制回答。问的都是同样的问题，但在强制回答时，要求必须使用'把'"（刘颂浩，2003）。

例2："假如有学生接触过'这门课把我学苦了'这样的表达，但自己想这样用时觉得难度太高，因此改用'这门课特别难'。仅仅从学生说出的'这门课特别难'来看，因为这不是一个'母语者一般会用把字句的情况'，所以很难被认定为回避。"

笔者认为，刘文所举的这两个例子很好，可以非常典型地说明究竟应该根据什么来判断是否回避的问题。

回答例1的问题,可以有多种说法,例如:

（1）汽车尾气对空气质量的影响很不好,它把空气污染了／它把空气弄脏了。

（2）汽车尾气对空气质量的影响很不好,它使空气污染了／它使空气变脏了。

（3）汽车尾气对空气质量的影响很不好,空气被它污染了／空气被它弄脏了。

既然上述说法皆可,为什么认为是回避了把字句？根据何在？认为是回避了兼语句、被字句可不可以？笔者认为是完全可以的。当然不同说法在语义上还是有区别的：前2句是主动句,（1）表示主观认定；（2）表示陈述事实；（3）则是被动句。仅就上面的问题而言,（1）~（3）句都是可以回答的。

此外,该例明明是调查者"要求"学生用"把"答问,这能算是学生"想到了要用'把'"吗？在笔者看来,如果不经调查者要求,G3这名学生不仅完全可能没有想到要用"把",甚至完全可能根本不知道调查者要求用的"把"是指"把"字句。因而断定学生"想到了要用'把',但后来回避掉了"并不符合事实。

例2的两个句子一个是"把"字句,一个是形容词谓语句,句式虽然不同,在表达的意义上却是等值的,属同义句,完全可以用来回答同一个问题:

问：你觉得这门课怎么样？／这门课难吗？

答：这门课把我学苦了。

这门课特别难。

刘文认为：这个句子属回避,但因为不是一个"母语者一般会用把字句的情况",所以很难被认定为回避。问题是,既然母语者"一般"(即在大多数情况下)都不一定要用"把"字句,为什么要求二语者一定要用"把"字句?语言是用来表情达意的,同义句有相同的表达功能,用何者皆可,为什么用了甲句式就被认为是回避了乙句式呢?如果这样看,用了"把"字句岂不是回避了形容词谓语句?用这种思路进行教学,让学习者何以适从呢?再者,接触过"这门课把我学苦了"这样的表达,就一定要用这样的表达吗?未必,因为没有这种必要性,即客观语境没有提供这种表达上的唯一性。刘先生(2003)自己也说过"一个语境中是否出现'把'字句,有时是因人而异的。"既然如此,上述两例实在跟回避扯不上关系。需要特别指出的是,学界普遍认为,形容词谓语句也是学习的难点。例如吕必松(1992：110)、刘珣(2000：366)等。

综上所述,刘先生所举的这两个例子,恰恰是"扩大(了)回避的范围"。

刘先生(2003)还认为:"回避意味着选择,是一种有意识的行为,如果学习者并不觉得有必要用'把'字句,就无所谓回避。"这里的问题在于:如果学习者没有意识到应该使用"把"字句而未用把字句,是否属于回避呢?例如:

(4)我们可以( )新鲜的肉、蔬菜等送给他们。

(5)他得( )自己的事情做好。

这两个句子只缺"把",属偏误句;如果加上"把",就是正确句。显然,学习者"并不觉得有必要用'把'字句"。按照本文关于回避的两个含义,在分类意义上,它们应归入该用"把"

字句而未用的回避句；在学习策略的意义上，则不属于回避。

那么，究竟根据什么标准来判断是否回避呢？笔者认为，在给偏误句分类时，只有在必须用而未用某句式时，才是对该句式的回避；而在可用可不用某句式时未用该句式，则不能视为对该句式的回避。例如"当动词带受事宾语和处所补语时"，可用"把"字句，例如：把书放在桌子上；也可以用受事主语句，例如：书放在桌子上。这时不用"把"字句不属回避。只有"当动词带受事宾语和处所补语，同时受事不能做主要话题，即不能作主语时"，才是必须使用"把"字句的条件，不用即属回避把字句，例如：只能说"张三把书放在桌子上"；而不能说："张三放书在桌子上／张三书放在桌子上"。上面的（4）（5）两例，因为空格处只能加入"把"，因而也属把字句的"必用"语境，只不过这个语境是由学习者"创设"的。与"必用"语境相对的是"可用"语境，分清"必用""可用"这两个概念意义十分重大。因为如果混淆这两个概念，把"可用"视为"必用"，会导致"把"字句泛化的严重后果，并影响其他相关句式的习得。把"可用"当成"必用"的例子可参看张宝林（2010）一文，其中"2.2.2.4 教材的误导"一节有专门论述。

通过上述探讨，张宝林（2010）关于分类意义上的"把"字句的回避可以进一步界定为：各种在该用且必用"把"字句、母语者一定会使用"把"字句的情况下而二语者未用"把"字句的中介语现象。

3.2 关于语料的同质性

刘颂浩（2018）关于同质性问题的观点，笔者是完全赞同的，并认为从句式习得研究方法论的角度看，这个问题非常重要。研究的目的、对象、类型,研究所依据的理论、采用的方法、研究角度、语料类型与性质,当然也包括样本和语料规模等,这些方面的不同,都会影响到研究结论。因此,在习得研究中需要注意一系列的相关问题。以二语者写作能力的考察为例,作为对比语料的母语者作文,应该和二语者作文在语体(文艺语体、科技语体、政论语体、事务语体等)、文体(记叙文、议论文、说明文等)、题目、说明或引导语、地点(课上、课下、成绩考试考场、水平考试考场)、时间要求、字数要求等方面具有一致性;如果二语者是在校学习汉语的学生,母语者最好也选择处于母语学习阶段的中小学学生。即除了母语者和二语者的区别之外,其他情况应尽可能一致,以最大限度地满足同质性要求。又如从教材入手分析偏误原因,如果是基于HSK动态作文语料库的研究,所选择的教材就应该是2005年以前(含2005年)的教材,因为该语料库所收集的作文语料截止于2005年。有的研究拿2005年之后的教材作为偏误原因的考察材料,而这种教材和HSK语料库中的偏误毫无关联,因而很多时候是无法从中找到偏误的真正原因的。

当然,真正做到同质性是很不容易的。一个非常突出的问题是语体问题。口语和书面语,母语者通过一定时间的学习和训练,基本上可以分别掌握并较为熟练地加以运用。而二语者对汉语语体的掌握情况如何,目前还难以判断。在相当长的时间内,对外汉语教学领域是缺乏语体教学意识的。至今,学界对汉语学习者语体习得情况的研究尚不多见,学习者作文究竟在多大程度上符合书面语特征?能否将其视为书面语?还很难回答。张宝林(2017)在谈到汉语中介语口语语料库建设滞后对学术发展的影响时指出:"(1)对外国学习者的汉语口语表达状况与能力的研究缺乏足够的研究资料,难以形成具有普遍意义的研究结论,无法全面、准确地了解与把握学习者的口语习得状况;(2)无法对学习者的汉语口语和书面语表达进行对比分析,无法对其口笔语表达特征进行研究并得到准确的认识;(3)无法在前述研究的基础上,深入了解与认识学习者汉语口语习得与书面语习得之间的相互作用、影响与关系,进而形成学习者口语习得与书面语习得相互促进的教学方法、体系与模式。"这些涉及二语者汉语语体的相关问题不真正解决,连学习者的作文是否属于书面语都难以断定,在研究中也就无法保证语体习得研究的同质性。不仅是面向外国人的汉语教学,面向中国人的英语教学似乎也有同样的问题。文秋芳教授将其主持建设的中国英语学习者语料库命名为"口笔语"语料库,而不称之以"口语和书面语"语料库,不是没有原因的。由此看来,二语者写的汉语作文,在没有研究证明其书面语性质之前,尚不宜贸然视为"书面语语料",只能视之为"笔语语料",即用笔写出来的语料,表明的只是语料产出的媒介形式。

3.3 关于研究方法

刘颂浩(2018)认为:"以学习者的偏误为分析对象的偏误分析原则上是无法处理回避问题的。"刘先生在其大作(刘颂浩,2007:92—93)中还有一些相关论述:"与中介语分析相比,偏误分析更看重对学习者偏误的解释,以求发现隐藏在偏误后面的学习过程和策略,而不是对学习者的语言系统进行精细描写。""偏误分析在实施过程中,会碰到许多困难。对偏误原因的解释就是其中之一。偏误的原因往往具有多重性,在原因认定时,很难避免主观因素。""偏误分析没有办法解释回避现象。"刘先生的观点自有其重要价值,但有些问题也还值得探讨。

刘先生所认为的,偏误分析在"精细描写"方面的问题,恐怕并非偏误分析的固有缺陷,仅就对外汉语教学领域的偏误分析与习得研究而言,这种认识和实际情况有一定差距。汉语的偏误分析与习得研究非常重视对学习者的言语偏误现象进行精细的描写与分类,甚至主要价值就在这部分内容上;而对偏误原因的分析则往往从概念出发,直接套用偏误分析的"五大原因",而且泛泛而言,很不深入。前者例如笔者的研究发现,在165个回避"把"字句的偏误句中,"把"的残缺及相关偏误有115句,占该类偏误的69.7%,是主要的偏误类型;其中占比最高的又是"单纯缺'把'",达46.09%。这样的考察结果在以往的研究中尚属未见;由此出发,笔者(张宝林,2010)还发现所谓"学生对'把'字句采取回避策略"的说法在相当程度上并非有意识的学习策略,而是无意识的缺失偏误。由此看来,偏误分析完全可以使对"把"字句回避问题的研究细化和深入,在一定程度上还是可以处理回避问题的。而对偏误原因的分析情况,刘珣(2000)、张宝林(2011)皆有评论,兹不赘述。

关于偏误原因的多重性是客观存在的,一些前辈学者早已指出。例如,"某个中介语现象(某个偏误)可能是几个因素同时起作用的结果,只是有主有从罢了""有时,同一个中介语现象是不同原因造成的;有单一的原因,也可能是综合的原因"(鲁健骥,1984、1993)。"相互之间有交叉"(盛炎,1990:127)。"另一方面偏误来源的问题本身也较复杂,有时是多方面因素共同作用的结果"（刘珣，2000：202）。人们对客观事物的认识角度与思维方式是存在差异的，对偏误原因认识的主观性也就在所难免。偏误分析无法直接或单独解释回避现象确属事实，但是，这些缺陷与不足并非偏误分析所独有。不论是对比分析，还是语言运用分析，乃至话语分析，都难免其认识上的主观性，也都不足以直接或单独解释回避现象，都需要"和其他分析方法结合在一起，从而弥补其分析方法上的不足"（王建勤，2009：45）。例如将偏误分析和语言类型学配合使用，可以发现："对汉语来说，'把'字句是其个性表现之一；而对其他语言来说，没有'把'字句则是它们的共性。如果这样来认识问题的话，我们就可以很自然地得出结论：产生所谓'回避'的根本原因是汉语和其他语言在句子类型上的不匹配，不对应；而直接原因则是二语者对'把'字句的使用规则（主要是语义语用特征）没有充分掌握，即目的语知识不足。"把偏误分析与认知语言学相结合，则可以发现"把"字句的回避与泛化在汉语"系联—驱动"关系的复合命题所需要的句式系统中的相互关系，在更深层次上理解"把"字句产生偏误的原因（张宝林，2010）。

从方法论的角度看，任何研究方法都有其优越性与局限性，而且存在继承发展的关系："中介语理论并不是对于对比分析的简单否定，而是对于对比分析的发展。"（鲁健骥，1984）。"……第二语言习得研究由对比分析发展到偏误分析。""由于偏误分析的局限性愈来愈多地暴露出来，到80年代人们才更为重视第二语言习得运用分析与话语分析的研究。""事实上每种分析模式都有其特点，它的出现都扩大了我们的视角，并在第二语言习得过程研究中做出了各自独特的贡献。"（刘珣，2000：

191、203、207）正如汉语语法分析方法的嬗变，"……每一种分析方法都有一定的局限性，正是这种局限性，促使我们去探索新的分析方法。""新的分析方法的产生都进一步扩大了研究的视野，把汉语语法研究引向深入，有利于揭示更多的汉语语法规律。""……尽管在分析方法上发展了，但是每一种分析方法仍有它的用处，而不能用后者来代替前者。"（陆俭明，1992）从这个意义上讲，各种分析模式并无优劣之分，谁也不能包打天下，而是需要彼此补充与支持，相辅相成，这样才能促进习得研究的深入发展。

学术研究的终极目标是认识事物，掌握规律，预测发展。而各种研究方法、分析模式，乃至理论、学科，虽各有其所长，也都难免其所短。因此，需要各种学科、理论、方法相互配合，取长补短，从多种不同的角度来认识事物。目前学界十分强调不同学科、方法之间的相互补充、合作，乃至跨学科的研究，这也许是原因之一。而这样的研究确实有其非常显著的效益。例如张旺熹（2001）论证了"把"字句的位移图式，从语言学角度看是很有说服力的。而高立群（2002）的研究利用词汇再认作业，证明了"把"字句空间位移图式在读者的认知过程中具有心理现实性，支持了空间位移图式理论对"把"字句句法语义的解释，从心理学角度证实了张旺熹研究结论的科学性。刘文所引王永德（2014）的研究结果发现，"致使把字句"更难处理，反应时明显长于"处置把字句"，从而证明致使把字句更难习得。这些研究堪为语言学和心理学结合的典范。

四、结论和余论

1. "把"字句的回避问题是一个十分重要的问题，学界一向十分重视，看法也比较一致，即学习者常常回避"把"字句，对其采取回避策略。进入21世纪以来，一些基于语料库的研究有一些新的发现，提出一些不同观点，因而引发了一些讨论。其中的重要问题之一是回避的判定标准，一般认为使用率低即属回避，例如致使把字句。然而，如果考虑到母语者使用该类"把"字句的比例也很低，二语者和母语者在该类"把"字句，乃至全部"把"字句的使用上呈现出相同的趋势，就很难认同这样的判定标准。以"该用而未用"作为判定"把"字句回避的标准尚嫌不够严谨，而应代之以"必用而未用"，才能避免错把"可用"当"必用"，进而扩大"把"字句回避范围的后果。当然，这里所谓回避指对二语者偏误现象分类意义上的回避，而非学习策略意义上的回避。

2. 不同研究之间，研究所依据的不同语料（例如中介语语料和母语语料）之间的对比是一种重要的研究方法，也是学术研究中经常运用的一种方法。使用这种方法的一个重要前提是同质性，这种同质性体现在多方面，例如考察对象、研究方法、语料的性质和语体、文体等。在同质性前提之下的对比是科学的，因而是可比较的；否则就是荒谬的。

3. 研究方法和研究对象之间不存在必然联系，对任何事物都可以尝试使用不同的方法进行研究。因此，认为偏误分析的方法不能用于回避问题的研究的观点似乎难以成立。任何方法都有其长处，自然也有其不足，需要取长补短，彼此配合。这样，可以更好地解决研究问题。

4. 在科学研究中开展学术批评是非常重要且必要的，因为它可以推动研究不断向前发展，不断深入，不断接近正确。开展学术批评首先应全面准确地理解和掌握被批评者的认识和观点，不宜"抓住一点，不及其余"，尤其应避免对被批评者观点的"选择性引用"。在批评过程中应客观公正地使用相关材料与批评标准，如果既用某材料或某标准去批评别人，又以之来证明自己，难免会陷入自相矛盾的窘境。对批评对象相关情况的了解应全面、清楚、准确，如果连某些基本事实都不清楚就贸然加以批评，不是严谨的科学态度，也难以保证批评的学术价值。

参考文献

[1] 杜文霞（2005）"把"字句在不同语体中的分布、结构、语用差异考察，《南京师大学报（社会科学版）》第 1 期。

[2] 高立群（2002）"把"字句位移图式心理现实性的实验研究，《世界汉语教学》第 2 期。

[3] 郭圣林（2004）现代汉语若干句式的语篇考察，复旦大学博士学位论文。

[4] 黄自然、肖奚强（2012）基于中介语语料库的韩国学生"把"字句习得研究，《汉语学习》第 1 期。

[5] 李大忠（1996）《外国人学汉语语法偏误分析》，北京：北京语言文化大学出版社。

[6] 李宁、王小珊（2001）"把"字句的语用功能调查，《汉语学习》第 1 期。

[7] 刘颂浩（2003）论"把"字句运用中的回避现象及"把"字句的难点，《语言教学与研究》第 2 期。

[8] 刘颂浩（2007）《第二语言习得导论——对外汉语教学视角》，北京：世界图书出版公司。

[9] 刘颂浩（2018）"把"字句习得研究中的两个问题，《华文教学与研究》第 2 期。

[10] 刘同坤（2015）英语母语者汉语"把"字句习得研究，北京大学硕士学位论文。

[11] 刘珣（2000）《对外汉语教育学引论》，北京：北京语言大学出版社。

[12] 鲁健骥（1984）中介语理论与外国人学习汉语的语音偏误分析，《语言教学与研究》第 3 期。

[13] 鲁健骥（1993）中介语研究中的几个问题，《语言文字应用》第 1 期。

[14] 陆俭明（1992）汉语句法分析方法的嬗变，《中国语文》第 6 期。

[15] 吕必松（1992）《华语教学讲习》，北京：北京语言学院出版社。

[16] 吕必松（2010）"把"字短语、"把"字句和"把"字句教学，《汉语学习》第 5 期。

[17] 吕文华（1994）"把"字句的语义类型，《汉语学习》第 4 期。

[18] 盛炎（1990）《语言教学原理》，重庆：重庆出版社。

[19] 史有为（2017）汉语的双元机制——对汉语教学单位的思考，《国际汉语教学研究》第 2 期。

[20] 王建勤（2009）《第二语言习得研究》，北京：商务印书馆。

[21] 王永德（2014）跨语言因素对留学生理解汉语句子速度的影响，《语言教学与研究》第 4 期。

[22] 肖奚强等（2009）《外国学生汉语句式学习难度及分级排序研究》，北京：高等教育出版社。

[23] 俞士汶、段慧明、朱学锋、田中康仁（2003）大规模标注汉语语料库开发的基本经验，《汉语语言与计算机学报》第 2 期。

[24] 张宝林（2010）回避与泛化——基于"HSK 动态作文语料库"的"把"字句习得考察，《世界汉语教学》第 2 期。

[25] 张宝林（2011）外国人汉语句式习得研究的方法论思考，《华文教学与研究》第 2 期。

[26] 张宝林（2017）汉语中介语口语语料库建设的现状与任务，《科技与中文教学》第 2 期。

[27] 张旺熹（2001）"把"字句的位移图式，《语言教学与研究》第 3 期。

[28] 赵金铭（2006）从对外汉语教学到汉语国际推广（代序），见李晓琪主编《对外汉语综合课教学研究》，北京：商务印书馆。

事件分析中的八种对立 *

崔希亮

事件（events）有两种：一种是真实世界里发生的事件，一种是语言世界里折射的事件（Ritter&Rosen, 1998：135—164）。语言世界与真实世界不能等同起来，但毋庸置疑的是，两者之间有密切的关系。我们要讨论的是语言世界里的事件，当然不可避免地会涉及真实世界的某些问题，或者用真实世界里人与外部环境的互动（interaction）来解释语言世界里的一些现象。

语言中的问题是具体的、微观的，但是要解决这些问题需要一个相对宏观的背景和一个相对完整的概念体系。我们所要讨论的问题涉及四个方面的因素：第一个因素是事件本身，它属于我们语言之外的客观世界。第二个因素是语言本身，我们用它来刻画和描写事件，它既不是客观世界本身，也不完全属于我们的主观世界，它是一个投射的世界（the projected world）（Jackendoff, 1983：23—29）。语言是一个独立的因素，它是我们人类创造出来的刻画客观世界的工具，是人与外部世界的互动所产生的符号系统，我们如何利用语言这个符号系统来刻画客观世界的事件跟

---

* 原文发表于《世界汉语教学》2018年第2期。

我们的认知基础和知识系统有关（崔希亮，2001）。第三个因素是说话人。第四个因素是听话人，他们既是语言的运用者，也是事件的观察者（直接的或者间接的）和报道者，说话人的任务是把他直接或间接观察到的客观世界里的事件传达给听话人。

在事件语义分析中，我们经常会考虑几个基本要素：事件的时间结构、事件的空间结构、事件的参与者、事件的报道者，前三个要素是事件的内部要素，最后一个是事件的外部要素。我们在观察和分析汉语的位移事件时发现了八种有趣的对立，它们会影响我们对事件的编码（形式安排）和解码（意义理解）。

一、现实位移和虚拟位移的对立

现实和虚拟是认知语言学里的两个对立的概念，是对客体实在性的一种认知评价。既然是认知评价，就或多或少地反映评价者的主观认识。现实（factive）并不是客观的真实（objectively real），而是实在性更多一些。虚拟（fictive）也不是客观的不真实（objectively unreal），而是指认知上一种想象的能力（imaginary capacity of cognition）（参考 Talmy, 2000: 99—176；崔希亮，2001）。如：

（1）a. 一条小河沿着山脚向北流去。
b. 一条小路沿着山脚向北延伸。

例（1）a 是现实的位移事件，"小河"是位移的主体（移动元），移动的方向是"北"；例（1）b 是虚拟的位移事件，"小路"其实是静止的，但是在报告人那里把它想象成位移的主体，位移的方向是"北"。

现实位移和虚拟位移在事件结构关系上有区别。这种区别是我们理解事件意义的基础。同样的语言形式所表达的事件结构关系很可能是不一样的,这就需要我们在理解事件意义时对事件角色以及它们彼此之间的关系(是现实的还是虚拟的)有正确的了解。如:

(2) a. 他从老张那里买了一些家具。
b. 他从老张那里学了一些招数。

这两个句子所表达的事件都包含位移因素,"家具"和"招数"是位移的主体,但是这两个句子的事件结构关系是不同的:对于例(2)a 来说,"老张那里"是位移的起点,"他"是位移的终点,"家具"的所有权和空间位置发生了现实的转移;对于例(2)b 而言,"老张那里"是"招数"的来源,而"招数"的所有权并未发生转移。a 是现实的位移,b 是虚拟的位移。这种事件结构关系的不同在语言形式层面不容易把握,只有在事件分析的基础上才能看到。再比如:

(3) a. 从词典里抽出一个书签。
b. 从词典里抽出一个词儿。

这两个句子都表达位移事件,"词典里"是位移的初始位置,但是这两个句子的事件结构关系也是不同的:"书签"位移以后就不在原来的位置了,而"词儿"位移以后并未影响到它原本的存在方式。所以我们说,例(3)a 的"词典里"是位移的方位起点,例(3)b 的"词典里"是位移事件某一位移主体的来源。从位移事件的性质上看，a 是现实的位移，b 是虚拟的位移。

现实位移和虚拟位移在语言形式上也没有标记，但是在理解事件场景的过程中我们一定是遵循了某种指示才能找到正确的途径。如：

（4）a. 从油漆未干的字里行间流出一道道墨痕。
　　　b. 从字里行间嚼出一点挖苦的意味。

例（4）a 报道的是现实的位移，例（4）b 报道的是虚拟的位移，所依据的就是"墨痕"和"意味"的可触知性（palpability）参数不同，前者是具体的物像，可触知性高，后者是抽象的物像，可触知性低。由此我们可以知道 a 的"字里行间"是位移的空间起点，b 的"字里行间"是位移主体的来源。"墨痕"从字里行间流出来所形成的路径是可视的，而"意味"从字里行间到经验者的感知器官没有可视的路径。

虚拟位移包括假性位移和抽象位移两种。如：

（5）a. 列车飞奔，车窗外的树木和建筑快速地向后退去。（假性位移）
　　　b. 恐惧感突然向他袭来。（抽象位移）

现实位移和虚拟位移的对立在语法形式上有所体现：

（6）a. 那条船开向钓鱼岛→那条船向钓鱼岛开（现实位移）
　　　b. 楼梯通向地下室→*楼梯向地下室通（虚拟位移）
　　　c. ?小船向湖心漂→小船漂向湖心（现实位移）
　　　d. *思绪向峥嵘岁月飞→思绪飞向峥嵘岁月（虚拟

位移）

当然，这样的不对称可能还有其他原因，我们目前还不清楚。从语料统计数据上看，虚拟位移的例子远远多于现实位移的例子（3977∶885），在前位句"向+NP+VP"中，虚拟位移句比现实位移句多很多（85.31%∶14.69%），在后位句"V+向+NP"中二者数量差别不大（47.24%∶52.76%）。

类型	向+NP+VP	V+向+NP	合计
现实位移类	637（14.69%）	248（47.24%）	885
虚拟位移类	3700（85.31%）	277（52.76%）	3977
总计	4337	525	4862

如何判断现实事件与虚拟事件呢？同一个事件事实（facts of an event）在我们的认知世界里会有两种表现：一种来源于我们的视觉感知系统（"栈桥""树木和建筑"是运动的），一种来源于我们的理性知识系统（"栈桥""树木和建筑"是静止的）。我们把来源于理性知识系统的表现评估为真实的（veridical），而把来源于视觉感知系统且与理性知识冲突的表现评估为虚拟的（virtual）。如果把两种表现看成是不同认知子系统的产物，那么真实性评估（veridicality assessments）就是第三个认知子系统的产物。这第三个子系统就是指我们的通用知识或者推理。我们在运用通用知识或者推理对事件真实性进行评估时，把真实度高的认知表现看作是现实的，把真实度低的认知表现看作是虚拟的。

二、内动力位移和外动力位移的对立

从位移事件的动力来源来看,作为当事的位移主体,移动的动力来自于位移主体内部,它的位移可以称作内动力位移;而作为受事的位移主体,移动的动力来源于外部力量,它的位移可以称作外动力位移。如:

(7) a. 那个女孩顺着扶梯走到水边。(内动力)
　　 b. 那个皮球顺着扶梯滚到水边。(外动力)

动力来源不同的位移事件在句法表现上有显著的区别,这种区别实际上反映的是事件致使性梯度的不同。内动力的位移事件致使性弱,外动力的位移事件致使性强。这个结论有语料统计上的支持:前位句中外动力事件比较少,后位句中外动力事件比较多。

类型	往+NP+VP		V+往+NP	
	频次	比例	频次	比例
内动力位移事件	358	77.8%	178	35.3%
外动力位移事件	92	20.0%	317	62.9%
动力不明	10	2.2%	9	1.79%

前位句和后位句的不对称是大量存在的,如:

往脸上抹→*抹往脸上　　　往外逃→*逃往外
往墙上挂→*挂往墙上　　　往里调→*调往里
往礼堂走→*走往礼堂　　　往这儿逃→*逃往这儿
往南飞→*飞往南　　　　　往那儿飞→*飞往那儿
往右开→*开往右　　　　　往这里开→*开往这里

对于移动元来说，前位句多是内动力位移事件，后位句内动力外动力都有，外动力位移事件居多。

内动力位移		外动力位移	
往自己家里搂钱	？向自己家里搂钱	水往自己家里流	水向自己家里流
往自己的口袋里装	？向自己的口袋里装	机构往河北疏解	机构向河北疏解
往游泳池撒漂白粉	？向游泳池撒漂白粉	军队往西部调	军队向西部调
往瓶子里插花	？向瓶子里插花	天然气往中国输送	天然气向中国输送
往心里去	？向心里去	鲜花往国外出口	鲜花向国外出口
往本人履历表上填	？向本人履历表上填	汽车往下滑	汽车向下滑

有的时候我们还观察到位移的方向也有差别，在现实语料中，"往+NP里+VP"占10.03%，"向+NP里+VP"只占0.88%，二者的差异是显著的，"往"和"向"还有内向位移和外向位移的差别，这是另外的话题了。

三、过程取景和目标取景的对立

所谓取景（windowing）实际上是事件语义学对语言编码过程的一种重构，是描写事件观察者与事件关系的一种视角。事件观察者（也就是事件报道者）在报道事件的时候可以突出一些事件的细节，也可以省略一些事件的细节，突出的部分就是在报道者注意力分布中占据重要地位的部分，省略的部分即是在事件报道者的注意力分布中比较淡化的部分。报道者可以把相关情境中的一部分放在一个突出的位置作为前景（foreground），而把提示性的部分作为背景（background），语言形式能够在特定类型的相关场景中指示注意力的分布，指示事件过程中一个或多个取景窗口的安排。"向"和"往"都有前位句和后位句两种形式，这两种形式的本质区别在哪里？我们用过程取景和目标取景的对立来说明它们的区别：前位句的取景窗口设在位移的过程中，后位句的取景窗口设在位移的目标上。如：

（8）a. 一列火车向南京开去 / 一列火车往南京开去（前位句过程取景）

b. 一列火车开向南京 / 一列火车开往南京（后位句目标取景）

第一个证据是看事件有没有持续的时间段，位移的过程是可以有时间段的，而位移的终点很难有时间段。例（8）a的过程可以有一个持续的时间段，（8）b没有这样的持续时间段。试比较：

（9）a. 一列火车向南京开了三个小时了。（过程中）

一列火车往南京开了三个小时了。（过程中）

b.* 一列火车开向了南京三个小时了。

* 一列火车开往了南京三个小时了。

第二个证据是看事件观察者是否是位移事件的一个参照角色，事件报道的方式是现场报道还是事后报道。如果我们把取景窗口设在位移事件的中间阶段，那正是事件进行的过程中，观察者是在做现场报道，所以说话人可以作为位移事件的一个参照角色，表现在形式上就是"向/往+NP+VP"中的VP可以有"来/去"，用以表示位移主体与观察者之间的关系（"来"

标示的是趋近观察者的位移,"去"标示的是离开观察者的位移)。如果把取景的窗口设置在位移事件的结尾,观察者报道的是位移事件的结果,注意力的焦点在位移的目标上,说话人在报道事件的时候总是在事件之外,表现在形式上就是在"V+向/往+NP"中不能加上"来/去"。如:

(10) a. 孩子们向我跑来/消防车向失火现场开去
　　　孩子们往我这儿跑来/消防车往失火现场开去
　　b.* 孩子们跑向我来/* 消防车开向失火现场去
　　　* 孩子们跑往我这儿来/* 消防车开往失火现场去

第三个证据是"向/往+NP+VP"中的 NP 可以由单纯表示方向的词语充任,而"V+向/往+NP"中的 NP 不能由单纯表示方向的词语充任,必须由可以作为目标的名词或者处所词语充任。如:

方向:a. 向南走/向北走/向左走/向右走/向上爬/向下看
　　　往南走/往北走/往左走/往右走/往上爬/往下看
　　b.* 走向南/* 走向北/* 走向左/* 走向右/* 爬向上/* 看向下
　　　* 走往南/* 走往北/* 走往左/* 走往右/* 爬往上/* 看往下

处所:a. 向南京开/向深渊走/向岸边游/向门口移
　　　往南京开/往深渊走/往岸边游/往门口移
　　b. 开向南京/走向深渊/游向岸边/移向门口
　　　开往南京/? 走往深渊/游往岸边/移往门口

前位句"往"所引介的宾语有一半是单纯方位词,在位移事件中表示位移的方向,而后位句"往"所引介的宾语没有一个是单纯的方位词,也就是说,没有一个后位句是表示位移方向的。这样整齐的对立是非常有意义的:对于报道者来说,如果关注的是位移的过程,那么位移的方向无疑是一个重要信息;如果关注的不是过程,最重要的信息无疑就是位移的目标或终点。

第四个证据是"向/往+NP+VP"结构中的 VP 可以出现表示正在进行的"在""(在)……着"或者"(在)……呢",而"V+向/往+NP"结构中如果出现表示正在进行的副词"在"、表示进行的"(在)……着"或者"(在)……呢",在语感上它的可接受性就差得多。如:

(11) a. 那列火车在向南京开/孩子们向河边跑着
那列火车在往南京开/孩子们往河边跑着
b.[?]那列火车在开向南京/* 孩子们跑着向河边
[?]那列火车在开往南京/* 孩子们跑着往河边

四、现场报道与非现场报道的对立

事件报道方式不同意味着信息编码方式的不同。汉语不是形态发达的语言,所以现场报道或事后报道无法通过时态标记或其他示证标记来体现。有四种报道方式:

(12) a. 有两艘军舰向我们开来。(现场事件内报道)
b. 有两艘军舰向保钓船开去。(现场事件外报道)
(13) a. 我看到一辆卡车正向路基下面滑去。(现场事

件外报道）

b. 昨天有一辆卡车向路基下面滑去。（事后事件外报道）

不同报道方式的对立也有语料的佐证，我们可以观察事件报道是否可以与"来/去"共现，以此来判断报道者是不是现场报道，或者试图营造出现场报道的效果，我们称之为拟现场报道。柯润兰（2003）的统计可以借鉴：

向~/~向	前位句		后位句	
	句数	百分比	句数	百分比
显性"来/去"	254	39.9	11	4.4
隐性"来/去"	238	37.4	—	—
不能加"来/去"	145	22.7	237	95.6
合计	637	100	248	100

有"来/去"共现的句子是现场报道（或者拟现场报道），可以加上"来/去"的句子也是现场报道（或者拟现场报道），可见由"向"标引的位移事件前位句现场报道比较多，后位句现场报道很少。"来/去"是否出现不仅仅反映了现场报道与非现场报道的对立，也反映了报道者的视角不同。按照柯润兰（2003）的解释，"V+向+NP"这个结构说话人一般不介入事件中去，但是在"向+NP+VP"这个结构中，说话人常常直接介入事件中去。在位移事件中，"来"表达的位移方向是朝向观察者或者离观察者近的处所，"去"表达的位移方向是远离观察者或者趋向离观察者远的处所。"往"表达与观察者渐行渐远的位

移是最常见的情形,因此"往+NP+VP+去"比"往+NP+VP+来"要多得多。在北京大学CCL语料库所见的678个样本中,"往+NP+VP+去"共出现57例,而"往+NP+VP+来"的例子一个也没有;在2000年《人民日报》语料库所见的1367个样本中,"往+NP+VP+去"共出现11例,而"往+NP+VP+来"的例子一个也没有。在我们的语感中,"往+NP+VP+来"也是可接受的,如"一辆汽车往这边开来""队长往我们家这边走来",事件报道者立足于位移的终点,在形式上一般应该有"这边""这里"等指示性的成分。"往+NP+VP+来"所表达的位移事件,报道者一定是事件的参与者;而"往+NP+VP+去"所表达的位移事件报道者可能是事件的参与者,也可能不是事件的参与者。试比较:

(14) a. 我看见船长往我这边走来。(报道者在事件中)
b. 鹤沿着北边城墙的上空往东飞去。(报道者在事件外)

事件报道者有两个取景窗口:第一个窗口是位移的起点 W_I,时间是位移开始的时候,第二个窗口是终点窗口 W_F,时间是位移结束的时候。报道者可以是位移的主体或者是与位移主体伴随位移的参与者,但是报道者报道的时候与具体位移事件发生的时间和空间是相分离的,他站在另外一个时空中,那就是报道这一行为本身所在的时空,这个时空与位移事件进行的时空是在不同的坐标系中:

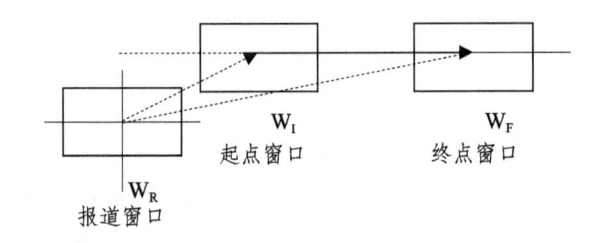

```
        ┌─────┐           ┌─────┐
        │  ▼  │           │  ▶  │
┌───┐   │ W_I │           │ W_F │
│   │   │起点窗口│          │终点窗口│
└───┘   └─────┘           └─────┘
  W_R
报道窗口
```

不管位移主体是第三者（他者）还是报道者自身，很多报道都是事后解说式的报道，这种报道的特点就是报道者永远都是站在旁观者的立场上。如果是现场报道，报道者有可能采取两种视角，一种是以报道者自己为参照基准，一种是以听话人为参照基准。换言之，报道者可以是站在自己的立场上进行现场报道，也可以站在听话人的立场上进行报道。如：

（15）a. 报告团长，我们正往你的指挥所开去。
　　　b. 报告团长，我们正往你的指挥所开来。

例（15）a 句报告者是以自己为基准进行报道的，位移的方向是离开报道的地点，趋向离报道者较远的终点；（15）b 句报道者是以听话者为基准进行报道的，位移的方向是一致的，但是报道者的立足点不同。

五、位移方向与位移目标的对立

前人在描述位移的方向和目标时一般对这两个不同的事件语义角色不加区分，实际上就我们的研究来看，方向和目标在位移事件中的地位是很不同的：方向是由单纯方位词指涉的，如"东、南、西、北、上、下、左、右"等，或者是由复合方位词指涉的，如"东南、西北"等；目标是由处所词语指涉的，如"北京、礼堂、树上、船里、怀中、这里、那边、上边、下面"等。介词"向""往"在标引方向时前位句和后位句出现对立：

前位	后位	前位	后位
向东跑→	*跑向东	往东跑→	*跑往东
向上爬→	*爬向上	往上爬→	*爬往上
向左开→	*开向左	往左开→	*开往左
向后缩→	*缩向后	往后缩→	*缩往后
向东南跑→	*跑向东南	往东南跑→	*跑往东南

这种对立在标引目标时消失了。如：

前位	后位	前位	后位
向门口跑→跑向门口		往门口跑→跑往门口	
向上铺爬→爬向上铺		往上铺爬→爬往上铺	
向北京开→开向北京		往北京开→开往北京	
向里头缩→缩向里头		往里头缩→缩往里头	

方向和目标的对立现象可以解释很多语言现象，如前位句和后位句取景窗口的设置与介词是标引方向还是标引目标有很大的关系。

六、高意志性和低意志性的对立

位移事件的意志性（volition）梯度也是一个重要的参数：如果是单音节的光杆动词，用在前位句和用在后位句中所表现的位移事件在意志性梯度上是有差别的。前位句所表达的位移事件意志性梯度高，后位句所表达的位移事件意志性梯度没有限制。这样，一些意志性低的位移事件（不是生命体有意为之或有意致使的位移事件）很难选择前位句，但是却可以选择后位句。如：

?河水向山谷流→河水流向山谷

?小船向湖心漂→小船漂向湖心

?碎片向四面八方飞→碎片飞向四面八方

?自行车向另一边倒→自行车倒向另一边

?衣服向下游漂→衣服漂向下游

?一片羽毛向天空飘→一片羽毛飘向天空

?汽车一头向大树撞→汽车一头撞向大树

?钢筋水泥向居民楼砸→钢筋水泥砸向居民楼

意志性是一个梯度参数，不是绝对的。我们判断一个位移事件意志性高低主要依据以下一些线索：位移主体、动力来源。如果位移主体或者动力来源是有生命的物像，那么位移事件就是高意志性的，如"大雁向南飞"（自移动位移事件，位移主体"大雁"是高意志性的），"老张把我向舞台中央推"（使役性位移事件，动力来源"老张"是高意志性的，位移主体"我"也是高意志性的）；如果位移主体或者动力来源不是有生命的物像，那么位移事件是低意志性的，如"石头沉向水底"（自移动位移事件，位移主体"石头"是低意志性的），"柳絮吹向半空"（使役性位移事件，动力来源"风"是低意志性的，位移主体"柳絮"也是低意志性的）。后两个低意志性位移的例子不能变换为前位句。

"向""往""到""在"都有前位句和后位句两种句式，前位句和后位句都存在着意志性高低的差别。从位移主体的意志性上来看，"往+NP+VP"中的位移主体其自主意志性比较强。

或者这样说，与"V+往+NP"位移主体带有显著的被动性特征相比，"往+NP+VP"对于位移主体来说，带有显著的主动性特征。位移主体如果是句子的主语，它在位移事件中可以自主地支配自己的位移行为。二者使用频率也不同，如北京大学CCL语料库所见：

	（a）往+NP+VP	（b）V+往+NP
频次	640	38
比例	94.4%	5.6%

七、容器图式和路径图式的对立

在位移事件中，起点或源头、经过点或路径、目标或终点是三类大的事件语义角色。在位移事件中，容器图式指涉的是一个有边界的空间范围，路径图式指涉的是一个与终点相连的位移轨迹。我们用这两种图式来解释"在"的前位句和后位句的区别："在"在状态句中前位句和后位句似乎没有区别：

（16）a. 他在北京住。b. 他住在北京。

可是在很多事件句中两种语序所表达的事件场景有显著的区别。如：

（17）a. 在船上跳。［"船上"是活动的场所 Place］
　　　b. 跳在船上。［"船上"是位移的终点 Final］
（18）a. 在树上撞。［"树上"是活动的场所 Place］
　　　b. 撞在树上。［"树上"是位移的终点 Final］

如果用意象图式来表达，我们可以说"在船上跳"的"船上"是一个容器，因此这个句子映射的是一个容器图式（container schema）；而"跳在船上"的"船上"是一个位移的终点，因此这个句子映射的是一个路径图式（path schema）：

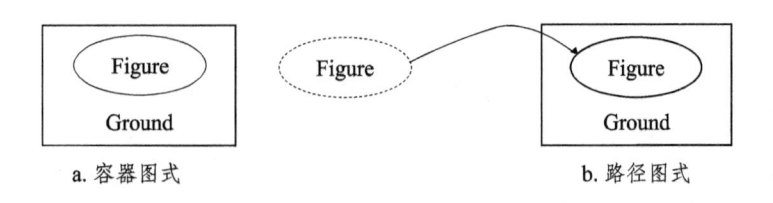

a. 容器图式　　　　　　　　b. 路径图式

　　容器图式凸现的是活动事件的场所，位移事件凸现的是移动元、路径和终点。

八、动态事件与静态状态的对立

　　事件和状态是彼此对立的概念，句子什么时候表达的是事件，什么时候表达的是状态，与时间属性和空间属性有关。从时间属性上看，事件占用时间，状态不占用时间；事件有过程，状态没有过程，有过程就有过程的不同阶段，就可以有 [±持续][±完结] 等语义特征；没有过程就没有 [±持续][±完结] 等语义特征。从空间属性上看，我们要看事件的参与者与空间处所的关系是动态的还是静态的，动态关系我们称之为事件，静态关系我们称之为状态。动态的空间关系主要指的是介词连接的两个实体之间的相对位置关系有变化，如"羽毛轻轻地落在桌子上"，"羽毛"和"桌子"的相对位置关系是动态变化的，由原来的分离到附着在一起，这里包含了一个位移的过程，所以我们把这种变化形态称为事件。而静态的空间关系主要指的是介词连接的两个实体之间的相对位置关系没有变化，如"电话机在茶几上摆着"，"电话机"和"茶几"的相对位置关系是静态的，所以我们把这种存在方式称为状态。有的时候语法形式完全相同的句子表达的意思却不同：

（19）a. 球打在门柱上［事件］
　　　b. 衣服挂在架子上［状态］

一个句子到底是表达事件还是表达状态跟动词有关系：动态动词表达事件，静态动词表达状态。问题是有些动词既可以是动态的，又可以是静态的，比如"挂"：

（20）a. 他把衣服慢慢地挂在衣架上［动态］
　　　b. 衣服一直静静地挂在架子上［静态］

动态和静态的刻画由状语来完成。汉语动词没有直接的动态和静态的标志，但是句子中的其他成分可以作为"探针"（probe），如"慢慢地""一下子"这些表达动态的状语可以作为事件的标志：

（21）a. 老张坐在沙发上［事件或状态］
　　　→老张慢慢地坐在沙发上／老张一下子坐在沙发上［事件］
　　　b. 老张印在报纸上［状态］
　　　→ⁿ老张慢慢地印在报纸上／？老张一下子印在报纸上［状态］

动词的动态特征是一个梯度参数。我们用能否在后边加上表示水平位移的"过来/过去"来检测动词的语义属性:

第一种情况,没有位移特征:

*写过来/*写过去　　　　　*印过来/*印过去

*藏过来/*藏过去　　　　　*憋过来/*憋过去

*沾过来/*沾过去　　　　　*关过来/*关过去

第二种情况,有位移特征:

坐过来/坐过去　　　　　　蹲过来/蹲过去

躺过来/躺过去　　　　　　插过来/插过去

实际上有的动词位移特征多一些,有的动词位移特征少一些,有的动词没有位移特征。我们看下面的表(这里所选的趋向动词都只取其空间位移意义,有些趋向动词有时间意义、抽象的结果意义,这里不取):

动词	过来	过去	出来	出去	进来	进去	上来	上去	下来	下去	起来
写	−	−	+	−	−	+	−	+	+	+	−
印	−	−	+	−	−	(−)	−	+	+	−	−
藏	−	−	−	−	+	+	−	+	+	−	+
憋	−	−	−	−	−	−	−	−	−	−	−
沾	−	−	−	−	−	−	−	+	+	+	+
关	−	−	−	−	+	+	−	−	−	−	+
坐	+	+	−	−	+	+	+	+	+	+	+
蹲	+	+	−	−	+	+	+	+	+	+	+
躺	+	+	−	−	+	+	+	+	+	+	−
插	+	+	−	−	+	+	+	+	+	−	−

很显然，"坐""蹲""躺""插"的位移特征比"写""印""藏""憋""沾""关"要多得多。它们的位移性梯度排序如下：

坐/蹲〉躺〉插〉写/藏〉沾〉印/关〉憋

位移特征梯度越高的动词表达事件的可能性也就越大；反之，位移特征梯度越低的动词表达事件的可能性也就越小。

以上我们列举了事件分析中的八种对立，每一种对立都在语言形式上有所反映。这实际上反映了不同的事件意义在编码方式上的差别。上述八种对立现象可以解释汉语介词结构在位移事件中的各种不对称性，如前位句和后位句在形式和意义上的不对称、功能相近的介词在用法和频率上的不对称、语义特征不同的动词在事件类型分布中的不对称、结构相同的句子表达的事件性质和事件场景的不对称等。当然，有的时候不同的因素可以同时起作用，如现实位移和虚拟位移的对立与内动力与外动力的对立可能会同时起作用，位移方向与位移目标的对立也可能跟韵律有关系，但这都是另外的课题了，本文姑且存而不论。

参考文献

[1] 崔希亮（2001）"在"与空间方位场景的句法表现及语义映射，见《中国语言学报》第10期，北京：商务印书馆。

[2] 柯润兰（2003）介词"向"的句法语义考察，北京语言大学硕士学位论文。

[3] Jackendoff, Ray (1983) *Semantics and cognition* (the 7th printing edition, 1995). Cambridge: The MIT Press.

[4] Ritter, Elizabeth & Sara Thomas Rosen (1998) Delimiting events

in syntax. In Miriam Butt and Wilhelm Geuder (eds.) *The projection of arguments: Lexical and compositional factors*. Stanford: Center for the Study of Language and Information.

[5] Talmy, Leonard (2000) *Toward a cognitive semantics, volume I: Concept structurting system*. Cambridge: The MIT Press.

实义动结式"V 上"的意象图式及语义连接*

常　娜

〇、引言

刘月华主编（1998：1—30）概括了趋向补语的三类意义，其中趋向义最为实在，完全是空间层面的，着眼于人或事物空间位置的移动，且大多可以找到形式标准，所以比较容易清楚地描述；状态义最为虚化，完全是时间层面的，主要表示动作状态的开始、继续等，分析起来也较为单纯；结果义则既有着眼于空间的，也有着眼于时间的，形式标准也难于确定，因此最为复杂、最难控制。我们把"V 上"结构中着眼于空间的结果义称为实义结果义，着眼于时间的称为虚化结果义。

（1）铺面前挂上了大德兴茶票庄杭州分号的招牌。（朱秀海《乔家大院》）

（2）湖南农民靠深圳发了养猪财，深圳居民靠湖南吃上了放心肉。（《报刊精选》1994 年）

---

* 原文发表于《华文教学与研究》2019 年第 3 期。

例(1)"招牌"通过动作"挂"发生了空间上的位置转移,"上"是"挂"的直接结果,是实义结果义。例(2)"放心肉"并未发生空间上的位置转移,而是施事要达成的目标,"上"表示"吃放心肉"这一目标实现,是虚化的结果义。

从上两例我们可以看出实义动结式"V上"着眼于空间,"招牌"发生了空间位置的转移,"上"具有从下到上的方向性意义,这说明它与"V上"的趋向义之间依然存在内在联系,不过着眼点已经从位移方向转移到了动作结果,表示动作完成后的一种自然结果,而虚化动结式"V上"则已经完全脱离了空间层面的位移,变成时间上的变化,表示目标实现。

我们主张一种基于语言使用的语义分析模式,即在大规模真实文本语料的基础上做词汇语义分析。我们从北大CCL语料库中利用自动分词软件提取"V上"结构,再通过人工筛查,共得出有效语料79076条。经过分类统计,实义动结式"V上"有33592条,占42.5%,其在整个"V上"的语义体系中占比最大,搭配的动词类型也最多,很有必要进行进一步研究。本文试从意象图式角度来解析结构中"上"的语义,分析其对动词V的选择限制,通过语义解构定位其在"V上"语义演变中的位置并从认知的角度分析其语义连接机制。

在人类认知发展的历程中,意象图式比其他类型概念产生得早,是具体概念的基础,也是语义的基础。从意象图式角度分析语义,便于把握研究对象错综复杂的语义体系。实义动结式"V上"表达空间变化,为了更好地体现这种空间变化,展现空间运动的不同意象图式,我们借用Langacker(1987)的术语,把位移主体称作射体(trajector),记为TR,被参照的物体称作地标

(landmark)，记为 LM。为了便于理解，我们在分析事件中的语义要素时还是采用主体和客体的概念来进行说明。

一、接触义

1.1 接触图式

接触是指原本分离的主体和客体或是属于同一整体但处于分离状态的两部分在动作行为的影响下由分离变为合拢接触的状态。实义动结式"V上"具有接触义，动词 V 是使之接触的动词，具有致使义，"上"表示接触这一状态，我们通过意象图式把接触的方式或使因表示出来。主要有以下几类：

1.1.1 跟靠类接触

该图式表示施事通过动作行为使射体（TR）A 向地标（LM）B 位移并最终与之接触，包括施事（位移主体）、动作行为和对象（位移目标）三个事件语义要素，其中施事同时也是位移主体。

能够进入该结构的动词主要有："追赶类动词"，如"跟""追""撵""赶""追赶""跟踪"等；"挨靠类动词"，如"挨""靠""捱""触""接触"等；"身体动作动词"，如"踩""摸""吻""亲"等。

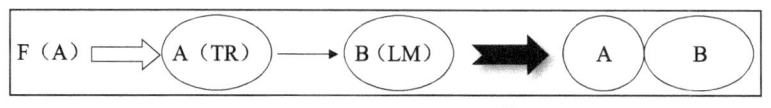

F（A）⇒ A（TR）→ B（LM）➡ A B

图1 跟靠类接触图式 [①]

[①] Talmy（2000）指出表示移动或位置的语义事件的概念化包括两个物体，其中一个物体的运动或定位要参照另一个物体，前者就是主体（Figure），后者是背景（Ground）。本文所列举的意象图式中"F（A）"中的 F 为 Figure 主体，A 为 agent 施事。细箭头指示位移方向，粗箭头指示位移结束后的状态。

(3) 他追上了正朝家中走着的文枝。（森村诚一《人性的证明》）

(4) 窗外那棵杨树已经变粗，枝干快挨上窗台了。（《读者》合订本）

(5) 他再次轻柔地吻上我的双唇。（艾丽斯·西伯德《可爱的骨头》）

追赶类动词接触的位移目标（地标B）多处于运动中，如"走着的文枝"。挨靠类动词接触的位移目标（地标B）则多是静止的，如"窗台"。

1.1.2 逢遇类接触

该图式表示主体A与客体B相向位移，它们在位移中的某一点接触，包括位移主体、动作行为和位移中的客体三个事件语义要素。位移主体和客体相向位移，二者互为射体地标。

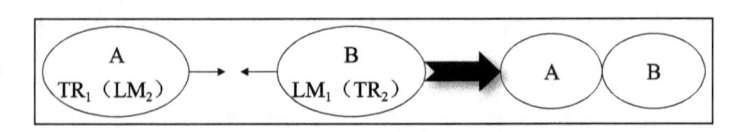

$$A \quad TR_1 (LM_2) \quad \rightarrow \quad B \quad LM_1 (TR_2) \quad \Rightarrow \quad A \quad B$$

图2　逢遇类接触图式

能进入该结构的动词主要为"逢遇类动词"，如"碰""遇""撞""逢""遭遇""碰撞"等。

(6) 东北人并不害怕碰见东北虎，而是担心遇上吃人的狼。（《中国儿童百科全书》）

(7) 张继青生在一个好地方，逢上一个好时期。（《人民日报》1994年）

"东北人"和"狼"相遇，接触是"遇"的直接结果。"张继青"和"好时期"相逢，用"上"来表示结果，是虚拟接触。

逢遇类接触图式中的主客体是相向位移，因此形式上可用介词"和/跟"连接两个客体。

（8）周瑜领兵，在赤壁和曹军前哨碰上了。（《中华上下五千年》）

（9）我们的军队也即将跟苏联的军队遇上了。（温斯顿·丘吉尔《第二次世界大战回忆录》）

1.1.3 闭合类接触

该图式表示施事使客体已分开的两个部分接触，动作完成时两个部分成为一个整体，客体由分离的状态变成合拢的状态。该结构主要包含施事、动作行为和客体三个事件语义要素。客体必须是"眼睛""窗帘"等具有可分离状态的物体，其位移方向可以是射体 A1 向地标 A2 的同向位移，也可以是二者的相向位移。

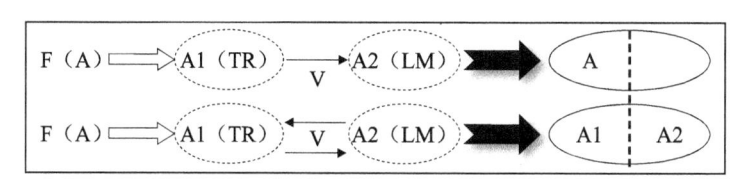

图 3　闭合类接触图式

能进入该结构的动词主要有："闭合类动词"，如"关""闭""合""扣""锁""掩""眯""插（门）""闩""闭合"等；"身体动作动词"，如"推""拉""摔""踢"等。

（10）他知道自己打不过诸葛亮，于是他就关上城门等待。（姚明《我的世界我的梦》）

（11）慧芳掉头而去，把门"哐"地摔上。（王朔《刘慧芳》）

客体"城门"由两部分组成，是一个可分离的整体，通过动词"关"使原本分离的部分接触。"摔上门"是施事通过身体动作行为"摔"使客体"门"的状态发生由开到合的改变。

1.1.4 连接类接触

该图式表示施事通过动作行为把分开的或没有关联的客体连接在一起，"上"表示连接的直接结果，主要包含施事、动作行为和客体三个事件语义要素。

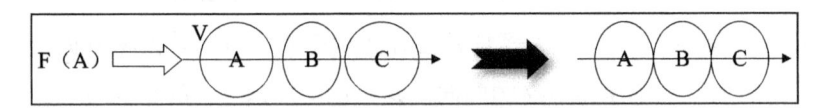

图4　连接类接触图式

能进入该结构的动词大多为"连接类动词"，如"接""通""系""扯""连接""联系""联络""嫁接""勾搭""勾引""勾结""牵扯""拉扯""结合"等。此外一些动作动词也可把主体和客体或客体的两个部分连接起来，如"别上别针""挂上电话"等。

（12）据称通上电流，放在身上，能消除过量的脂肪。（《读者》合订本）

（13）她系上围裙下厨去了。（陆文夫《人之窝》）

1.2 形式意义验证

1.2.1 "V 上"与"V 到"形式互换

接触义"V 上"表示主体通过动作行为使其与客体接触，可以理解为一个起点到终点的位移过程，终点可以是处所，也可以是对象，因为对象也是隐喻化的处所。"V 到"表示到达，也表示一个起点到终点的位移过程。二者都可表示主体到达客体，因此跟靠类动词和逢遇类动词后的"上"和"到"基本上可互换。

追上他们——追到他们　　遇上女孩——遇到女孩

挨上窗户——挨到窗户　　靠上岸边——靠到岸边

二者虽可互换，但关注点不同。"V 到"关注的是到达某一个点的状况，如主体到达的地点、时间等，而"V 上"关注的是到达后接触的面，凸显的是主体到达客体后与客体的静态接触。如果主体通过动作行为到达的不是客体，而是抽象的事件，则不能与"V 到"替换。

(14) 我……十二岁逢上（*逢到）新中国成立，应招来到沈阳。（权延赤《红墙内外》）

"新中国成立"是一个事件，不能与"逢到"搭配。再如"赶上兵荒马乱""逢上过年过节"等都是与事件的抽象接触，都不能与表示到达终点的"V 到"替换。

1.2.2 "V 上"与"V 开"意义对称

"V 上"可表示主体与客体接触，还可以使客体分开的两个部分接触，搭配的动词多为闭合类动词和连接类动词。分开的客体具有开合两种状态，"合"表示接触，"开"表示分裂。"V 开"的基本结果义是分裂，与之搭配的动词是可使物体分离、分裂的动作动词,如"分""睁""解"等,因此可以与表示"合"(接触)的"V 上"组成反义组合,意义对称。

关上城门——打开城门　闭上眼睛——睁开眼睛

推上窗户——推开窗户　拉上窗帘——拉开窗帘

1.2.3 闭合类动词是"V 上"接触义的典型动词类型

经过语料库分类统计,接触义"V 上"中使用频率最高的前 10 个动词分别为:闭(2191)、遇(1751)、跟(1333)、追(822)、撞(519)、接(495)、合(433)、系(194)、扣(150)、关(87)(见表 1)。其中闭合类动词最多,有"闭""合""扣""关",占 40%,这说明闭合类动词是接触义"V 上"使用的典型动词。

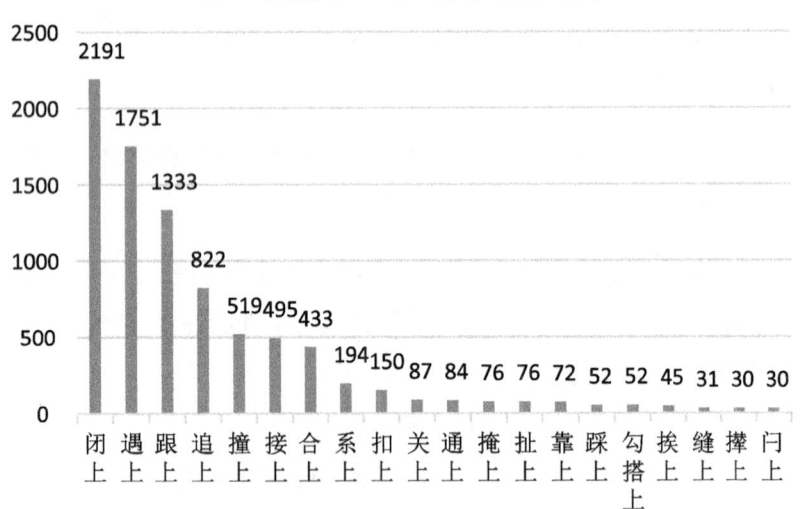

表 1　接触义"V 上"的动词使用频率

动词	频率
闭上	2191
遇上	1751
跟上	1333
追上	822
撞上	519
接上	495
合上	433
系上	194
扣上	150
关上	87
通上	84
掩上	76
扯上	76
靠上	72
踩上	52
勾搭上	52
挨上	45
缝上	31
撑上	30
闩上	30

二、附着义

2.1 附着图式

"附着"就是施事通过动作行为致使某一实体附着于某一处所，主要包括施事、附着实体、附着处所及附着行为四个事件语义要素。附着的过程也是个位移过程，位移主体到达终点后，终点状态发生变化，先接触进而附着。实义动结式"V上"由表达接触义进而表达附着义，构成了多个附着图式，与之搭配的动词也随之发生变化。

2.1.1 粘连类附着

该图式表示施事通过动作行为使射体 A 向地标 B 运动，进而与之粘连且最终附着在地标 B 上。该结构包括施事、粘连动作、粘连物和粘连对象（处所）四个事件语义要素。

能进入该结构的动词都具有[＋粘连][＋附着]的语义特征，主要有："写画类动词"，如"写""记""画""圈""贴""绘""划""描""签""抄""印""烙""列""编""标""赋""题""改写""描画""登记""打印""标注""贴""盖（章）""冠（标签）""戳（记号）""刺（字）""注（英文）""勾（脸谱）"等；"镶嵌类动词"，如"镀""刻""缝""雕""嵌""焊""绣""镶""钉""裱""镌""镶嵌""雕刻""打（烙印）""绷（羊皮）"等；"涂抹类动词"，如"涂""抹""擦""搽""刷""蘸""敷""搓""糊""喷""吐""扮（靓装）""染（颜色）""蹭（油）""抿（水）""浸（漆）"等；"沾染类动词"，如"沾""染""迸""溅""传染""感染""侵染""沾染"等。

```
F (A) ⇒ A (TR) —V→ B (LM)  ⇒  [A B]
```

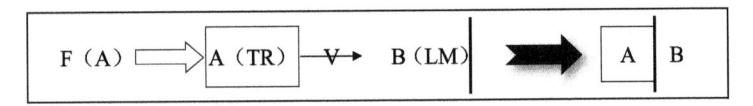

图 5　粘连类附着图式

（15）他在电话边的小本子上写上了号码，撕下那一页交给了她。（《作家文摘》1995 年）

（16）她在那块旧的匾额上面，重重地抹上了一层糨糊。（孙犁《风云初记》）

（17）她穿了一件绉纱的黑旗袍，短袖口镶上一遭白色的图案花边。（老舍《鼓书艺人》）

（18）由于劳累过度和气候变化无常，他染上了肺炎。（《人民日报》1998 年）

附着处所往往由介词"在"引出，如例（15）"小本子"和例（16）"匾额"。

2.1.2 覆盖类附着

该图式表示施事通过动作行为使射体 A 向地标 B 运动，最终覆盖并附着在地标 B 上，包括施事、覆盖动作、覆盖物、覆盖对象（处所）四个事件语义要素。

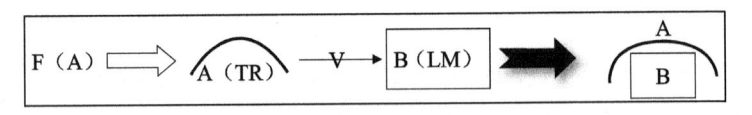

```
F (A) ⇒ ⌒A (TR) —V→ B (LM) ⇒ ⌒A / B
```

图 6　覆盖类附着图式

能进入该结构的动词都具有［+覆盖］［+附着］的语义特征，主要有："覆盖类动词"，如"盖""蒙""覆"

"埋""包""裹""铺""罩""挡""捂""笼（阴影）""覆盖""笼罩""沐浴（霞光）""附着"等；"穿戴类动词"，如"穿""戴""套""披""穿戴""围（围巾）""佩戴""佩""配（首饰）""蹬（靴子）"等。

（19）他用手掌捂上眼睛停了一刻，才开始看下去。（梁斌《红旗谱》）

（20）他们缺乏睡眠的脸上，罩上一层焦虑的气色。（《杜鹏程《保卫延安》）

（21）他穿上香客的袍子，戴上香客的帽子，又跟他情人亲了一个吻。（乔万尼·薄伽丘《十日谈》）

覆盖经常通过工具来实现，通常用介词"用"引出工具，如例（19）"手掌"。穿戴类动词的附着对象往往不出现却可补出，这是因为我们可从覆盖物和穿戴动词本身判断出其附着于身体的哪个部位，如例（21）他身上"穿上香客的袍子"，头上"戴上香客的帽子"。

2.1.3 添加类附着

该图式表示施事通过动作行为使射体 A 添加到地标 B 的上面或里面并附着到地标 B 上，主要包括施事、添加动作、添加物、添加处所四个事件语义要素。

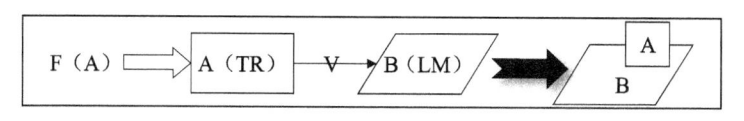

图 7　添加类附着图式

能进入该结构的动词都具有 [+ 添加][+ 附着] 的语义特征，主要有："增添类动词"，如"添""加""掺""算""拌""补""蓄""夹""垫""挟""混""缀""调""添置""添加""附加""补充""增补""增添""掺杂""点缀""附赠""夹杂""调配""充（电）""衬（报纸）""兑（水）"等；"置放类动词"，如"安""放""装""盛""挂""摆""搁""插""坠（石头）""安装""安插""悬挂"；"浇灌类动词"，如"撒""洒""泼""滴""浇""灌""泡""淋""斟"；"配合类动词"，如"配（音乐）""伴（舞蹈）""谱（曲子）"。

（22）食用时掺上少许面粉，加上水和成面团。（《市场报》1994 年）

（23）另一盘摆放着点心，点心上面放上糖果和奶酪。（新华社新闻稿 2004 年）

（24）当把这个骰子灌上铅时，这个倾向就改变了。（卡尔·波普尔《猜想与反驳》）

（25）实际上我过去写的诗，曾有不少被谱上曲而成为流行歌曲。（《作家文摘》1996 年）

2.1.4 固定类附着

该图式表示施事通过动作行为使射体 A 附着并固定到地标 B 上。该结构包括施事、动作、固定物、目标物四个事件语义要素。固定类附着的固定物和目标物是可以分离的，这是与粘连类附着的不同之处，故图式中射体 A 用虚线表示，以示区别。

```
F(A) ⟹ A(TR) →V B(LM)    ⟹    A  B
```

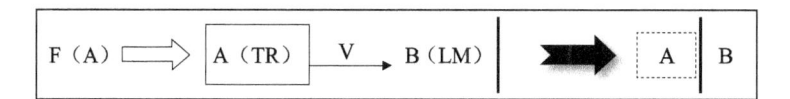

图 8　固定类附着图式

　　能进入该结构的动词都具有[＋固定][＋附着]的语义特征，主要有："捆绑类动词"，如"捆""绑""箍""勒""缠""束""扎""拢""拴""编（辫子）""捆绑""固定""纠缠"等；"携带类动词"，如"背""负""带""拿""领""带""牵""捎""揣""搬""捎""扛""担""掂""挎""拎""拉""提""驮""捎带"等；"凝固类动词"，如"凝""冻""结"等。

　　（26）片刻以后，他的两只手都缠上纱布，裹得厚厚的。（琼瑶《水云间》）

　　（27）周拉匆匆赶去，还带上了老人爱吃的葡萄罐头。（《报刊精选》1994年）

　　（28）什刹海刚刚冻上一层薄冰，他们便勇敢地冲到冰上。（《人民日报》1998年）

2.1.5 填充类附着

　　该图式表示施事通过动作行为使射体 A 融入地标 B 后形成一个新的整体，主要包括施事、动作、填充物和填充目标四个事件语义要素。

```
F (A) ⟹ A (TR)  V  B (LM) ⟹ ᴬB
```

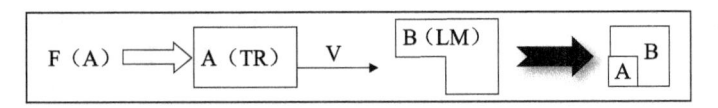

图 9 填充类附着图式

能进入该结构的动词都具有[＋填充][＋附着]的语义特征，主要是"填充类动词"，如"塞""填""封""堵""封堵""补（空白）""垒（石头）弥补"等。

（29）每次工人清理完垃圾，我就用块木板把洞口堵上。（《人民日报》1996 年）

（30）饼干商也在饼干包装里塞上了士兵和装甲车的小模型，以吸引顾客。（新华社新闻稿 2004 年）

2.1.6 感知类附着

该图式表示主体 A 通过动作行为使自己的情感或感知活动附着于对象 B 上。这是一种抽象的附着关系，是心理空间上的情感附着。

能进入该结构的动词都是表示心理附着的动词，主要是"感知类动词"，如"爱""看""瞧""盯""恨""迷""喜欢""喜爱""恋爱""沉湎""暗恋""迷恋"等。

（31）他喜欢上一个粗壮的女同学，是城里一个木匠的女儿。（余华《在细雨中呼喊》）

在感知类附着图式中，"上"的意义更为抽象，由使具体事物附着于具体处所引申为使自己的情感附着于某物或某人身上，是具体到抽象的转移。同时这种感知类动词与"上"的结合也更为紧密，词义也发生了引申，有些已经词汇化了，如"看上""瞧上"等。

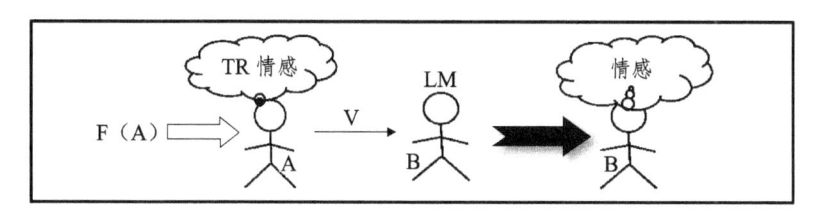

图 10 感知类附着图式

2.2 形式意义验证

2.2.1 "V 上"与"V 起来"的语义各有侧重

有些动词类型可以添加直接结果"上"和"起来"，如覆盖类、填充类、捆绑类等，但语义上各有侧重。"V 上"是部件到整体的添加，有主次之分，我们可通过变换附着物与附着主体的位置加以证明。"V 起来"表示部件与部件组合形成一个新的整体，其所连接的两个客体不分主次，所以此类的"V 起来"多用于"把"字句。如：

（32）牛奶里掺上水——水里掺上牛奶（内省）

（33）要将运输、商贸、物流、金融服务等平台和供应链加起来，就有很大的竞争力。（新华社新闻稿 2004 年）

例（32）"牛奶里掺上水"中"牛奶"是整体，而"水"是部件。"水里掺上牛奶"中"水"是整体，而"牛奶"是部件。例（33）"平台"和"供应链"之间是部件与部件的关系，无主次之分，二者构成一个新的整体。

2.2.2 "V 上"与"V 下"语义的对称和不对称

附着义"V 上"与"V 下"语义上对称的条件是附着客体与附着主体在空间上是分离的,"V 上"表示客体附着在主体上,"V 下"表示客体脱离附着主体。如:

穿上衣服——脱下衣服　戴上耳环——摘下耳环

系上腰带——解下腰带　钉上钉子——拔下钉子

而附着义"V 上"中,附着客体附着到主体上往往构成一个整体而不可分开,所以大部分都没有对称的"V 下",但有时附着义"V 上"和"V 下"语义上是中立的。如:

写上名字——写下名字　刻上汉字——刻下汉字

记上日记——记下日记　绣上鸳鸯——绣下鸳鸯

"V 上"和"V 下"语义中立的情况多为写画类动词,从上例貌似可看出"V 上"与"V 下"是同义的,但二者的侧重点不同,"V 上"侧重于附着,而"V 下"侧重于写画下来的事物。"写上""刻上"等表示通过写、刻等动作,使文字、图画等附着于某个处所,"写下""刻下"等是依照某一原型进行的,着眼于这种事物是要保存、流传下来的。

2.2.3 穿戴类动词是"V 上"附着义的典型动词类型

经过语料库的分类统计,附着义"V 上"使用频率最高的前10位动词分别是:穿(2832)、戴(1716)、带(1638)、插(959)、装(861)、写(818)、披(802)、染(784)、蒙(722)、背(634)。(见表2)其中穿戴类动词最多,有"穿、戴、披"3个,占30%,这说明穿戴类动词最为典型。

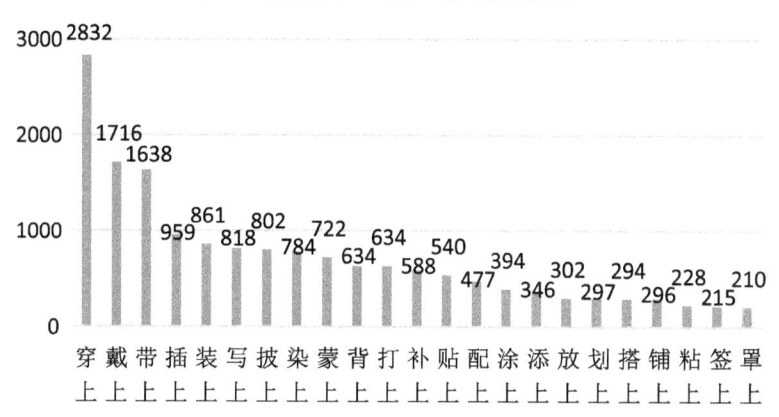

表2 附着义"V上"动词使用频率

动词	频率
穿上	2832
戴上	1716
带上	1638
插上	959
装上	861
写上	818
披上	802
染上	784
蒙上	722
背上	634
打上	634
补上	588
贴上	540
配上	477
涂上	394
添上	346
放上	302
划上	297
搭上	294
铺上	296
粘上	228
签上	215
罩上	210

此外通过与表1比较,附着义"V上"动词使用频率较高,在200例以上的有23个,而接触义"V上"动词使用超过200例的仅有"闭""遇""跟""追""撞""接""合"7个。这说明附着是实义动结式"V上"的典型语义。原因跟动作行为运行的惯性轨迹有关,射体运动的轨迹最终是先接触进而附着,附着是射体运动的最终状态。

三、"上"在"V上"结构中的语义变化

实义动结式"V上"与动趋式"V上"相比结合更为紧密,"上"虽然也具有一定的方向义,但已经不是路径动词,其词汇意义已经不太明显,开始依附于所搭配动词,成为动词V的结果性后置成分,表示动作V的直接结果。

3.1 内部结合越发紧密,"上"的动词性受到制约

动趋式"V上"是组合性述补结构,内部结合松散,"上"

可脱离动词单用，故"上+N处"可单用。实义动结式"V上"是黏合式述补结构，"上"的路径义消失，其表示的是动作的直接结果，与动词结合更为紧密。

（34）他爬上了天山。——他爬，他上了天山。

（35）我关上了窗户。——*我关，窗户上了。

实义动结式"V上"结合更紧密，我们还可从两个方面得到验证：一是"V上"可单说，如"戴上""挂上""写上""填上"；二是还可用于祈使句，如"快戴上！""快挂上！""快写上！""快填上！"。

3.2 语义指向上，"上"指向动词

动趋式"V上"中"上"指向位移主体，表示位移主体的趋向。实义动结式"V上"中"上"的语义指向动作本身，表示动作完成后的直接结果。

（36）苏联和美国先后有三艘飞船成功地登上了火星。（《中国儿童百科全书》）

（37）李福还想问下去，诸葛亮闭上眼睛不回答了。（《中华上下五千年》）

"登上了火星"中"上"指向位移主体"三艘飞船"，表示位移主体"飞船"的趋向。"闭上眼睛"中"上"指向动词"闭"，因此其结合比动趋式"V上"要更紧密且不能拆分。

3.3 不凸显路径，凸显动作的直接结果

动趋式"V上"中"上"凸显位移路径，形式上可与"来/去"搭配，表明说话人立足点的差别。实义动结式"V上"中"上"

凸显动作的结果，没有立足点的差别，形式上不能与"来/去"搭配。

动趋式"V上"中"上"也可凸显终点，带处所宾语，如例（38）"15号烽火台"。实义动结式"V上"中"上"则凸显动词的直接结果——接触/附着，宾语大多为对象宾语，是动作的直接对象。其后其实也可带处所宾语，但可接受度极低，理解难度大，一般用"V在/到……上"替换。

（38）她高举火炬跑上15号烽火台。（《人民日报》1993年）

（39）他不久前吩咐在每一面墙上都贴上这封信。（马塞尔·普鲁斯特《追忆似水年华》）

？他不久前吩咐把这封信贴上每一面墙。

他不久前吩咐把这封信贴在/到每一面墙上。

动趋式"V上"中"上"表达位移，凸显位移路径。实义动结式"V上"中"上"表达的是隐喻化的位移，不凸显位移路径，而是凸显位移主体在到达终点之后的状态变化，多为空间位置的变化。虚化动结式"V上"中"上"不但脱去了方向的限制，而且又进一步脱离了空间层面的位移，虚化为时间层面的"变化"，原有"到达终点"的意义也随之虚化为变化的"完成"，表示事件实现，其语义跟空间没有关系，而是跟时间有关。

（40）他暗暗发誓：要让乡亲们也过上好日子。（《人民日报》1996年）

动趋式则着重表达路径，动结式着重表达结果，二者从概念结构本身就有差异。汉语表达非常重视结果，很多动结式被看作是一个复合动词，如"看见""遇到""看上""瞧上"等。认知语言学认为两个事件整合得越紧，表达它们的词干整合得也就越紧。动结式"V上"比动趋式结合得更为紧密，一般作为一个整体以总括的扫描方式来认知。动趋式"V上"则恰恰相反，动词V与"上"的概念距离要比动结式的概念距离大，反映在认知方式上就是动词V和趋向动词"上"分别被作为两个单独的事件以次第方式进行扫描。

四、意象图式转换

人们的抽象推理能力取决于将认知范畴映射到更高一层概念范畴的能力，这就是对抽象事物概念化的过程，而概念化的过程包含了意象图式的转换过程。Lakoff（1987：443）指出意象图式之间存在着某些非常自然的关联，这种关联促成了多义现象，自然的意象图式转换在构成意义的放射性结构中起着重要作用。

意象图式转换（image schema transformations）指的是人们在利用意象图式进行概念化的过程中注意焦点的变化。当一个人的注意力集中在一个草地上运动着的高尔夫球时，他利用的是动态的路径意象图式，一旦该球停止，他的注意力就会停在球上。

常娜（2016）指出"V上"的趋向义表示射体的上向位移，凸显路径，表现为动态的路径意象图式。该图式表达的是射体从起点到终点的位移，注意的焦点在路径上。射体继续运动，到达位移终点后会发生状态改变，"V上"的实义结果义表示射体到达位移终点后发生的空间变化——接触/附着，位移路径在结果义中并不凸显，接触和附着是射体到达地标后发生的状态变化（见图 11）。实义结果义"V 上"凸显终点及终点状态，其语义表示接触或附着时，射体一般是具体的实体，这种具体的实体会进一步抽象化，变为抽象的或没有实体的，仅表示动作实现，这是虚化的动结式"V 上"的语义。

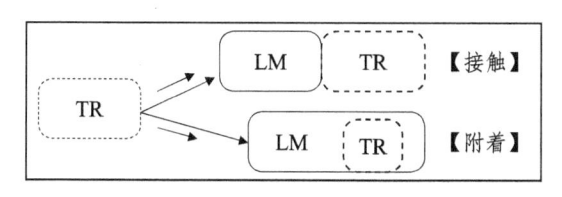

图 11 终点状态图式

空间运动是一个有起点、有终点的位移过程，事件的发生、发展和结束也是一个有起点、有终点的变化过程，两者具有相似性。到达位移终点也就表示一个事件的结束，进而发生了状态的改变。动趋式"V 上"关注过程，着重表达路径，动结式"V 上"关注结果，着重表达射体到达位移终点后进而发生的状态改变，二者语义上的不同是同一位移过程中注意窗口的不同造成的。（见图 12）

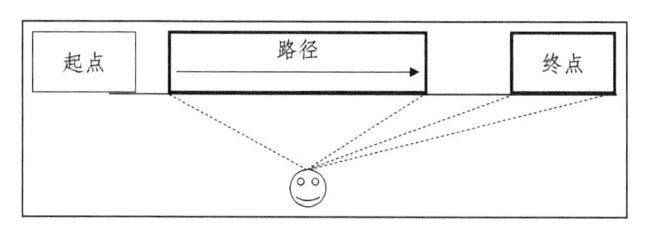

图 12 路径和终点转换图式

人们在观察一个运动物体时总是习惯追随其路径直到终点，路径和路径终点之间存在着转换关系。把注意力集中在位移路径上，便是动趋式"V上"的语义体现。注意力集中在终点位置，使位移的终点成为注意力的焦点，这样终点和射体到达终点后的状态这两个取景窗口便会得到凸显，这便是动结式"V上"结果义可以实现的认知理据。

五、结语

多义是词汇语义学的重要课题之一，如何区分和描写一个词的多种意义，找出意义之间相互联系的机制，一直是基于认知的多义研究的重点。通过本文描画实义动结式"V上"不同语义的意象图式，我们分析出该结构主要表达客体空间位置的变化，"上"已不再表示位移路径，而表示位移的直接结果——接触/附着，对其搭配动词也有选择限制，多为能到达接触和附着语义的具体动作动词。语法形式上带对象宾语，动词和"上"的结合相较动趋式"V上"也越来越紧密。虽然"上"还没有完全脱离趋向动词的意义，但已不能单用，必须依附于动词。实义动结式"V上"是动趋式"V上"位移过程的持续，凸显射体位移轨迹的终点和到达终点后的状态。路径和路径终点之间存在转换关系，通过意象图式的转换，凸显不同的取景窗口，可体现出"V上"的两个不同语义——趋向义和结果义，这便是"V上"语义连接的认知机制。

参考文献

[1] 常娜（2016）"V 上"结构的语义体系及认知机制，《汉语学习》第 5 期。

[2] 蒋绍愚（2011）V 上和 V 下，《杭州师范大学学报（社会科学版）》第 4 期。

[3] 李福印（2008）《认知语言学概论》，北京：北京大学出版社。

[4] 刘月华主编（1998）《趋向补语通释》，北京：北京语言文化大学出版社。

[5] 税昌锡（2008）附着事件、附着动词及相关句法语义，《汉语学报》第 3 期。

[6] 曾传禄（2014）《现代汉语位移空间的认知研究》，北京：商务印书馆。

[7] 朱彦（2016）意象图式与多义体系的范畴化——现代汉语动词"赶"的多义研究，《当代语言学》第 1 期。

[8] Langacker, R. W. (1987) *Foundations of Cognitive Grammar (Vol I): Theoretical Prerequisites*. Stanford: Stanford University Press.

[9] Lakoff, G. (1987) *Women, Fire, and Dangerous Things*. Chicago: University of Chicago Press.

[10] Talmy, L. (2000) *Toward a Cognitive Semantics (Vol I): Concept Structuring Systems*. Cambridge, Massachustees: MIT Press.

动趋式"V上"的语义与位移事件表达 *

常 娜

〇、引言

"V上"是一个具有复杂语义的结构，趋向动词"上"在"V上"结构中既可以表示趋向义，又可表示结果义，还可以与"了"一起表示体貌义，横跨了位移、结果和体貌三个语法范畴。"V上"趋向义的表达是真正意义上的动趋式，但结果义的表达，如"穿上衣服""遇上朋友"等，虽有动趋式的形式，但却无动趋式的意义，只表示动作的直接结果，为实义动结式。另有一类动结式，如"吃上烤鸭""买上房子"中的"上"已完全虚化。此外"V上"还可以和体标记"了"一起表示事件开始。根据"上"虚化程度不同，我们将"V上"划分为动趋式、实义动结式、虚化动结式和体貌义"V上了"结构，从结构中分辨"上"的意义变化及所表达的事件类型。本文以动趋式"V上"为研究对象。

趋向动词"上"在动趋式"V上"中为趋向补语，表示方向意义，可以和不同的动词组合，与不同的句法成分搭配，表达不同的位

---

* 原文发表于《汉语学习》2018年第5期。

移事件，有时表达的事件类型相同，但其事件结构却并不完全一样。例如：

(1) 她的飞机升上蓝天，向南一路飞去。（王朔《空中小姐》）

(2) 只见她从容镇定地走上讲台，微笑地环视四周。（《报刊精选》1994年）

(3) 他把安娜抱上汽车，发觉她身边有一只皮箱。（岑凯伦《合家欢》）

(4) 有一天一股莫名其妙的恐慌感涌上心头。（《读者（合订本）》）

(5) 两支乐队奉上了一场精彩的军乐交响乐。（新华社新闻稿2004年）

例（1）"升上蓝天"中"上"的方向接近垂直，例（2）中"走上讲台"中则接近水平，这说明"V上"的趋向义是一个连续统。就其表达的事件来说，例（1）—（3）和例（4）（5）表达两种不同的位移，前者发生在物理空间，后者在虚拟空间。即使都表达物理空间位移的例（1）—（3），其事件结构也不相同。

本文首先从"V上"表达的趋向义出发，描写其意象图式，分析其事件语义要素，考察动词的使用频率，找出能进入该结构的典型动词。其次再通过分析影响其位移事件表达的语义要素，考察该结构的句法语义特征。最后从事件角度分析其表达的事件义并厘清这些事件之间的区别和联系。

一、动趋式"V 上"的语法意义

1.1 意象图式

动趋式"V 上"表示射体 TR 伴随动作 V 的实施而发生的自下而上的位移,"上"表示位移的方向,动词 V 是位移的方式或使因。如下图 1 所示:

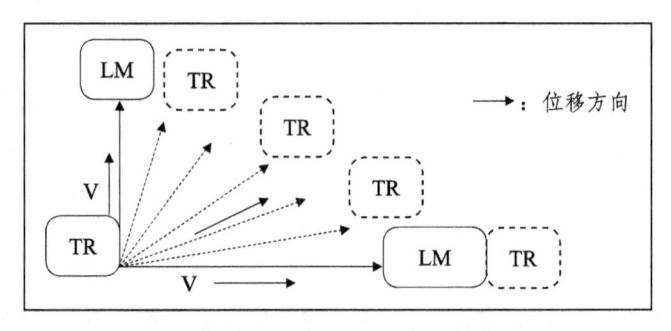

图 1 "V 上"趋向义的意象图式

从图 1 可以看出,射体 TR 通过动作 V 向地标 LM 运动并到达地标 LM,运动的方向是一个从水平到垂直的连续统。例如:

(6)只要我把石头推上山顶,我的责任就尽到了。(《读者》)

(7)我也加快脚步挤上地铁……(卞庆奎《中国北漂艺人生存实录》)

例(6)(7)中的"上"都表示动作的方向是由低处向高处,"推上山顶"接近垂直方向,"挤上地铁"接近水平方向。位移方向是接近垂直还是水平,这与"上"搭配动词的方向性和宾语形状有关。如"升"为上向动词,"天空"与地面垂直,"升上天空"中位移方向便接近垂直。"走"为泛向动词,位移方向与宾语形状有关,"走上山"表示由低处到高处的位移,而"走上街"则表示趋近眼前的目标。

"上"也完全可以取消方向性的限制,与地平面平行,即空间上的水平位移,即由一处到另一处。但"上"在表示水平方向位移时,动词和其后的处所宾语在搭配上也有严格的条件限制,大部分与方位名词"前"和数量短语"几步"搭配。例如:

(8)褚桂芳听见了却抢上两步,拍拍那人的肩膀……(陆文夫《小巷人物志》)

(9)昆托的家人跑上前与他拥抱祝贺。(新华社新闻稿2004年)

"上"之所以可以表示水平向位移,来源于我们的日常生活经验。由于人类生活在地球表面,大多数日常行为活动都具有水平方向的作用力,因此水平方向就预设在了我们的认知系统中。由于汉语中没有专门表示水平方向的趋向动词,而且人们往往将"向上"和"向前"视作同一范畴,所以借用"上"表达水平位移。蒋绍愚(2011)中提到在先秦文献中,"上"就可以表示"向前",如"三鼓之而卒不上"。(《战国策·秦策二》)

1.2 事件语义要素

位移有起点和终点,终点是常常得到凸显的前景化信息。动趋式"V上"主要凸显位移路径和位移终点,故它有两个最主要的事件语义要素:自下而上的位移方向和到达位移的终点,句法表现为带处所宾语。

（1）位移方向

动趋式"V上"凸显位移方向，与"V下"相对。"V上"表示射体TR自下而上的位移，凸显上向，而"V下"则表示射体TR自上而下的位移，凸显下向，二者在表达位移方向上是对称的。

有的是动词相同方向对称，如"走上/走下""飞上/飞下""推上/推下""搬上/搬下"。有的是动词不同，方向对称，如"升上/降下""浮上/沉下""交上/发下"。有的动词是上向动词，只能跟"上"搭配，如"升""登""举""冒"等；有的动词是下向动词，只能跟"下"搭配，如"降""沉""撤""脱"等。

（2）位移终点

位移终点是动趋式"V上"得以凸显的前景化信息，所以其后常带处所宾语，表示到达位移终点，形式上可以和表示移动到某一处所的"V到……上"替换。例如：

走上山——走到山上　　　　爬上楼——爬到楼上

搬上车——搬到车上　　　　抬上床——抬到床上

"V上"凸显到达位移终点，也可从与"V起来"的比较中得出。二者都可以表示自下而上的上向位移，但"V起（来）"表示的是无指向位移，其后不能出现表示位移终点的处所词，而"V上"表示的是指向终点的位移，后可带处所宾语。例如：

（10）他把一个27普特重的大钟从货船上搬上了岸。（高尔基《童年》）

他把一个27普特重的大钟从货船上搬起来。

"搬上了岸"有位移终点"岸"，而"搬起来"没有位移终点，只表示自下而上的位移。

二、动词类型及使用频率

2.1 动词类型

动趋式"V上"表示射体 TR 发生的自下而上的位置移动，动词 V 表示位移的方式或使因，具有 [+ 位移] 的语义特征，因此主要是位移动词，包括自移和他移两类。

（1）自移动词

自移动词是表示物体自主运动或身体动作的动词，同时也是不及物动词，表示射体 TR 位移的方式或使因。能进入动趋式"V上"的自移动词主要有：走、登、踏、爬、迈、涌、跳、冲、跑、飞、迎、攀、浮、挤、奔、升、袭、步、漫、传、涨、闯、窜、蹿、蹬、踱、滚、滑、跨、扑、骑、流、冒、漂、飘、溢、翻、溜、挪、纵、跃、游、擎、伸、映、闪、兜、淹、漾、扒、蹦、蹲、返、赴、拐、跪、回、掠（升）、摸、扭、趴、躺、踢、围、卧、寻、钻、转（zhuǎn）、找、坐、吵、攻、混、骂、闹、盘、翘、绕、杀、逃、求、射、侵袭、飞奔、猛扑、徘徊、攀登、围拢……

（2）他移动词

他移动词是使射体 TR 改变位置的动作行为动词，具有致使性，能进入"因 V 而上"结构。行为动词的动作性一般都很强，能对受事进行处置，因而往往是及物的双向动词，"上"通常表示射体（受事）的趋向。能进入动趋式"V上"的他移动词主要有：送、搬、推、拥、提、押、抬、领、告、引、逼、扶、请、抱、拉、救、装、抛、运、扔、拖、拽、拿、抢、邀、背、拎、调、钓、踢、举、开、掀、炸、架、带、托、揪、打、躲、摇、掷、渡、哄、搀、弄、衔、宠、骗、伸、丢、劫、吹、移、催、弹、荡、吊、抖、罚、轰、掠、射、敲、舞、炒、押送、押解、哄抬、引领、抢运……

有些动词虽没有位移的语义特征，但也可以临时作为他移动词，如在"告上法庭""逼上山""哄上床""宠上天""骗上楼"中"告""逼""哄""宠""骗"临时具有他移的语义特征。

（3）心理向上动词

物理空间上的上向位移投射到了心理空间，施事心理上也发生了自下而上的位移。如"奉上礼物"和"献上表演"都表示下级向上级或晚辈向长辈的进献，"上"凸显心理空间向上。使用的动词大部分是表示心理空间向上的交呈类动词和登载类动词，该类动词主要有：摆、递、端、交、呈、捧、敬、供、奉献、致、祭祀、敬献、奏、献、奉、汇、寄、祭、登（登载）……

心理空间向上是一种抽象的虚拟位移，"上"从物理空间的趋向义隐喻为社会心理层面的趋向义。认知语言学认为，认知框架是人们根据经验建立的概念与概念之间相对固定的关联模式，各种认知框架是自然的经验模型。根据人类认知的常识，一般认为地位高的为"上"，地位低的为"下"。这种现象与人们识解的空间位置"上""下"建立心理认知上的关联，动趋式"V上"经过隐喻投射，从物理空间投射到了心理空间。

2.2 使用频率

我们从北京大学中国语言学研究中心 CCL 语料库中通过自动分词软件检索出"V上"有效语料 79076 条，其中表示趋向义的动趋式"V上"有 29861 条，占 37.7%。能进入动趋式"V上"的有三类动词：自移动词、他移动词和心理向上类动词。我们对

这三类动词做了数据频率统计。（见下表 1）

表 1　动词使用频率表

动词类型	使用频率
自移动词（88）50%	走（8301）、登（3968）、踏（2443）、爬（1647）、迈（654）、涌（648）、跳（534）、冲（506）、跑（361）、飞（335）、迎（286）、攀（241）、浮（185）、挤（146）、奔（132）、升（129）、扑（129）、袭（99）、步（68）……
他移动词（70）39%	送（1290）、搬（709）、推（689）、拥（648）、提（382）、押（232）、抬（147）、告（136）、引（136）、逼（127）、扶（96）、请（49）、抱（43）、拉（42）、救（29）、装（26）、抛（26）、运（22）、扔（16）……
心理向上动词（19）11%	摆（771）、递（337）、端（274）、交（146）、呈（130）、捧（91）、敬（34）、供（17）、奉献（10）、致（7）、祭祀（5）、敬献（5）、奏（4）、献（2）、祭（1）……

从上表 1 我们可以看出：

第一，自移动词使用频率最高。在动趋式"V 上"中动词有 50% 是自移动词。此外与趋向义"上"搭配频率最高的前十位动词分别为：走（8301）、登（3968）、踏（2443）、爬（1647）、送（1290）、摆（771）、搬（709）、推（689）、迈（654）、涌（648）。自移动词有"走""登""踏""爬""迈""涌"6 个，占 60%。

第二，身体动作动词最易与趋向义"上"搭配使用。搭配频率最高的十个动词中有 7 个是身体动作动词，分别为：走（8301）、登（3968）、踏（2443）、爬（1647）、搬（709）、推（689）、迈（654）。这说明与"上"的趋向义搭配的典型动词是跟身体动作有关的。

空间范畴的产生首先是从人认识自己的身体开始的。《周易正义·系辞下》载"近取诸身,远取诸物"。作为生物个体,人把自身的躯体从垂直维度上分出了"上/下"。所以趋向义"上"也最易与身体动作动词搭配。

第三,使用频率最高的四个动词都具有行走义。走(8301)、登(3968)、踏(2443)、爬(1647)四个动词都为行走义动词。位移最原始的方式是以双脚为工具,所以表位移的动词很多都具有行走义。

第四,动趋式"V上"中与"上"搭配的动词大多为单音节动词,虽有极少数双音节动词,但使用频率极低,如奉献(10)、祭祀(5)、敬献(3)等。这跟汉语的韵律有关,汉语最基本的音步是两个音节,双音节音步是汉语最小的、最基本的"标准音步"。

三、动趋式"V上"的句法语义特征

3.1 语义不自足

位移路径和位移终点是动趋式"V上"必有的事件语义角色,故仅包含位移路径的"V上"在语义上是不自足的,不能单说,必须带上处所宾语。如果处所宾语不出现,"V上"还必须和"来/去"构成复合趋向补语,"来/去"表示位移的主观方向。例如:

(11)他们爬上山坡,面向北方凝神肃立。(《报刊精选》1994年)

（12）水底的泥土泛上来了，一切都变成混浊的了。（《读书》）

（13）王安忆将张爱玲的小说带上了话剧舞台。（新华社新闻稿2004年）

如果不带处所宾语或"来/去"，有的句子则不能成立，如例（11）*"他们爬上"，例（12）*"水底的泥土泛上"。有的句子意义则发生了变化，如例（13）*"王安忆将张爱玲的小说带上了"，"带上了"的意义发生了变化。"带上了话剧舞台"为动趋式，"带"是位移使因，但"将张爱玲的小说带上了"则变为动结式，"上"是动作动词"带"的直接结果，具有附着义。

动趋式"V上"后有时也不带处所宾语，而是带受事宾语，如"递上一瓶矿泉水""呈上退休报告"等，它们表示受事的位移方向，这类情况在动趋式"V上"中比例很小且并不典型。

"V上"后常跟处所宾语表示到达位移终点，位移起点往往不出现，如果出现则通常由介词"从""自"引出，位于处所状语位置，表示位移从此处开始。例如：

（14）一群歹徒从河南商丘窜上武昌开往青岛的214次列车。（《人民日报》1993年）

（15）巴士自御成路拐上了去上野的小路。(川端康成《生为女人》)

3.2 语义指向的限定

动趋式"V上"中"上"的语义指向动作所涉及的人或物，即位移主体（射体TR），表示位移主体的方向。当动词V是不及物动词时，"上"通常表示位移主体（施事）的趋向。当动词

V是及物动词时,"上"通常表示位移主体(受事)的趋向。例如:

(16)记者在考古人员刘瑜的带领下爬上山岗。(新华社新闻稿2004年)

(记者爬,记者上山岗。)

(17)他把正在前线浴血奋战的指战员推上第一线。(张正隆《雪白血红》)

(他推,指战员上第一线。)

3.3 内部结合松散

动趋式"V上"内部结合松散,"上"的动词性明显保留,可单用。如"爬上山岗""登上榜首""踏上正途"中"上+N(处)"可以单说为"上山岗""上榜首""上正途",而动词"爬""登""踏"是"上"的方式或使因。

"V"与"上"结合松散,中间可自由插入"得/不",变成可能式。例如:

走上楼——走得上楼/走不上楼

爬上树——爬得上树/爬不上树

搬上车——搬得上车/搬不上车

呈上去——呈得上去/呈不上去

3.4 位移事件的性质

Talmy(2000b)提到在语言研究中一个句子表征一个由说话者所建构的事件,这一事件可能是简单事件,也可能是复杂事件。复杂事件包含一个主事件和一个副事件(co-event),副事件对主事件起到补充说明作用,可以是主事件的方式、使因、伴随等。Talmy(2000b)在讨论语言如何表达运动事件时将位移事件分为主体（figure）、状态（motion）、路径（path）和背景（ground）四个语义组成部分。

在动趋式"V 上"中"上"是位移路径，是一个位移事件得以完成的核心。位移主体、位移路径和位移终点是构成动趋式"V 上"最基本的事件框架，是位移事件的主事件。副事件对主事件起补充说明作用，多为位移的方式或使因，由动词 V 承担。例如：

（18）他上了车。（自拟）

[[他 MOVE 上车] 主事件] 位移事件

（19）孙悟空一眨眼的工夫就可以飞上天庭。（新华社新闻稿 2004 年）

[[孙悟空 MOVE 上天庭] 主事件←方式 [他飞] 副事件] 位移事件

（20）外国文艺表演团体竞相把"洋式大餐"推上中国节日文化餐桌。（新华社新闻稿 2004 年）

[[外国文艺表演团体 MOVE 洋式大餐上中国节日文化餐桌] 主事件←使因 [外国文艺表演团体推] 副事件] 位移事件

关于路径，Chu Chengzhi（2004）结合 Talmy（2000b）的理论框架，把"路径"的概念结构划分为构形、方向、维度、视角和矢量五种成分。其中构形、维度、视角等因素在汉语表达中往往与"方向"因素融合在一起，因此趋向补语空间位移表达的核心概念可以概括为"方向"和"矢量"。"矢量"是指物象在移动过程中所具有的动态的、阶段性的特征。Talmy（2000b）把"矢量"归纳为三个类别，依次为离开（departure）、到达（arrival）

和穿越（traversal）。

通过对动趋式"V上"的语义分析，并参考Talmy（2000b）和Chu Chengzhi（2004）对路径的分类，我们把该结构的语义和句法形式特征总结如下表2：

表2 动趋式"V上"的语义与句法形式特征

动趋式"V上"	紧密程度	动词V	路径（path）"上"		终点（LP）
			方向（direction）	矢量	
	松散	自移动词	现实上向	到达	具体处所
		他移动词	虚拟上向	到达	抽象处所

语义与句法相呼应，语义成分之间的结构关系同时也反映出现实事件之间的关系。动趋式"V上"中动词V表示"上"的方式或使因，"上"对动词V的依附性并不强，趋向动词"上"自身的动词性功能仍有明显保留，"上"表达位移路径，是位移事件得以完成的核心。动趋式"V上"表达的是一个主事件和一个副事件构成的复杂位移事件，"上"为主事件，动词V是位移的方式或使因，是副事件。

四、动趋式"V上"的位移事件表达

位移事件是指位移主体在空间上发生的位置转移事件，包括物理空间的位移事件和虚拟空间的位移事件。二者的主要区别在于位移主体和终点的可触知性参数不同：现实的、具体的，可以直接触摸的实体可触知性高；虚拟的、抽象的，不可直接触摸的实体可触知性低。动趋式"V上"既可表达物理空间的位移事件，又可表达虚拟空间的位移事件。

4.1 物理空间位移事件

物理空间的位移是我们感觉上触知性高的物像在物理空间的位置转移。位移主体通常是具体的人或物，位移路径为可见的现实路径，位移终点为实体场所、交通工具或方位等。位移主体发生位移的动力可能来源于位移主体自身，也可能来源于位移主体之外的力量。我们根据其动力来源的不同分为内动力位移事件和外动力位移事件。

4.1.1 内动力位移事件

内动力位移事件是指位移主体在物理空间上的自身移动，位移动力或不可知，或来源于位移主体自身，即位移主体与施事（Agent）是重合的，施事即是位移主体。在内动力位移事件中，动趋式"V上"涉及两个必有的体词性成分，即$N_{(施)}/N_{(自)}$和$N_{(处)}$。张黎（2007）根据施动体、位移物和位移动力的关系，把位移句分为自移句、施移句和致移句。内动力位移事件可以是自移句，也可以是施移句。

①自移句：N（自）+V上+N（处）

这类句式的句式义是指位移主体发生了位移，但位移动力我们并不可知或句中并未提及，但结果是动作行为使位移主体发生了自下而上的位移。张黎（2007）指出自移句中的位移物处于自然状态，位移的动力既不是位移物本身发出的，句中也没交代位移的施事。$N_{(自)}$表示位移动力非位移主体发出，动词V大多为自移动词且是不可控的。例如：

(21) 随着六响礼炮,五彩缤纷的气球飞上了天空。(《人民日报》1994年)

(22) 我又浮上了水面。(儒勒·凡尔纳《海底两万里》)

位移主体"气球"的位移动力未知,"我"的位移动力是"水",但句中并未提及。

②施移句:N(施)+V上+N(处)

这类句式的句式义是指施事通过动作使自身向上移动并到达或趋向某一处所。张黎(2007)指出施移句的位移物就是位移动力的发出者,施动者等于位移物。N$_{(施)}$同时也是位移主体,动作的结果是施事本身发生了位置移动。例如:

(23) 她终于登上了舞台,她同观众只隔一层帷幕。(《读者(合订本)》)

(24) 最后米尔德丽德终于累了,他们跳上一辆电车返回寓所。(毛姆《人性的枷锁》)

位移主体(施事)"她"和"他们"都通过自身的动作发生了位置的移动,动词V大多为"登、跳"类的身体动作动词,是可控的自移动词。

在施移句中还存在一种情况,有些动作动词本身不体现位移,如"坐、躺、骑"等,但进入结构"V上"后则具备[+位移]的语义特征,表明位移主体由一处到达了另一处。例如:

(25) 她一板一眼地询问了几句,让病人躺上检查床。(《报刊精选》1994年)

(26) 梁波哈哈地笑着说了两句,便坐上马背。(吴强

《红日》）

"躺"和"坐"本身是动作动词，本身并不表示位移或者说位移性很弱，但处于结构中则具有[+位移]的语义特征，发生了位置移动。

4.1.2 外动力位移事件

外动力位移事件是指位移主体在外部力量的作用下发生的空间位置移动。这类事件的位移动力来源于位移主体之外的行为主体，即施事和位移主体是分离的。从语义上看主要是他移动词，它是可使物体改变位置的动作行为动词，具有[+致使]的语义特征，一般可进入"因V而上"格式。张黎（2007）也指出致移句中的施动者和位移物相分离，施动者在前，位移在后，施动者和位移之间有一个"致使"的语义关系。

在外动力位移事件中则涉及三个必有的体词性成分：$N_{(施)}$、$N_{(受)}$和$N_{(处)}$。$N_{(施)}$是实施动作行为的主体，$N_{(受)}$是位移主体，$N_{(处)}$是位移终点，我们称这类句式为受事位移句。这类句式是施事将动作作用于受事，从而使受事的位置被动地发生了位移。施事和受事有时同时出现，有时只出现受事。如果不出现$N_{(处)}$，则必须添加主观方向"来/去"。该句式在句法上主要表现为"把"字句、"被"字句。

①受事位移句：$N_{(施)}$ + 把/将 + $N_{(受)}$ + V 上 + $N_{(处)}$

（27）保罗和排长连忙下河捞救，……把遇险的战友救上岸来。（《作家文摘》1995年）

（28）小贝夫妇欲将"报道失实者"推上法庭。（新华社新闻稿2004年）

例（27）施事为"保罗和排长"，由介词"把"引出受事"遇险的战友"，路径为"救上"，终点为"岸"。例（28）施事为"小贝夫妇"，受事为"报道失实者"，由介词"将"引出，路径为"推上"，终点为"法庭"。

②受事位移句：N$_{(受)}$＋被/叫/让/给＋N$_{(施)}$＋V上＋N$_{(处)}$

（29）黛二小姐被气功师扶上一张很平的窄床，平躺下来。（陈染《无处告别》）

（30）他眼睁睁地看着他的麦荣大叔叫宪兵押上囚车。（欧阳山《苦斗》）

（31）什么？这个管委会也给救上岸了？（《读者（合订本）》）

例（29）（30）中四个语义成分全部出现，施事"气功师""宪兵"，受事"黛二小姐""麦荣大叔"，路径"扶上""押上"，终点"床""囚车"。例（31）N$_{(施)}$省略，只出现N$_{(受)}$。

③受事位移句：N$_{(施)}$＋V上＋N$_{(受)}$

这类句式有三个必有成分：施事、路径和受事，施事使受事发生了位移，位移终点没有出现，是隐含的。例如：

（32）那五从底下扔上来一个白手帕包的小包。（邓友梅《邓友梅自选集》）

（33）一个小孩落入水中，一位过路青年见后，救上了落水的小孩。（《儿童心理》）

例（32）隐含的位移终点为"上边"，例（33）可推知位移终点为"岸上"。

4.2 虚拟空间位移事件

虚拟空间位移是指物像在非物理空间的位置转移，是抽象的位移，位移主体是可触知性比较低的物像，其位移路径是不可见的心理层面的虚拟路径，我们称之为知觉路径。位移主体多为抽象情感或概念，位移终点也往往由抽象名词充当，可触知性较低。虚拟空间的位移是在物理空间位移的基础上隐喻而来的，来源于我们认知系统中的知觉路径，属于虚拟运动。

4.2.1 因物象的可触知性低而构成的虚拟空间位移事件

（34）一阵新的恐惧犹如浪涛一般涌上心头。（陀思妥耶夫斯基《罪与罚》）

（35）撒母耳把以色列人领上了统一和复兴的大道。（《圣经故事》）

例句中位移终点"心头"和"统一和复兴的大道"都是可触知性比较低的物像，都具有不可见的位移路径，是抽象的位移，基于知觉感知系统，是位移主体的虚拟运动。

其实"涌上"和"领上"既可表达物理空间位移事件，又可表达虚拟空间位移事件，这种不同主要是由位移主体和位移终点的可触知性参数不同造成的。如"人们涌上街头"和"恐惧涌上心头"，前者的可触知性高，表达现实位移，后者的可触知性低，表达虚拟位移。

4.2.2 因表敬动词的使用而构成的虚拟空间位移事件

（36）对于阁下英勇战斗的表现，谨致上敬意！（田中芳树《银河英雄传说》）

（37）我愿为我国煤炭工业发展奉献上自己的青春。

(《人民日报》1994年)

（38）电报员跨进办公室，双手呈上一份电报。（罗广斌《红岩》）

（39）父亲一挥，双手递上一个红纸包"请先生笑纳"。（《报刊精选》1994年）

例句中"致上敬意""奉献上青春"因"敬意""青春"是可触知性低的物象而构成的都是虚拟空间的位移。这类位移事件，也可以是现实位移与虚拟位移并举。事件中的位移主体可发生虚拟空间上的位移。如例（36）（37），也可发生物理空间上的位移，如例（38）（39）。但二者有一个相同点，都表达心理空间自下而上的位移。

4.3 两类事件之间的联系

动趋式"V上"可表示物理空间位移事件和虚拟空间位移事件。在物理空间位移事件中，位移主体和终点都是可触知性比较高的物象，其位移都具有可见的位移路径，都表示位移主体自下而上或水平方向的位移。虚拟空间位移事件的位移路径是知觉路径，具有不可见性，因而表达的是抽象位移。根据其位移主体和位移终点的可触知性高低可分为两类：一类为可触知性比较低的物像，位移主体可能是某种感觉等，位移终点是抽象化了的场所，是典型的抽象类虚拟位移；另一类为可触知性比较高的物像，一般表示真实的位移，其特点是心理空间上的自下而上的位移，具有尊敬义，是隐喻的结果，也是虚拟位移。

五、结论

　　动趋式"V上"的趋向义是一个方向上由垂直到水平的连续统，可表垂直，也可表水平，这与动词的方向性和宾语的形状有关。能进入该结构的动词是有限的，大多为位移动词，主要有自移动词和他移动词。通过对动趋式"V上"句法语义特征的考察，我们得出位移路径和位移终点是其必有语义要素，故形式上必须带处所宾语或表示主观方向的"来/去"方可成立。动词"上"可单独表示位移路径，是位移事件得以完成的核心，动词V主要表示位移的方式或使因，是位移事件的副事件。动词V和"上"的结合松散，"上"明显地保留了其动词性。语义成分之间的结构关系反映了现实事件之间的关系，我们可以把动趋式"V上"看成是一个组合性的述补结构。就事件表达来说，动趋式"V上"可表达物理空间位移和虚拟空间位移两种位移事件。其中物理空间位移事件是原型，虚拟空间位移是隐喻的结果。

参考文献

[1] 常娜（2016）"V上"结构的语义体系及认知机制，《汉语学习》第5期。

[2] 崔希亮（2004）汉语介词与位移事件，北京大学博士学位论文。

[3] 范立珂（2012）"V来"和"V到"的替换条件及认知动因，《汉语学习》第1期。

[4] 蒋绍愚（2011）V上和V下，《杭州师范大学学报（社会科学版）》第4期。

[5] 阚哲华（2010）汉语位移事件词汇化的语言类型探究，《当代语言学》第2期。

[6] 任鹰、于康（2007）从"V上"和"V下"的对立与非对立看语义扩展中的原型效应，《汉语学习》第4期。

[7] 宋文辉（2007）《现代汉语动结式的认知研究》，北京：北京大学出版社。

[8] 曾传禄（2014）《现代汉语位移空间的认知研究》，北京：商务印书馆。

[9] 张黎（2007）汉语位移句语义组合的认知类型学解释，见张黎、古川裕、任鹰、下地早智子主编《日本现代汉语语法研究论文选》，北京：北京语言大学出版社。

[10] Chu Chengzhi (2004) Event Conceptualization and Grammatical Realization: The Case of Motion in Mandarin Chinese. University of Hawii. PH.D. dissertation.

[11] Talmy, L. (2000a)*Toward a Cognitive Semantics, Volume I: Concept Structurting System*. Cambridge, Massachusetts: MIT Press.

[12] Talmy, L. (2000b) *Toward a Cognitive Semantics, Volume II: Typology and Process in Concept Structuring*. Cambridge, Massachusetts: MIT Press.

感官感知动词"V到"与"V见"的异同*

鲁志杰

〇、引言

有关语言中感官类动词的问题已获得学者们的深层次关注，特别是对感官动词分类的讨论。赵彦春、黄建华（2001）根据语言模块性（linguistic modality）[①]特征，区分了英语中三类感官动词，即感官动作动词（look，listen）、感官感知动词（see，hear）、感官联系动词（look，sound），分别以意图（intent）、结果（result）、状态（state）为主要语义因子。Gisborne（2010）以动词所在句子中主语的语义角色为依据，将英语中的感官动词分为施事动词（agentive verbs）、经受动词（experiencer verbs）[②]

---

* 原文发表于《汉语学习》2018年第6期。

① Chomsky（1986）认为语言的机制具有模块性，是人类认知模块中的重要组成部分。这里的模块性指的是句法和语义关系上的聚合性特征。

② 经受感官动词感知行为的主语是经验感受者（subject experience something），引导的句子可以转化为补语从句（complementary clause），如：
  a. I saw the flowers.
  b. I saw the flowers had grown.（转引自 Gisborne，2010）
施事感官动词与经受性的感官动词的区别在于意图性，施事性的感官动词的主语可以有意地发出感知动作，因此可以和"有意地、故意地、蓄意地"

和感官系动词（percept verbs）① 三类。结合汉语的自身特点，不同于高再兰（2012）的观点②，我们认为，现代汉语的感官动词分为以下两类：一是感官动作动词，如"看""听""碰""闻"等，感知动作的主体主动施事性较强，可有意识地选择感知的对象和方式；二是感官体认动词，如"看见""听见""闻起来"等，感知行为的主体体验性较强，所体验的对象多会呈现出结果和状态的语义特征。本文所要研究的对象是感官体认动词中的"V到"与"V见"，"V起来"等表达形式不在所讨论的范围之内。

对于汉语"V到"与"V见"的相关研究，主要集中于近义词和近似结构的比较。黄居仁、洪嘉馡（2005）论述了近义词组"看"与"见"、"触"与"摸"的区别，范立珂（2012）区分了"V来"与"V到"的认知方式，认为"V来"的认知方式是：[+简括扫描][+散点透视]；而"V到"的认知方式则为[+渐次扫描][+焦点透视]。张磊（2006）对英语和汉语中视觉动词的语义特征进行了对比分析，认为"看"和"look"具有[+意图性][-结果性][+状态性]特征，而"见"和"see"具有[-意图性][+结果性][+状态性]的特征。

（deliberately）这样的词相融。例如：
    a. He was deliberately listening to the music.
    b. !He deliberately heard the flat note.（转引自 Gisborne，2010）
① 感知行为的主语是所感知的对象，感官系动词后可出现表语的补足语。例如：
    a. Dinner looked nice.（转引自 Gisborne，2010）
② 高再兰（2012）认为汉语的感官动词也符合赵彦春、黄建华（2001）对英语感官动词的分类，即分为感官动作动词（"看""听""摸""闻"等）、感官感知动词（"看见""听到""摸到""闻见"等）和感官系动词（"听起来""看起来""摸起来""闻起来"等）。

在形式上，"V 到"与"V 见"源于动补结构的进一步语法化，一定程度上受到了汉语双音化趋势的影响，但历时的发展有所不同。"到"在先秦时期是作为不及物动词使用的，表示"到达"的语义，魏晋南北朝时期，出现了位于动词之后的情况。例如：

（1）一匡天下，民到于今受其赐。（《论语·宪问篇》）

（2）术走襄邑，追到泰寿，决渠水灌城。（《三国志·魏书》）

"V 到"联系更加紧密，太田辰夫（1987）认为，魏晋时期的"到"仍是动词，处于复合动词的后面一部分。发展到现代汉语，"V 到"后可接谓词性的宾语。例如：

（3）凤举听到要派他到上海去，却为难起来。（张恨水《金粉世家》）

"见"由视觉动作动词，发展成为构词成分，用以凸显行为动作的结果，强调看的目的，接触的媒介"视线"义已经消失，不再是"对于事物影像的接收"（黄居仁、洪嘉馡，2005），词义的适用范围不断扩大，衍生出许多词，如"待见""想见""撞见""闻见"等。

现代汉语感官感知动词中的"V 到"与"V 见"有多种形式[①]，单是视觉类的就有"看到/见""望到/见""瞧到/见""瞅到/见""窥到/见""瞥到/见"等，根据词语的典型性和使用频率，本文从人类的五大感官功能（视觉、听觉、触觉、嗅觉和

---

① "V 到"与"V 见"的形式中，有的并未在词典中获取词的地位，但在这里我们姑且都当为词来看待。

味觉）中，各选取一个动词，对"V 到"与"V 见"进行对比分析，即主要讨论"看到、看见""听到、听见""碰到、碰见""闻到、闻见"和"尝到、尝见"这几对词语的异同。

感官感知动词中的"V 到"与"V 见"有的时候可以替换使用。例如：

（4）国民党对我这种人，的确很头痛，因为他们从来没碰到过像李敖这种敌人。（可替换为"碰见"《李敖对话录》）

（5）这时候，从我身后冒出来一只麋鹿，我一点也不吃惊，因为我们这边森林里有很多麋鹿，这只大麋鹿一定是闻见了甜饼和果汁的香味，才跑过来。（可替换为"闻到"《读者》）

替换条件是什么？它们的分布和适用条件有何异同？"V 到"与"V 见"这种差异的机制是什么？本文拟在语料调查的基础上对感官感知动词中的"V 到"与"V 见"这两种结构进行对比分析，重点分析"看到""听到"与"看见""听见"的差异，探寻差异的制约因素和内在动因，并试图做出一定的解释。

一、"V 到"与"V 见"的语义分析

根据 Vendler（1967）通过动词的表现情状，对动词的分类：1）状态（state），2）活动（activity），3）完结（accomplishment），4）达成（achievement），"V 到"与"V 见"是属于动词分类系统中的"达成"类动词，自然语言的表达中有时会交替使用"V 到"与"V 见"，这说明了二者在意义上具有相通性。例如：

（6）清醒过来时，她听见了咳嗽声，闻到了熟悉的烟味儿。（《当代世界文学名著鉴赏辞典》）

我们将从语义特征和语义多义性两个方面分析"V到"与"V见"的异同。

1.1 语义特征

对于"V到"中"到"的用法，吕叔湘（1999）指出有以下四种，"1）表示动作到达目的或有了结果，2）人或物随动作到达某地，3）动作持续到什么时间，4）动作或性质状态到达某种程度"。胡裕树、范晓（1995）区分了两种"V到"：一是能回答三种提问的形式，即"V到何处""V到何时""V到何程度"，二是可以回答"V到什么"，前者表示"到达"的语义，后者表示"着落"的语义，"着落义是到达义演化、引申、虚化而来的，主要用来说明动词所表示的动作的情态"。

我们认为，"到"具有[+到达][+位移]的语义特征，既可以表示动作的到着，也可以表示事件的时间截止，"V到"后可以与表处所、程度、性状的词进行组合。例如：

（7）a. 他看到很晚。（动作持续到什么时间自省语料）
　　b.*他看见很晚。

（8）a. 听到这里，她哭了。（动作到达哪一阶段自省语料）
　　b.*听见这里，她哭了。

（9）a. 屡次三番，心不在焉，碗上悬放的筷子不免被碰到地上。（到达某地，陈染《私人生活》）
　　b.*屡次三番，心不在焉，碗上悬放的筷子不免被碰见地上。

(10) a. 我们感到很亲切，仿佛闻到中华文化的浓醇，远在异国他乡的孤独之感消失了。（动作感知的结果，《人民日报海外版》2001 年）

b.* 我们感到很亲切，仿佛闻见中华文化的浓醇，远在异国他乡的孤独之感消失了。

(11) a. 市场经济使传统的农民真正尝到了酸甜苦辣。（动作结果的性状，《报刊精选》1994 年）

b.* 市场经济使传统的农民真正尝见了酸甜苦辣。

由上述的例句我们观察到：表达 [+ 到达] 和 [+ 位移] 的语义时，"V 到"与"V 见"不能替换，只能使用"V 到"。

对于"V 见"的"见"，伍依兰（2006）认为是由表示视觉的"看见"义，扩展为"看""听""闻"等感官动词的补语，这一用法源于"通感引申"①，我们则认为，视觉感知是人类认识和理解世界的主要途径和媒介，"见"从视觉向其他目标模式进行映射，是人们通过对已认识的具体事物的认知模式去建构对其他事物的认知模式，因此是一种隐喻，表达 [+ 感觉到] 的语义时，"V 到"与"V 见"可以替换使用。例如：

(12) 我说"火"，这个"火"代表"物体燃烧时发出的光和焰"，你听到"火"这个词也就知道它代表什么。（徐通锵《语言学纲要》）

例句（12）中的"听到"可以换为"听见"，在语义表达上二者没有差别。

---

① 通感引申指的是，人体的不同感觉器官所产生的相似的感知体验，通过感觉的迁移而引申出新的意义。

1.2 语义多义性

1.2.1 "看到"与"看见"

"看"可以表示行为动作本身,与"见"和"到"搭配后形成动补结构,用以表示动作的结果。"看到"与"看见"都可表示视觉上"看"的结果义,具有 [+ 考虑到] 语义时,二者可以替换使用,如:

(13) 只<u>看见</u>资源,没<u>看到</u>市场,资源于是成为束缚思维的枷锁。(《人民日报》1993 年)

"看到"有自己的特殊用法,表示"观察到""认识到""得出……样的结论"的意义,体现为一种获取信息所形成的认知过程,不能替换为"看见"。例如:

(14) 我们鼓励作者自由发挥,在"人物特写"这个栏目里你能清楚地<u>看到</u>这一点,作者的声音和被访者的个性常常互相碰撞,相映成趣。(*看见,《卓越媒体的成功之道:对话美国顶尖杂志总编》)

1.2.2 "听到"与"听见"

"听到"与"听见"在表达对物理声音的感知时可以替换使用,如:

(15) a. 这个式样是测你<u>听见</u>声音后反应有多快。(陈瑾瑾《简单、选择与辨别反应时》)

b. 当你<u>听到</u>声音后你就尽快放开手指。(陈瑾瑾《简单、选择与辨别反应时》)

上述例句中的声音是动作听的结果,即获得声音的描述,因此二者互换后不会影响句子的语义表达。

"听到"具有[+听说]和[+听闻],"听见"没有这样的用法,不能进行替换。例如:

(16)没见到王永良之前,已经听到不少说法。(*听见,《人民日报》1993年)

1.2.3 "碰到"与"碰见"

表达[+遇见]的语义时,"碰到"与"碰见"可以替换,如:

(17) a. 她们沿着小巷朝码头走去,没有碰到一个人,连狗也没碰见。(迟子建《岸上的美奴》)

b. 她们沿着小巷朝码头走去,没有碰见一个人,连狗也没碰到。

此例句表示的语义为"没有遇到一个人,连狗也没有遇到",二者可以互换。

"碰到"可以表达其基本的意义,即[+碰触]和[+触及]义,这时不能与"碰见"替换使用。例如:

(18)将膝盖提到四十五度角,双脚做蹬车的动作,左脚踝要碰到右膝,接着再用右脚踝去碰左膝。(*碰见,《懒女孩的美丽指南》)

1.2.4 "闻到"与"闻见"

表达对具体气味的感知时,"闻到"与"闻见"可替换使用,如:

(19) a. 王碧云经过父亲身边的时候,闻到了酒味儿。(影视作品《云水谣》)

b. 我弯腰去拉时，闻见了一股酒味，知道他不是中风，是喝醉。（陆文夫《人之窝》）

Viberg（1984）表明，跨语言的感知动词遵循一定的感知层次模式：

触觉
视觉〉听觉〉味觉
嗅觉

"闻见"具有 [+ 听闻] 义，这与"闻"的用法有关，在古代汉语中"闻"的基本语义为"听"，这一用法在现汉语成语和方言中依然保留，如"远近闻名""闻名遐迩"，唐山方言表达用鼻子嗅的"闻"时，用的是"听"。

（20）a. 你闻闻什么味儿啊？（汉语普通话）
　　　b. 你听听什么味儿啊？（唐山方言）

俄语表示"听"的动词与表示"气味"的名词合用表示"闻"，由此可见，一个较为高级的感知动词通常可以用作低层次的知觉形态，反之则不可。

表达 [+ 听闻] 和 [+ 所听所见] 的语义时，"闻见"不能替换成"闻到"，如：

（21）根据笔者的闻见，他对党内及社会上的腐败现象疾恶如仇，常以"孤陋寡闻有益健康"的愤激之语出之，表露出深沉的忧虑。（*闻到，《人民日报》2000 年）

1.2.5 "尝到"与"尝见"

在表达味觉"吃"的结果义时，我们通常只会使用"尝到"，检索 CCL 语料库，我们发现"尝见"[①] 只表达 [+ 曾见到] 义，如：

（22）今人作长律则非典不能下笔矣，<u>尝见</u>一诗八十四韵，而用典至百余事，宜其不能工也。（胡适《文学改良刍议》）

总的来说，表达 [+ 感觉到] 的语义时，"V 到"与"V 见"可以替换使用，表达 [+ 到达] 和 [+ 位移] 的语义时，不能替换，只能使用"V 到"。

二、"V 到"与"V 见"的句法差异

功能语言学认为语义和句法功能具有互动关系，语义特征会对句法结构产生制约，不同的语义特征会有不同的句法表现。下面我们将讨论"V 到"和"V 见"在句法上的差异。

2.1 "看到"与"看见"

"看到"前经常会出现助动词"要""应当""应该""必须"等，有时前面还会出现"在……中""在……里"这样的框式介词[②]，"看见"没有这样的用法，不能替换使用。例如：

（23）一个历史源远流长的国家，自然拥有丰富的软实力资源。但是<u>应该看到</u>，软实力资源并不等同于软实力。（*看见，《卓越媒体的成功之道：对话美国顶尖杂志总编》）

---

① 现代汉语中不存在表示味觉的"尝见"，因此我们不将其与"尝到"做比较。

② 刘丹青（2003）将这一类由前置词和后置词临时配合进行使用的成分称为框式介词，并指出框式介词在汉语中体现为一种句法概念。

（24）从这个比较表中我们可以看到，长臂猿的叫喊和蜜蜂的舞蹈动作是动物界比较高明的交际方式。(*看见，《人类语言和动物语言的主要差异》)

"看到"更为特别的地方还在于可以在"把"字句中做致使或处置动词，此时也不能替换成"看见"，如：

（25）你回去就看这谷子粒，能把这谷子粒看到有土豆那么大，我再教你练别的。(*看见，李文澄《努尔哈赤》)

（26）把一幅图画给孩子看，要求他把每个部位都看到。结果我们会发现，他比大人用的时间多。(*看见，《儿童心理》)

（27）读书最重要的一点是由于你的博学，能够把很多问题看到窍门那个地方去。多读书是很重要的。(*看见，《李敖对话录》)

"看见"是动结式固定搭配，它的语法化程度更高，在词典中已取得词的地位，而"看到"的黏着性较弱，语义融合程度较低。例如：

（28）a. 这本书我已经看到第三十页了。(*看见，自省语料)
　　　b. 我看这本书已经看到第三十页了。
　　　c. 我看这本书已经到第三十页了。

2.2 "听到"与"听见"

"听到"与"听见"后可接表示声音性的成分，如"笑声""叹息"等。"听到"后多数情况会出现表示"传闻""说法""消息"

等抽象性的宾语，倾向于表示获得某种信息，这时不能替换成"听见"。例如：

（29）民法是具体宪法架构下的具体的民法。相信人们经常听到这样的说法：民法就是要讲各种主体平等，没有平等就不是民法。（*听见，《物权法（草案）》）

2.3 "碰到"与"碰见"

在句法上，"碰到"与"碰见"后都可加表示次数的宾语，如：

（30）a. 除了她一人是"专业队员"，其他选手都是在校大学生，他们一个星期碰到一次。（《报刊精选》1994 年）

b. 偏偏又同住一个都会，久不久会碰见一次。（亦舒《紫薇愿》）

"碰到"后常搭配"问题""机会""麻烦""变动"等抽象的词语，"碰见"后有时也会与"情况"和"怪事"进行组合使用，但"碰到"后可以出现数量成分，表示程度。例如：

（31）我们不小心碰到女人一下，感觉到了，就心满意足了。（李敖《李敖对话录》）

例句（31）中的"碰到"不能换成"碰见"，上文提到"碰见"不表示 [+ 碰触] 和 [+ 触及] 的语义。

2.4 "闻到"与"闻见"

"闻到"与"闻见"都可后接小句，表现为"处所名词+动词+宾语"，有时中间的"动词"成分可以省略，如：

（32）a. 努尔哈赤闻到她身上有一股异香传来，不觉心底掀起波澜，真想上去一把抱住这位绝色美人。（李文澄《努尔哈赤》）

b. 他闻见她身上透出衰老的躯体特有的那种气味。（《残雪自选集》）

二者可以与具体的味道、气味进行组合，"闻到"经常与"火药味"搭配，而这种用法在"闻见"中罕见①。例如：

（33）1966年盛夏时节，正值"文革"运动刚刚开始，敏感的人们已经闻到了令人窒息的火药味。（张佐良《周恩来保健医生回忆录》）

2.5 "尝到"与"尝见"

在现代汉语中，对于味觉上的感知，我们普遍使用"尝到"，"尝见"这个词很特殊，相比较上述的其他词汇，它没有发展出味觉感知的用法。"尝到"经常与"滋味""甜头""乐趣"等抽象性的词语搭配使用，后面可以带主谓性的结构。例如：

（34）我作为一名汽机运行值班工，也算尝到了企业知

---

① 通过对北大CCL语料库的统计，我们共找到1545条"闻到"的例句，"闻见"的例句只有276条，其中"闻到"与"火药味"的搭配有108条，而"闻见"与"火药味"的搭配只发现一条。例如：

夏东海听见是女儿，想趁此机会跟她说几句："小雪，自己的事情要自己学着做嘛。"其实，夏雪不是不想学，只是上一次把衣服烫了个大洞以后，就再不敢动手了。刘梅闻见了火药味，赶快温柔地说："我马上给你烫，明天上学穿，是吗？"（情景剧《家有儿女》）

可见，"闻到"的使用频率更高，在具有隐喻性描述的文本内，我们更倾向于使用"闻到"。

<u>名度的好坏是个什么滋味。</u>(《报刊精选》1994年)

感官感知动词中的"V到"和"V见"在句法上的总体表现是：内部允许插入"不"和"得"，前面可被"所"[①]修饰，可以带时态助词"过"和"了"，由于"V到"和"V见"表达一种结果义，与"着"表示进行的语义相冲突，多数情况下不会带"着"，"V到"可用来表达动体位移，因此后面的成分可以是表处所、程度、性状的词，"V到"的适用范围比"V见"要广。

三、差异的生成机制与意象图式

我们的认知与外部世界是互动的关系，卡尔文（1996）指出动物和人都需要更多的感觉模板，前者是为了搜寻捕食对象的图像和声音，后者则为了避免将不同的个体混淆起来。我们认为，外部世界的刺激会作用于人的感觉感官，从而形成对个体事物的感知，人们会通过自身的经验和主观上的认识对事物的属性进行解释，从而在大脑中对其进行整体上的感知。

对于一些细微的差异，从语义和句法上很难做出有效的解释，因此，在探究句法结构差异的形成机制时，还需考虑语用和认知因素的影响。

3.1 差异的形成机制

3.1.1 主动感知和被动感知

人类对视觉信息的处理，张磊（2006）认为可分为两个阶段，

---

① 《语法调查研究手册》指出，"所"不但有名词化功能，还具有补足语标句词的作用。

即完全自动的阶段和主动的阶段①，汉语感官感知类动词差异的形成与此有关。

（35）"喂！你是要考研究生吗？"他<u>听见</u>那姑娘对着他的耳朵喊，她的几丝纷飞的鬓发似乎触着了他的脸颊。（听到，张承志《北方的河》）

"V到"和"V见"都可以用于被动感知，如上述的例句（35）中"听见"可替换为"听到"，表达被动感知；在用于主动感知时，"V到"不能替换为"V见"，如：

（36）这个消息马上被魏兵的探子<u>听到</u>了，赶快去告诉魏将。（*听见，《中华上下五千年》）

（37）一个教授向学生展示一个不透明的玻璃瓶。随后教授告诉大家瓶中有一种恶臭液体，请<u>闻到</u>恶臭的同学举手。实际上瓶里什么都没有，但是学生受到了暗示都信以为真了。（*闻见，郭秀艳《心理实验指导手册》）

例句（36）中的"探子"是积极主动地去打探消息的，"听到"不能换为"听见"，是主动的感知；例（37）中的玻璃瓶中是没有味道的，恶臭只能主动地感知，"闻到"不能与"闻见"替换。

在对"V到"和"V见"的调查中，我们发现了"主动感知"和"被动感知"存在共存的现象。例如：

---

① 完全自动的阶段指的是感知者不可控的、被动的感知过程，不需要投入心力便可获得；主动的阶段是指，感知者需花费精力、积极主动地完成才可获得。这两个阶段可以简单地描述为"被动感知阶段"和"主动感知阶段"。

(38) 今年春节前夕，年近六旬的环卫女工宋美英气喘吁吁跑到宿青平的办公室说："宿书记，我来了三趟都没碰到你。你这么关心我们，这一段时间我老睡不着，不来看看你，过年都不踏实。"（碰见，《人民日报》1996年）

上述例句（38）中，对于环卫女工宋美英来说，她是在进行"主动感知"，为此去了很多次宿书记的办公室，而对于宿青平来说，他是在进行"被动感知"，当宋美英到办公室和他交谈时，他也被动地感知到了宋美英，例句中"碰到"可换为"碰见"。可见，除了主动与被动的感知还存在其他的制约因素。

3.1.2 外界刺激与主观判断

根据张磊（2006），感知的作用力有两个方向："由外向内的'视觉驱动力'（外界刺激对我们产生影响）和由内向外的'概念驱动力'（我们的判断影响我们自身对外界的感知）"，他认为"视觉驱动力"是人们无法控制的，在汉语中常采用表结果的视觉动词"见"来表达。

在我们看来，汉语感官感知类动词的"V到"主要是用于表达主观判断，是由内向外的感知；而"V见"则多表达外界刺激，是由外向内的感知，如：

(39) 这几年来，此类舞蹈作品，早已难得看见了，尤其是电视上看舞蹈，多是为歌曲"镶花边"的伴舞。（？看到，《人民日报》1993年）

(40) 尽管"买保险"尚未成为每一位中国百姓经济生活中的重要内容，但烽烟四起的中国保险市场使人们闻到了些许多火药儿。（*闻见，《报刊精选》1994年）

例句（39）表达的是由外向内的"视觉驱动力"，外界舞蹈的刺激会对我们的感知产生影响，由此有了后面"一些舞蹈是歌曲的伴舞"的进一步判断，在表达外界刺激时，有的"看见"不能换为"看到"。例句（40）中的"闻到"不能替换成"闻见"，中国保险市场不存在火药，这里只是一种隐喻，表达的是人们的主观判断。

3.1.3 施事在场与非在场

言者（或施事性主语）在场时，倾向于使用"V 见"，"V 到"既可以用于在场表达，也可以用于非在场，如：

（41）成人还要教育幼儿看到自己的长处、短处，能够取长补短，当自己失败时也不自卑。（*看见，《论如何培训幼儿的自信心》）

（42）你说得对，我的确怕听见人提起幸福，正因为我已经没有得到幸福的希望了。（听到，巴金《家》）

例（41）中言者（施事性主语）是非在场的，因此，"看到"不能替换为"看见"，而例句（42）表达的是在场的信息，既可以用"V 到"，也可以使用"V 见"，句中的"听见"可以与"听到"替换。

综上，我们认为现代汉语感官感知动词中的"V 到"与"V 见"差异的影响因素和形成机制有：句法结构、语义特征、语用表达和认知因素，如表1所示：

表1 "V到"与"V见"的可替换制约性条件

	句法		语义				语用		认知	
	抽象性宾语	感觉到	动体位移	语义范围	被动感知	主动感知	施事在场	施事非在场	外界刺激	主观判断
V到	多	+	+	大	+	+	+	+	+	+
V见	少	+	−	小	+	−	+	−	+	−

3.2 "V到"和"V见"的意象图式

语法规则和语义结构之间存在着一定的对应关系，对于语义结构，我们可以通过意象图式模式（images chema model）来进行描写，"V到"与"V见"的意象图式在物理空间和心理空间是相同的，但是在言语空间上存在差异。

3.2.1 感知类动词"V到"和"V见"的物理空间和心理空间的意向图式

意象图式是人类重要的认知模式，为描写语言结构由认知语言学提出，它是人们基于自身经验所形成的认知结构，可通过隐喻的方式投射到其他认知域中。我们的感官所触及的范围是受诸多因素限制的，Lakoff & Johnson（1980）指出，有限的物理空间可视为容器（VISUAL FIELDS ARE CONTAINERS），可将这种观点进一步扩展：被感知者从容器之外进入容器内，在我们的感知范围内被感知。感知类动词的物理和心理空间图式可描述为：行为的发出者—感知方式—（容器内的）实体—感知的结果。

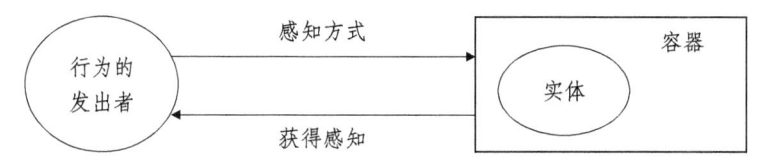

图 1　现代汉语感知类动词的物理、心理空间图式

（43）弹片击穿玻璃后碰到对面的石墙壁落到地上。(《报刊精选》1994年)。

（44）我一个人孤零零在院里溜达,深深尝到了政治歧视的厉害。（冯骥才《百人十年——忏悔》）

例句（43）的动作发出者"弹片"通过触觉这一物理接触来对容器（"对面的石墙壁"）内的物体进行体验感知,个人的体验可由外在感觉器官的感知变为内在的心理层面上的感知,例（44）中的动作发出者"我"通过心理层面味觉的方式,对感受进行体验感知。

Talmy（2000）认为,各种作用力（物理的、心理的或社会的）都会对语言交际参与者施加影响,我们认为感知的作用力包含自内向外的"概念驱动力"（我们的判断影响对外界的感知）和自外向内的"感觉驱动力"（外界刺激对我们产生的影响）两个方向,如图1所示。龚萍（2010）揭示了这样一条人类语言的认知共性:"词语语义由具体的感官体验向抽象的精神活动领域进行隐喻投射。"

3.2.2 感知类动词"V到"的言语空间意向图式

汉语感知类动词的言语空间图式为:行为的发出者—容器内的实体—感知方式—感知到的内容。例如:

（45）通过后一位同学的经历，我们可以看到，如果在人际关系方面存在困难时，仅仅靠调宿舍等被动逃避的方法是不能根本解决问题的。（《大学生心理卫生与咨询》）

例（45）中的"看到"表达的是因果关系的推论，即可以从前面叙述的内容中，推理或得出后面的结论，凸显的是获取的信息，在言语上，可达到一种透过现象看本质的认知。

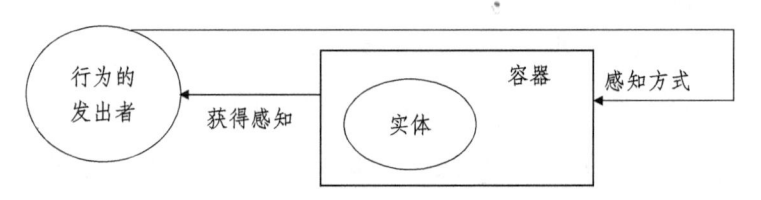

图2 现代汉语感知类动词的言语空间图式

石毓智（2011）提到，"很多语法规则是现实规律通过人的认知在语言中的投影"，根据时间顺序性原则，"看到"的前面经常会出现框式介词"在……中""在……里"，因此，其认知的顺序性为"容器内的实体—感知方式"，这一点有别于其物理空间图式。

综上，现代汉语感官感知动词"V见"的意象图式的投射方向为：物理空间—心理空间；"V到"意象图式的扩展过程为：物理空间—心理空间—言语空间，其语义虚化过程为：感知行为义—因果推理义。使用原有的表达方式传递以前未曾负载过的信息，体现了语言交际的丰富性。

四、结语

现代汉语感官感知类动词"V 到"与"V 见"是意义上相近的结构,目前学者们对此的研究相对薄弱。

"V 到"与"V 见"的共性体现在都可表达对信息的感知,表达[+感觉到]的语义时,"V 到"与"V 见"可以替换使用;表达[+到达]和[+位移]的语义时,不能替换,只能使用"V 到"。在句法上,"V 到"和"V 见"的内部允许插入"不"和"得",前面可被"所"[①]修饰,可以带时态助词"过"和"了",一般不与"着"共现,"V 到"可用来表达动体位移,可以与表处所、程度、性状的词组合,"V 到"的适用范围比"V 见"要广。

认知与外部世界是互动的关系,词语的多义性、语义特征等是"V 到"和"V 见"在句法结构上具有差异的影响因素;主动感知和被动感知、外界刺激与主观判断、施事在场与非在场是"V 到"与"V 见"差异形成的内在机制。

语法规则和语义结构存在着一定的对应关系,感知类动词"V 到"和"V 见"具有相同的物理空间和心理空间的意向图式,表现为:行为的发出者—感知方式—(容器内的实体)—感知的结果。"V 到"还进一步向言语空间进行了投射,其意象图式的扩展过程为:物理空间—心理空间—言语空间,语义由感知行为义虚化为因果推理义。

汉语的感官感知类动词,是人的大脑对外部世界进行认知的

---

① 《语法调查研究手册》(刘丹青编著,2017)指出,"所"不但有名词化功能,还具有补足语标句词的作用。

需要,更是人们感知世界的方式。通过对事件结构的分析,将有助于加深人们对认知与外部世界互动的理解,此研究在一定程度上将有利于对外汉语教学实践。

参考文献

[1] 范立珂(2012)"V 来"和"V 到"的替换条件及认知动因,《汉语学习》第 1 期。

[2] 高再兰(2012)"看/听"从感官动词到小句标记语法化的类型学研究,《语言科学》第 5 期。

[3] 龚萍(2010)汉语"听"的认知语义分析,《语文学刊(教育版)》第 7 期。

[4] 胡裕树、范晓主编(1995)《动词研究》,郑州:河南大学出版社。

[5] 黄居仁、洪嘉馡(2005)感官动词的近义辨析:词义与概念的关系,第六届汉语词汇语义学研讨会(厦门大学)论文。

[6] 刘丹青(2003)《语序类型学与介词理论》,北京:商务印书馆。

[7] 刘丹青编著(2017)《语法调查研究手册》,上海:上海教育出版社。

[8] 吕叔湘(1999)《现代汉语八百词(增订本)》,北京:商务印书馆。

[9] 石毓智(2011)《语法化理论——基于汉语发展的历史》,上海:上海外语教育出版社。

[10] 太田辰夫(1987)《中国语历史文法》,蒋绍愚、徐昌华译,北京:北京大学出版社。

[11] 威廉·卡尔文《大脑如何思维:智力演化的今昔》,杨雄里、梁培基译,上海:上海科学技术出版社。

[12] 伍依兰(2006)说"见"作补语,《云南师范大学学报(对外汉语教学与研究版)》第 5 期。

[13] 张磊（2006）汉英视觉动词语法化的认知研究，中央民族大学博士学位论文。

[14] 赵彦春、黄建华（2001）英语感官动词模块性的语义分析——认知词典论对词库的描写，《解放军外国语学院学报》第4期。

[15] Chomsky, Noam (1986) *Knowledge of Language: Its Nature, Origin and Use*. NewYork: Praeger Publishers.

[16] Gisborne, Nikolas (2010) *The Event Structure of Perception Verbs*. Oxford: Oxford University Press.

[17] Lakoff, George & Mark Johnson (1980) *Metaphors we live by*. Chicago: The University of Chicago Press.

[18] Talmy, Leonard (2000) *Toward a Cognitive Semantics, VolumeI: Concept Structuring Systems*. Cambridge, Massachustees: The MIT Press.

[19] Vendler, Zeno (1967) *Linguistics in philosophy*.Ithaca: Cornell University Press.

[20] Viberg, Ake (1983) The Verbs of Perception: A Typological Study. *Linguistics*2 (1).

汉语句法、重音、语调
相互作用的语法效应*

冯胜利

一、现象与观察

1.1 并列连词"而"的消失

现代汉语的语法不允许用和古汉语"而"相当的连词"和"字来联结两个动词谓语[①]。譬如古代汉语：VP 而 VP

（1）a. 学而时习之，不亦说乎？（《论语·学而》）
　　　b. 道千乘之国，敬事而信，节用而爱人，使民以时。（《论语·学而》）
　　　c. 夷狄之君诱中国之君而杀之。（《谷梁传·昭公十一年》）
　　　d. 崔武子见棠姜而美之。（《孟子·梁惠王》）

---

* 原文发表于《语言教学与研究》2017 年第 3 期。
① 注意：有些古汉语的"而"并不跟现代汉语的"和"相当，其连接范围不仅有并列，也有承接、转折、致使、因果等用法。本文不涉及并列以外的"而"字的用法。事实上，根据本文的理论，这些不同的用法都是并列变偏正的结果。兹事甚大，当另文专述。笔者感谢施春宏先生给本文提出这个问题。

现代汉语：*VP/S 和 VP/S

(2) a.* 我昨天买和吃了一碗饺子

b.* 学和不断地练那种技术，就能成功①。

c.* 我知道 [张三喜欢茶和李四喜欢咖啡]。

根据上面的例子，我们可以得出这样的结论：古汉语中的连词"而"在从古到今的语法变化道路上，消失了②。有趣的是，上古汉语和英文却有相似之处，它们都允许 VP and VP 结构。请看（参 Truckenbrodt，2007：435—456）：

(3) a.Mary will sing/and John will play his piano. 玛丽将会唱歌和约翰将会弹琴。

b.I hope that Mary will sing（/）and John will play his piano. 我希望玛丽将会唱歌和约翰将会弹他的钢琴。

c.Bill believes his father was bigger than his mother/and his mother was older than his father. 贝尔相信他爸爸比他妈妈壮和他妈妈比他爸爸老。

---

① 如果这句话说成"那种技术要一边学，一边练（就能成功）"或"又学又练就能成功"就可以了，但"一边……一边……""又……又……"是特制性的停顿标记，正好说明正常的 VP&VP 间不容停顿。当然，如果这句话说成"学习并不断地练那种技术（定能成功）"也可以，但"学习"和"并"都不是口语成分，因此不再是口语语法。这里讨论的是口语语法，不是正式体语法。参下文第 4.4 节。感谢施春宏教授提出的问题与建议。

② 这并不排除"而"在正式语体语法里面的使用（如"心理学家告诉我们文学思维用想象而科学思维用逻辑"），口语不说："妈，* 小张喜欢茶而小李喜欢咖啡！"

只是现代汉语的 VP 不能用"和 = 而 =and"来连接。比较下面的例子,更可看出现代汉语和古代汉语及英文之间的不同:

(4) a. 我冲上前去将木盒搬下来。(残雪《罪恶》)
b. I rushed up and took the box down.(Canxue,2006)
c. *我冲上前去和将木盒搬下来①。
d. 楚子诱戎蛮子,杀之。(《春秋·昭公十六年》)
夷狄之君诱中国之君而杀之。(《谷梁传·昭公十一年》)
e. *武工队骗特务和杀了他们。

现代汉语"我冲上前去将木盒搬下来"可以是一个句调,但翻译成英文时就必须加一个"and",句子分解成两个语调短语(intonation phrases)。古汉语 [诱……杀……] 可以用"而"连接,中间也可以有一个停顿(标点时用逗号隔开),但现代汉语不能说"*骗敌人和杀了他"。杨荣祥(2010)说,上面古汉语例子里面的"而"字相当于一个语气停顿,揭示出了古文的语调语法。问题是:为什么现代汉语不允许动词短语的并列(*[VP 和

---

① 有人可能认为"和"是并列连词而非"连动"的标记,所以(4c)不合法与句调无关。然而,如下文所示,连动不是并列,所以不接受并列连词。注意:(4c)中的"和"如果替换成停顿(如"我冲上前去,将木盒搬下来"),句子就可以接受。这说明:只要两个 VP 不在一个根句里(不同时有两个核心重音——参下文),句子就可以接受。因此不是连动不接受"和",而是连动的根句不容"并列"。

VP]），至今仍是一个没有共识的谜案①。

1.2 插入语（parenthesis）的消失

我们还注意到，与"而"字消失直接相关的还有叙述中插入语的消失（其相关性，见下文）。最著名的例子是《左传·僖公三十三年》中秦伯哭师的一段文字：

> （5）秦伯素服郊次，向师而哭，曰："孤违蹇叔，以辱二三子，孤之罪也。"不替孟明，曰："孤之过也，大夫何罪？且吾不以一眚掩大德。"（《左传·僖公三十三年》）

其中"不替孟明"一句，横空出世，与上下文气毫不相连，造成文献解读上的一大困惑。乾嘉著名学者王念孙揭其秘曰："'不替孟明'下有'曰'字，而今本脱之。'不替孟明'四字及'曰'字，皆左氏记事之词。自'孤之过也'以下，方是穆公语。"清俞樾《古书疑义举例·叙论并行例》进一步阐释道："盖古人自有叙、论并行之例，前后皆穆公语，中间着此'不替孟明'四字，并未间以他人之言，'孤违蹇叔'与'孤之罪也'，语出一口，读之自明，原不必加'曰'字也。"所以后来杨树达在《古书疑义举例续补》中补充道："古人行文，中有自注，不善读书者，疑其文气不贯，而实非也。"为什么古人可以"于叙事中入议论"

---

① 注意：这里说的"现代汉语不允许动词短语的并列（*[VP 和 VP]）"有如下条件：第一，该规则指的是现代汉语的根句（root clause）句法（根句"不允许动词短语的并列"），根句之外如"昨天买书和看书的那个人是他的女朋友"，动词短语的并列在一定的情况下是允许的。第二，*[VP 和 VP] 是口语体语法的限定。根据冯胜利（2010）的语体理论，语体不同则语法也因之而异。因此"买和看了一本书"在口语里不合法，但在正式体里则是合法形式："购买和阅读了一部经典"。详论参本节 4.4。

呢？俞樾的解释是："古人之文，无定法也。"(《古书疑义举例》卷三) 今天看来，这不是古人"无定法"，而是今人的"语法"不同于古。于是，我们最直接的结论是：今天的语法不倾向（或不允许）上述插入语的行文方式（原因见下文）。古人的行文之法不同于今还可以从下面的例子看出来：

(6) a. 项王、项伯东向坐，亚父南向坐。亚父者，范增也。沛公北向坐，张良西向侍。(《史记·项羽本纪》)

b. 良欲往从之，道遇沛公。沛公将数千人，略地下邳西。遂属焉。(《史记·留侯世家》)

这类"于叙事中入议论"的插入语，在上古是为人所接受（为当时的语法所容许）的，尽管对今天的读者来说，"不善读书者，疑其文气不贯"。"善"与"不善"的区别是什么？今天看来，"善"是精通古人的语法，"不善"是用今天的语法套解古代的语言。那么今天的语法和古代的语法有何不同呢？英文的插入语给我们一些启示（参 Truckenbrodt，2007）：

(7) a. The library, /which is a large stone and glass building, /is on the east side of the campus.

b. The library, /a large stone and glass building, /is on the east side of the campus.

根据 Ladd（1986）的研究，上述英文句子的结构包含了递归性语调的指派（involve recursive intonation phrases）。就是说，英文的句子可以包含多个语调短语；语调短语之间有停顿，所以语调短语之间的间歇和古代汉语一样，只要表达需要就可以加入附加语。其结果仍然文从字顺，没有文气中断的问题。事实上，如果我们进一步深入古文构造的深层，就看到下面的行文方法。这和今天的语法迥然不同：

（8）将听吾计，用之必胜，留之；将不听吾计，用之必败，去之。（《孙子·计篇》）

这种类似句中句（appositive relative clause）的表达方式，虽然不多见，但其存在和之所以存在的机制则是上古句法（或英文句法）所允许的。这里我们想知道的是：什么句法规则容许这种现象的存在，又是什么原因使这种规则失效而导致上述现象不复存在？

二、分析

本文认为，并列动词短语与插入语的同步消亡，同出于一个原因。为说明问题，我们先看并列动词短语的消失。

2.1 句型类型说

梅广可能是第一个注意并提出古今汉语语法的一个重大变化是"而"字的消失的学者。他认为，从上古到中古的汉语句法发展中，最大的结构性变化是从并列到主从（梅广，2003：29）[①]，于是才有动词并列连词"而"的消失，才导致并列结构中的第二个动词成为第一个动词的补述语。譬如：

---

① 参 Feng（2014）。

(9) a. 射而中之。(《左传·成公十六年》) → 射中共王目。(《史记·楚世家》)
   b. 引领而望。(《孟子·梁惠王上》)
   c. 人立而啼。(《左传·庄公八年》)

"射而中之"原来是两个并列的动词短语,先变成并列动词VV,后来变成动补结构。而"引领而望",原来是"伸脖子"和"看"两个动作,后来变成了"用引领的办法"来"看"(伸着脖子看)。"引领(伸脖子)"变成了状语,并列结构变成了主从性偏正结构。"人立而啼"也一样。原本是"像人一样站起来"然后"哭泣"——两个独立的事件,后来则变成了状中结构,相当于英文的"He is crying while standing."——"而"字变成状语的标记。

上述现象充分说明了上古汉语两个 VP 的并列关系后来要么变成修饰关系,要么变成说明关系(或动补关系)。换言之,联合结构变成了偏正结构。为什么会有这样的变化呢?梅广(2003)认为,这是汉语由联合(coordination)结构到偏正(subordination)结构的类型性变化。发现汉语的这种类型性变化无疑是一个巨大贡献,但什么是变化背后的致使原因,学界至今没有给以足够的重视,也没有一个公认的解释。梅广(2003)把"从联合到偏正"作为谓语并列连词"而"字消失的原因,但是为什么联合结构会变成以及要变成偏正结构的原因,梅先生没有谈。我们关心的是"联合/并列"到"主从/偏正"这一类型变化的内在原因。本文认为,上古汉语联合/并列结构的消失是韵律结构(核心重音和语调模式)改变的结果;上古并列结构被重新分析为偏正结构是这一韵律演变后新规则促发的结果。下文将详细论述。

2.2 韵律演变说

从汉语语言机制上提出为什么"而"字消失的研究，见于 Feng（2003）的文章。他在稍早的《汉语韵律句法学》中提出"管辖型核心重音的指派规则"（简称"管辖核重"），其具体定义是：

管辖型核心重音指派规则（G-based NSR）：在中古汉语里，核心重音由动词指派给它直接管辖的补述语①。

在西汉以前，汉语和英语相似，核心重音落在句子的最后一个短语（phrase）的最后一个成分上，不管句子最后的短语是介词短语，还是其他短语，只要可以携带重音即可满足核心重音的要求。如：

（10）英文 a. I want to buy a book in the market.

上古 b. 易之以羊（《孟子·梁惠王上》）

c. 以羊易之（《孟子·梁惠王上》）

d. 出自幽谷（《诗经·小雅·伐木》）

然而，从西汉开始，汉语的核心重音的指派便像德文而又比德文的重音指派更进一步（参 Truckenbrodt，2007）。德文的核心重音必须在动词的管辖范围内指派，汉语不但要在动词管辖范围内，而且必须是动词管辖者（即动词本身）把核心重音指派给动词后面第一个能够接受重音的成分，或更严格地说，指派给被直接管辖的补述语（complement）。譬如：

---

① 核心重音（nuclear stress），简言之，即句子的自然重音（最后一个短语最重），指的是在没有疑问焦点、强调焦点和对比焦点（等特殊焦点）的情况下，回答"怎么回事"的正常重音（也叫"普通重音"）。其相关原理和严格定义，参冯胜利（2013）、Feng（2015a），兹不具。笔者感谢林茂灿先生对此问题的提示。

(11) a. ？射共王而中目→射中共王目（《史记·楚世家》）
b. ？射宦者而杀之→射杀宦者（《史记·晋世家》）
c. 邻至奉豕，寺人孟张夺之，邻至射而杀之。（《左传·成公十七年》）
d. 邻至杀豕奉进，宦者夺之，邻至射杀宦者。（《史记·晋世家》）

(12)

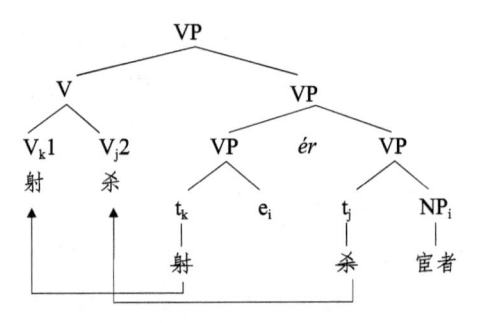

```
                    VP
                  /    \
                 V      VP
                / \    / | \
              Vk1  Vj2 VP  ér  VP
              射   杀  /\      / \
                     tk  ei   tj  NPi
                     |         |   |
                     射        杀  宦者
```

上述 [V1-V2NP] 例子的出现，本身说明动词指派重音时，VP&VP 就开始受到韵律结构的排斥：在并列结构，如果重音由动词来指派，那么就会导致一个句子两个核心重音的非法结局。亦即：

(13)

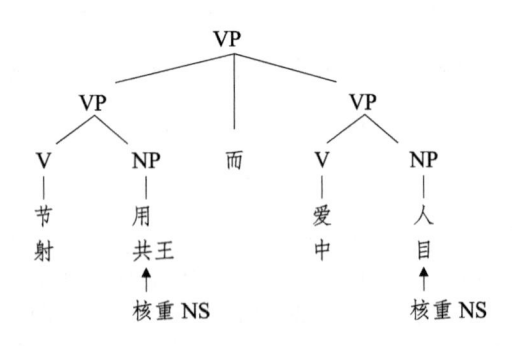

```
              VP
           /   |   \
          VP   而   VP
         / \       / \
        V  NP     V   NP
        节 用     爱   人
        射 共王   中   目
           |         |
         核重NS    核重NS
```

我们知道，一个句子只能有一个核心重音，如果一个句子有两个动词，而这两个动词同时指派重音，那么就会导致如下结果：第一，每一个携带核心重音的动词分别构成一个独立句子（亦即把"击宦者而杀之"重新分析为"击宦者，杀之"——每个句子一个核心重音）。不然的话，就采用第二种处理方法："*[[击宦者]NS=核心重音 [杀之]NS=核心重音]IP"被新的核心重音的语法系统当作非法产品而删除，因为一个句子不容许有两个核心重音。第二种情况说明了为什么后来没有"VP&VP"结构的原因所在。所以，韵律句法学的核心重音理论解释了汉语史上为什么 [动 + 和 + 动] 结构的非法性及其因此而消失的机制性。然而，这一变化的后续影响却一直没有引起学者足够的重视和警觉。事实上，我们可以（也应该）预测出上述发展的一个最直接和显著的结果，即一个句调之内不可能包含两个核心重音。为叙述方便，我把这条"戒律"简称为"一调两重（zhòng）限定"。下面我们将看到，这种重音指派规律给汉语的语调语法带来一个重大的"后出结果"：一个句调之内不容有两个（或以上）的谓语（或动词）。我们把这种限定称作"一调一动律"（一个句调一个动词）。下节将详细讨论其中的原理。

三、语调、句调和核心重音

上文我们看到，管辖型核心重音的形成和建立，同时也标志着并列标记"而"字命运的结束。因为"VP 而 VP"不再合法，连接动词的"而"字便被系统排斥为非法产品。事实上，管辖核重的建立远不止取消了"而"字的使用权，这种重音指派规则给汉语的根句语法（root clause grammar）和语调语法（intonation grammar）带来诸多历史语法方面和普通语法方面值得重视的重大结果。可以预测，将来的后续研究会在根句语法和语调语法两个方面产生更多的研究与思路。就本文的研究而言，我们首先看到的一个显著结果就是：一个句调里面不能有两个谓语动词。这种限定可以进一步严格地定义为"汉语句调限定律"，表述如下：

汉语句调限定律（Constraint on Sentential Intonation in Chinese）：一个句调不能包含两个（或以上）的动词谓语。

这种"一个句调不能包含两个动词"的限定就是上文所说的"一调一动律"（一个句调只能包含一个动词的定律）。这里最核心的问题是：句调和动词怎么发生关系？在其他语言里，这种关系几乎是不可想象的，但在汉语里，它却是事实。其原因很简单：因为每个句子有一个句调（全句的句调，不是大句中零句的语调），又因为每个句子有（且只有）一个重音（NSR），任何一个核心重音都是由句子最后一个谓语动词所指派（无论是零动词、状态动词还是一般行为动词），因此每个句调只能包含一个谓语。这就是汉语"一调一动"内在机制的来源，这就是汉语所以排斥并列谓语的原理所在。用一般的逻辑表达式，可以把上面的关系表示得更清楚：

∵（1）每个句子有一个句调（不是语调，见下）

（2）每个句子有一个核心重音（NSR）

若每个核心重音均由一个动词指派（G-NSR）

∴每个句调只含一个动词（谓语）

这就给汉语种下了"一调一动"的历史基因，同时给汉语排斥并列谓语以强大的机制能量。

上面讨论的是"汉语句调不容双（多）动词"的原理，下面讨论语调和句调的问题。首先是概念问题。语调有时也叫句调，那么语调是句调吗？事实上，汉语语调的研究至今似乎也没有区分语调和句调究竟有何不同。譬如，朱德熙（1982：21）说："汉语的任何短语加上句调就是句子。"陆俭明（2013：21）说："句子的特点是，第一，一定伴有句调，前后停顿可看作是一个完整句子的起点和终点。"王洪君、李榕（2014：25）在分析"张三，战战兢兢 de，敲了敲那扇木门"时认为，该句可以分成三个语调短语——用"语调"来说明句中三个短语的语调。句调，顾名思义，应是和句子平级的单位；语调也当是和短语平行的单位①。但赵元任在《中国话的文法》里判定两个主谓齐全的片段是不是构成一个复合句的韵律因素时，用了两个概念：pause and intonation（Chao，1968：105）。其中"intonation"，丁邦新译作"语调"。这个"语调"显然就是朱德熙的"句调"。"句调"和"语调"好像没有区别。事实如何呢？下面的例子告诉我们，主题成分的韵律独立性（用停顿标记），就应当看作一个语调短语。例如：

（14）这场火，幸亏消防队员来得早。

"这场火"后面有一个明显的停顿，叫作"语调"没有什么不合适。这和英文里的 Intonation Phrase 一样。譬如：

（15）a. John/he never does anything right.

　　　b. In the afternoon/everyone went swimming.

　　　c. In fact/you seem to have put on some weight.

---

① 当然，形式句法学把句子看作 CP 短语，则句调就是 CP 短语超音段属性在其最后一个成分的实现结果。

"John、In the afternoon、In fact"都是语调短语。汉语的语调在这个结构中和英文一样。然而，汉语和英文有的地方不一样。譬如：

（16）a.He teaches English. 他教英文。
b.He teaches/English.* 他教/英文。

对于说本土英文的人（native speaker）来说，"He teaches English."有两种读法：（1）整体是一个语调短语，（2）两个语调短语。英文可以在VP的内部有一个停顿，因此可以把VP里面的动词和宾语切分成两个语调短语（intonation phrases），而汉语绝对不能如此："他教*/英文"不合法。原因何在？无论如何有一点很清楚：英文的NSR和汉语的NSR很不一样，汉语的NS要由动词指派，因此无法把指派重音者和被指派者断为两个语调短语（特殊焦点参与的情况，当属例外）。

上面分析表明，汉语语调的运作方法不能"照搬"英文语调语法的结构和程序！王洪君（2011）、王洪君等（2014）就用汉语自己的语言材料，提出两种语调的观点。请看她们的例子：

（17）a. 张三战战兢兢 de 敲了敲那扇木门。
b. 张三，战战兢兢 de，敲了敲那扇木门。

首先，她把汉语的"停顿"分为两类：一是"末字韵母缩短加长无声段"，简称"停"或"停断"。二是"末字韵母有较大的延长，但没有无声段或只有很短的无声段"，称作"延"或"延宕"。两者合称"停延"。根据王洪君的分类，上面的两个句子的语调结构分别为：例（17a）"韵律上是仅在末尾处出现一个停断型边界，共一个语调短语"；例（17b）"韵律上是中间有两个延宕型边界，末尾有一个停断型边界，共三个语调短语"。

王氏的停断可以理解为传统的"止句调"，而其延宕就是"待续调"①。止句调和待续调在王氏的系统里都叫语调（语调存在的范域叫作语调短语）。但是，根据王洪君的分析，一个句子可有两种"调（=intonation）"：一种语调是句末的语调；另一种语调是句中的语调。它们有哪些区别可以再研究，但它们不同，则是毫无疑问的。据此，本文根据王洪君、李榕（2014）以及前人（赵元任、朱德熙、胡明扬等）的研究，把语调和句调区分开来，定义如下。

语调：在句子的短语（XP）层面，由延宕语音特征构成的待续调所标记的韵律单位，是语调短语②。一个句子可以有一个以上语调短语，根据句法结构和信息结构的不同而不同。

句调：在句子的标句（CP）层面，由停断语音特征构成的止句调所标记的、并与核心重音重合（match）的语调短语，是句调短语③。

---

① 这里用"止句调"和"待续调"（对应"停断"和"延宕"）只为便于叙述，而有关其实验语音学上的不同表现及特征，详参郑秋豫（2005）、王蓓等（2001）、王洪君等（2014）及其所引文献，兹不赘。

② 什么样的短语获得语调以及语调有无不同类型等有关问题，都是这里引发而有待将来深入研究的重要课题。

③ 句调末字韵母表现出来的"末字韵母缩短加长无声段"可以分析为语调之上的句调特征（陈述调或疑问调等），因此不同于一般的语调。换言之，语调和句调有不同的声学表现（实现），而这种不同，在本文的系统里，可以进而理解为核心重音、语调、语气（疑问语调、陈述语调等）之间相互作用的结果而句调呈倾斜性下降趋势（declination of the downward tread），也可以理解为多重因素互动的一种综合表现。当然，这是需要后续研究来证实的。

在区分了语调和句调的基础上,可以进一步定义核心重音(简称"核重")和语调之间的对应律:

核重—语调对应律:核心重音范域不容两个语调。

根据形式句法学理论体系,核心重音(Spell-out 之前)的指派先于语调的指派。因此,句调必然在已经生成的核心重音域上面来实现,核心重音的范域也因此对语调范域有不可避免的限定和影响。换言之,上文汉语句调限定律所强制的"每个句调只含一个动词(谓语)",在现在的系统里可以理解为汉语核心重音与句调交互作用的结果。亦即,一个句子里面,与核心重音对应的句调范域之内不容两个动词,但在这个范围之外,则可以有不同的语调短语。如果某一语调短语里含有动词,这个动词只能是从句中的动词,而不能以根句动词的身份出现,否则就违背了一句一个重音的普遍规律。举例说,下面句子里的三个 VP,只有最后一个携带核心重音的 VP 承载句调。

(18)八戒推门进屋看见一个妖怪。

句调短语前面的两个 VP(域外短语)可以有两种选择:要么和全句的成分组成一个句调,如例(19a)[①];要么各自构成不同的语调短语,如例(19b)。

(19) a. 八戒推门进屋看见一个妖怪。

b. 八戒 | 推门 / 进屋 / 看见一个妖怪。

注意:像"张三战战兢兢 de 敲了敲那扇木门"这样的长

---

① 其中的韵律词和韵律短语有不同的结构和不同的语音表现,但没有语调短语介入。

句（王洪君、李榕，2014），如果在英文里，一般是不允许一个单句调的。换言之，英文句子的语调群不能"合而为一"。与英文不同的是，汉语一句一调则是常态。语调分解不是不可，但分解后会带来不同的句法和语义解读。三个语调短语的"张三，战战兢兢 de，敲了敲那扇木门"的情况，一般只在朗诵文学作品（或传统说书）的读法里出现，口语是不这么停顿的。口语的语调语法是"一句一调"。下面我们将看到，这种"一句一调（或一调一动）"的机制造成了汉语与其他语言不同的独特语法和语体体系。

四、一调一动的语法效应

4.1 句法

"一句一调"或"一调一动"对汉语的句法有重大的影响。限于篇幅，这里只选两个最突出的语法现象来说明：一是所谓的流水句，二是传统的连动式。

4.1.1 流水句

自从吕叔湘先生提出流水句的概念后，范继淹（1985）、胡明扬、劲松（1989）等学者就开始了对它的专门研究。然而，正如沈家煊（2012）所说："范文（范继淹，1985）发表到现在 30 多年，这期间除胡明扬等（1989）、Shen&Gu（1997）、王洪君（2011）零星几篇文章外，鲜见继续的研究或思考。'流水句'的研究停滞不前……"可以证明沈先生说法的一个事实，就是"什么是流水句"至今没有一个统一的结论。尽管如此，诸多有关流水句的不同理解和不同定义，都不可回避如下事实：流水句中的成分之间,没有明显的停顿(没有停延待续调)。换言之,流水句必须首先是一个"一调句(或单调句)"——一个句调的句子,尽管其中包含两个或两个以上的 VP[①]。根据本文的理论,我们认为,这是流水句的根本属性。流水句的这一属性正是汉语"一句一调"的结果之一。赵元任(Chao, 1968:57)的例子可以充分说明这一点:

(20)他不来。我不去。

赵元任说,上面的话语是两个句子,但是如果中间不停,连起来说,就是一个句子。赵元任说的一个句子("他不来我不去")实际上就是流水句。注意,如果是流水句的话,它的意思是"如果他不来,我就不去"。这种意思的改变(改变了两句单说和分立的意思)也是我们理论预测的结果:如果变成只有一个句调的流水句,全句就只能允准一个根句(root clause),那样一来,承载核心重音的 VP(我不去)就成为该句唯一主动句(main clause),而前面的"他不来"就只能变成从属性的条件句——机制使然,非语义驱使。

赵元任(Chao, 1968:105)的另一个例子也十分巧妙地说明了这个问题。

(21)天气很好。但是我不能出去。

他说:"如果'好'字是全上声,后边有全停顿(止句调——

---

① 注意:这里的定义和胡明扬、劲松(1989)有关"流水句"的定义有一些不同。他们的流水句可以包含不同的语调,本文则只将一个句调的双(或多)VP 组合叫作"流水句",而"语调+句调"的 VP 组合,如下文所示,叫作"连动式"。

本文作者），这是两个句子。但是如果'好'字全上或半上带拖腔（待续调——本文作者），那就只是一个并列复合句（compound sentence）。"在我们的理论系统里，这也是流水句的作用：将第一个句调变成语调，使两个独立的句子变成了主从的句法关系（尽管天气很好，但我不能出去）。不难看出，现代汉语的这种运作和古代汉语的"[VP&VP → [VNP[VP]]]"的发展一样，（跨时代地）重复着同一个"句法简化工程"：把并列变成从属。由此可推，凡是无法变成从属关系的 VP+VP，均无法变成一个句调的句子（单调句），因此也就无法变成流水句。譬如（取自王洪君、李榕，2014）：

(22) 那辆车 i 价钱太贵，i 颜色也不好，我 j 不喜欢 i，j 也不想买 i。

我们认为上面的句子不是流水句。原因很简单，它们"连"不起来（中间有停顿："并列/列举调"或"止句调"），没有"流水"的效应。注意：有人可能会因此而说，句中前后的 VP 必须具备语义条件才可以构成流水句，所以流水句是语义导致的结果，不是语调允准和促发的产物。表面看来这有道理，但深入挖掘则不尽然。试想：流水句中的 VP 分开说和合起来说，意思并不一样。为什么分开说的 VP 的意思，不能（全部）溶入或移入流水句呢？如果流水句不能表现所有分开来说的 VP 的意思，怎么能说它的存在不是流水句所体现的句法迫使它如此（而不如彼）的结果呢？换言之，语义无法解释为什么"流水句不容并列关系"（因为语义是容许的），也无法解释为什么"流水句中 VP 必须是主从关系"的事实。更简单地说：为什么 VP 不是主从关系，句子的语调就不能顺畅无阻如"流水"？与此不同，一句一调、一调一动（根句动词）的语调机制，不仅允准了流水句的出现，而且"逼迫"流水句非如此而不能使之如水之"流"（没有延宕）。

4.1.2 连动式 [VP+VP…+VP]

什么是连动式？上面例（22）不是流水句，是连动吗？

我们认为例（22）也不是连动式。因为其中的 VP（们）没有语义上的"连贯性"。"贵、好、喜欢、买"这几个谓语的意思没有次序性和递连性。据此我们可以得出一个"连动限定条件"：没有语义递连次序的 VP 组合，不是连动式。我们把例（22）这类 VP 的组合称作"连谓式"①。连谓式不是连动式。什么是连动式呢？请看下面的例子：

(23) a. 大家都到桥上看热闹。

b. 八戒推门进屋看见一个妖怪。

"到桥上看热闹"是连动式，没有问题；"推门进屋看见一个妖怪"是连动式，也没有问题。这类句子有什么特点呢？我们认为，连动式至少包括如下几个条件：

①具有 VP1+VP2…+VPn 的句法格式②；

---

① 据此，连谓式和连动式不同的形式标记至少可以归纳为：1) 其中的 VP 是否有递序性，2) 其中的 VP（们）是否可以解读或转换为单一句调的句子。只有递序性和可单一语调的 VP 串是连动式（这里的"可"是"能够但不必"的意思）。虽然连谓式结构和语法属性不是这里讨论的对象，但值得注意的是：英文没有连动，但允许连谓，如："What did he go to the store, buy, load in his car, drive home and unload（去商店买了什么，装上车，开回家，又卸了下来）？" (Lakoff, 1986: 152—167)。可见，连谓和连动是两种结构。

② 事实上，[VP1+VP2…+VPn] 结构中的"n"是有韵律极限的，过多的 VP 组合无法保证中间没有停顿。如果其他条件不变，多少个 VP、多长的 VP 可能或必然导致停顿的出现，还是一个有待深入研究的新课题。

② VP 的次序有语义上的可解性；

③ VP 的次序有句法上的可解性 ①；

④ 有一个单一的句调。

第一个条件说的是"如果不是 VP 的组合，则不是连动式"。注意：VP 只是连动式的"构件"，不是构件组合后的整体结构。VP 构件组合成什么结构，下文专述。这里先看第二个条件：次序可解性。"次序的可解性"是说 VP1 和 VP2（及 VP3……）发生的连续性可以从语义上得到解读。譬如，先"到桥上"，然后"看热闹"是连续发生的事件；先"推门"再"进屋"然后"看见一个妖怪"是连续发生的动作。但是"太贵、不好、不喜欢、不买"不是连续的动作或事件。即使说它是一连串的心理活动，也不是递序的（[1→2→3→…n]），而是套叠的（[[[1→2]→3]→…n]），即：[因为 [因为 [因为太贵所以不好] 所以不喜欢] 所以不买]。解析之，即：

(24) a. 因为太贵所以不好

b. 因为 [太贵不好] 所以不喜欢

c. 因为 [[[太贵不好] 不喜欢]] 所以不买

这样的套叠关系不是连动式。

第三个条件是 VP 的次序有句法上的可解性。这一点很重要。先看什么是次序的不可解性。比较：

(25) a. 切西瓜，长了五岁

b. 喝酒、有思想

---

① 条件③亦即"句法上的可解性"，必须以条件②为前提。

c. 开飞机、崴脚、生小孩

　　d. 吃鸡、吃西瓜、吃亏

上述各例都没有"次序可解性"，都不能构成连动式。注意：我们说它们没有次序可解性是说在没有特殊标记的情况下，它们不能被理解为一个句子，遑论连动式！然而，一旦有了次序标记，它们不是不能被理解。譬如：

（26）a. 在切西瓜的时候长了五岁。（神话电影里面的故事）

　　b. 喝酒的时候才有思想。

　　c. 开飞机崴脚的时候生小孩，这简直是笑话。

　　d. 他吃鸡和吃西瓜的时候吃了一个大亏。

显然，我们说例（25）中的句子"没有次序可解性"，只能说它们表面没有"次序的可解性"，如果加入次序标记（如"的时候""的方式""是为了"等等），它们就"有次序"，且可被理解了。这就是说，"没有次序可解性"不等于"不可能有次序"。这从反面告诉我们：连动式次序表现出的是一种"无标记"的自然次序。因此我们可以说：无标记的无次序 VP 组合，不能进入连动式。事实上，无标记的无次序组合，是不可解（不合法）的。

（27）a.*切西瓜长了五岁

　　b.*喝酒有思想

　　c.*开飞机崴脚生小孩

　　d.*吃鸡吃西瓜吃亏

无次序的 VP 加入次序标记以后就合法的事实，提醒我们深入思考这里"次序"的实质是什么。这里的事实告诉我们："次序"的本质属性是"语法"。连动的语义次序实际反映的就是语法结构。具言之，即：

(28) a. 大家都到桥上看热闹。（两种句法解读[①]：1.到桥上＝方式；2.看热闹＝目的）

b. 八戒推门进屋看见一个妖怪。（三种句法解读[②]：1.推门和进屋＝方式；2.推门和进屋＝时间；3.推门＝时间、进屋＝方式）

用自然次序代替次序标记，这是连动式的语法条件。这一点还可以从另一个角度看出来：凡是连动式中 VP 之间的语义关系，均可解读（interpret）为句法关系，而并不是所有带有句法标记的 VP 之间的同样语义关系（表工具、方式、目的等）都能变成连动式（因为离开了标记，次序关系就不存在）。可见，连动关系没有超出语法关系，超出语法的关系，就不能连动[③]。这一事实告诉我们：连动式不过是某类主从结构中的一个（VP 自然标序的）子类。一言以蔽之，连动式的语义条件反映的是句法结构的语义关系。因此，"次序的可解性"的"次序"，不一定

[①] 还有一种并列结构的解读：大家到桥上 // 看热闹 //。但这种解读包含两个句调和两个核心重音，因此是两个句子而不是一个连动式。凡不是连动的解读都不在本文的讨论之列。

[②] 还有一种解读是并列结构，读者可以自己分析，此不赘。

[③] 从这个意义上说，连动中 VP 之间的"无缝并列"的说法需要重新考虑，因为下面的事实否定了这一概念：1.汉语的根句不容 VP 的"有缝并列"，2.VP 之间一旦"无缝"，则不是并列。因此，所谓"无缝并列"是不存在的。

限于时间的先后。"收工吹哨子"具有次序可解性（收工时候吹哨子＝在什么时候做什么事的次序），"收工吹哨子"同样具有"次序可解性"（用吹哨子的方式收工／吹哨子的目的是为了收工）。

连动句式的第四个条件是"一个单一的句调"（参 Haspelmath，2016）①。根据本研究的理论，一个句子只容一个句调（只有一个句尾），一个句调则可伴几个语调。因此连动句区别于流水句的根本特征就在于：流水句只有一个句调（没有句调之外的语调短语），而连动式则可以在句调之外，允许语调短语。例如：

(29) a. 大家都上桥看热闹——流水句（VP 之间没有停顿）

b. 大家都到桥上→看热闹——连动句（VP 之间有待续调，用"→"表示）

c. 八戒推门进屋→看见一个妖怪——连动句（VP 之间有一个待续调）

d. 八戒推门→进屋→看见一个妖怪——连动句（VP 之间有两个待续调）

e. 八戒推开门。进了屋子。看见一个妖怪。——并列句（每句有一个止句调）

范继淹（1985）用长停顿"//"、短停顿"/"、止句调"↘"

---

① Haspelmath（2016）指出："所有连动式都像单动词句一样有单一的 intonation（句调）。"这一点可以作为我们这里分析的一个支持和证据。当然不同语言中连动式的单一的语调是否导源于核心重音和句调的相互作用（或导源于其他相关因素的影响），均有待于该语言的专门研究。然而，无论如何，"单一句调"是连动式的一个必要条件，而本文的理论提供了所以如此的根据。

和待续调"→"来表示句子之间的语调关系。譬如：

（30）a.// 我走了 // 你也该休息了 //
　　　b.// 我走了→/ 你也该休息了 //

我们的语调分析基本来自范氏的模式，不过更强调 VP 之间的内在关系：由 VP 组成的句子要么是并列关系，要么是主从关系；唯有后者是连动式。由此可见，连动式中前 VP 动词短语后，都可以有待续调，也可以减少甚至没有这种停顿。现实中的说话人到底采用哪种格式，则根据说话的焦点、信息等方面因素的不同而不同。

总之，根据本文的理论，如果连动式果真存在，它存在的根据不是句法而是韵律：因为 VP 只是连动式句法组织的构件，而其"[VP1+VP2……VPn]"组合的语义要求，均可在句法结构上得到充分而详细的示解（interpretation），所以连动式在句法上很难说有自己的独立的地位和范畴。然而，连动式的韵律结构 [VP(语调) VP(语调) ……VP(语调)/句调] 不仅是独立的，而且是派生性的①。

连动式存在的基础是韵律②。

---

① 因此，李亚非（2014）所说的附加 Adjunct 成分的象似性和补述 complement 成分的结构性的不同，也因此可以解释为无标记附加成分的次序，非象似排列（不严格遵守时间原则 principle of temporal sequence）就不能得到结构上的恰适示解（proper interpretation）的原因所致。

② 在句法上，类似于多层成分叠加的结构一样，连动式也可以从乔姆斯基（Chomsky，2002：133）下面的话里得到一种启发："说（句法结构里）可有很多 specifiers，这并不是一个假说，因为这等于说你可以继续无止境地进行并入运作，仅仅表示语言是一种递归系统而已"。

4.2 语义上意合法

汉语"意合法"的语法现象也和语调重音息息相关。首先，什么是意合法？袁毓林（2015）定义的意合法是：最低限度地利用语法形式手段来组织语句。这无疑是汉语的一大特征。但汉语为什么会如此、背后的语言机制是什么？一句话，"最低限度使用句法手段"的压力或诱因从何而来？从语言的机制上看，我们认为，汉语"最低限度地利用语法形式手段来组织语句"的运作是"一个句子一个语调"促发的结果。比较：

(31) a. 他在 / 食堂 / 吃饭。（三个韵律短语）
 他吃 / 食堂。（两个韵律短语）

b. 我们 / 按照 / 包伙的方式 / 吃饭。（四个韵律短语）
 我们 / 吃包伙。（两个韵律短语）

c. 一锅饭 / 给十个人 . 吃。（两个韵律短语 + 一个轻读成分）
 一锅饭 / 吃十个人。（两个韵律短语）
 一锅十个。（一个韵律短语）

d. 对结婚的人 / 我总送 . 这个。（两个韵律短语 + 一个轻读成分）
 （我）结婚的 / 总送这个。（一个界外成分 + 两个韵律短语）

再如：

(32) a. 我今天买的鱼 / 比我昨天买的鱼 / 新鲜。（三个韵律短语）

b. 今天比昨天 / 新鲜。（两个韵律短语）

c. 今儿比昨儿新鲜。（一个句调）

用减少虚词和句法标记的方法消减句中韵律短语和语调短语的数量，从而达到（或逼近）一句一调的目标，可能就是意合法背后的隐形操手。

4.3 紧缩句

邢福义（2002，2014：238）在解释什么是紧缩句时说："有时为了语句的凝练，句间承接停顿被取消，于是产生凝合连接的状态，形成了形式简短的紧缩句。"譬如：

(33) a. 姑娘大了，管不了！（复句）——两件事
　　　b. 姑娘大了管不了！（紧缩句）——条件+结果

复句一般由两个子句组成，每句携带一个句调。如果把复句紧缩成因果主从句，则只有一个句调。如果"一句一调"是汉语的特点，那么，二合一紧缩句的原因就是韵律。换言之，由一句一调压合复句而成的单一语调的句子现象，就是"动因来自句调，结果变成紧缩"。紧缩句是句调压合的结果，这既是本理论的预测，也是本文理论的证明[①]。

紧缩句可以有不同的类型。例如直接紧缩：

(34) a. 雨过天晴太阳红（连贯）
　　　b. 人在阵地在（条件）
　　　c. 眼高手低（转折）

标记紧缩：

---

① 从韵律上说，紧缩句也是流水句的一种（都是单句调句），但结构上，由两个 TP（复合句）组成的紧缩句和由两个 VP 组成的流水句，是有分别的。

(35) a. 话不说不明（不……不……）
　　 b. 她非二黑不嫁（非……不……）

为什么英文的复句不紧缩（从句常出现在主句的后面）？根据本文的理论，二者的不同可有如下解释：英文的核心重音在句调群中的最后任何一个短语里实现，而汉语的句调则必须在动词指派的重音范域里实现，于是前者不必紧缩①，而后者则不然：一个核心重音不容两个并列的动词。当这一要求对应到句调时，则句调短语也不能有两个谓语。因为并列 VP 遭到排斥，句调与核心重音融合在一起（故曰句调重音），"两立语调"非有特殊要求（表示强调或对立）而不自然，所以紧缩便成了一种自然的结果（或自然选择）——理论的预测和汉语的事实，不谋而合。

4.4 一句一调的语体效应

前面看到，不仅流水句、连动式、意合法、紧缩句可以分析成一句一调的结果，而且这些赋有汉语特征的语法现象还都共享另一共同属性：口语性。吕叔湘（1979：27）很早就注意到流水句的口语性，他说："汉语口语里特多流水句，一个小句接一个小句，很多地方可断可连。"② 但是，大家都没有注意到，流水句的口语性是带有语法性的。换言之，如果流水句出现的根本原因是汉语的口语韵律语法不允许并列动词短语所造成的话（核心

---

① 如果从当代语言学的"句法运作必有动因"的角度来看，"英文不必紧缩"可以进一步解释为"英文不能紧缩"，因为没有紧缩的动因。当然，英文有没有"语用紧缩"的现象，则是本文引发出来的另一个（新的）问题。

② 虽然吕叔湘先生说流水句"可断可连"，但在本文理论中，这种不同只能理解为说话者有语调格式选择的自由。注意：虽有断和连的自由，但非有特殊要求（如表示强调或对立等）不取"断"，而流水一"断"则不"流"。换言之，断开的流水句不再是流水句。

重音下的句调语法），那么最简单的正反预测是：第一，正式语体语法应该允许 VP&VP；第二，正式语体语法不允许流水句。事实也是如此：

(36) a.*买和看了一本书。
     b.购买和阅读了一部经典专著。
(37) a. 奥巴马打开大门 // 进入会场 // 宣布……
     *奥巴马打开大门进入会场宣布……
     b. 妈妈开门 // 进到屋里 // 说……
     妈妈开门进到屋里说……

正式和非正式语体语法的双重对立——例(36)允准 VP&VP 与否的对立、例(37)允准流水句与否的对立——不仅从句法上支持了本文的理论，而且从语体上深化了本文理论的预测性和正确性。

五、结语

近年来的韵律语法突破了原来 VP 之内的核心重音对句法制约的研究范围，扩大到 TP（时态短语）层面焦点重音与核心重音的界面互动，同时把韵律对语法的制约拓展到 CP（句子）层面与 TP—韵律及 VP—韵律的交互作用（冯胜利，2015；Feng，2015b）。从下图中可以看到这种三级韵律层级理论体系中，各部门的位置及其之间的对应关系：

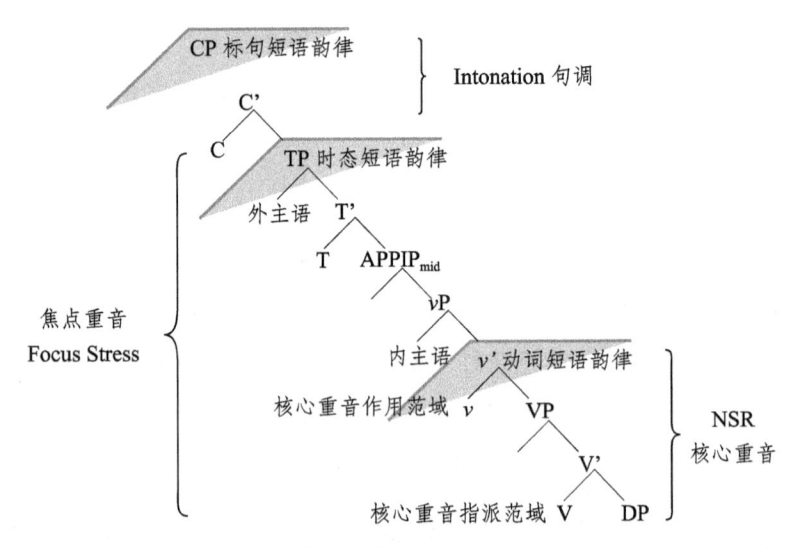

图 1　韵律-句法对应层级模式图（prosody-syntax co-hierarchy model）

　　上图 CP 层韵律和 VP 层韵律的性质与作用，直接影响句法的变化（如 CP 部门在声调语中促发句末语气词[①]、VP 在核心重音作用下删除和激活句法运作[②]，等等），TP 层中的焦点重音和 VP 层的核心重音相互作用，也对句法产生着巨大的影响（蔡维天，2011），本文的研究则更进一步，提供了又一类 CP 韵律和 VP 韵律之间交互作用的典型案例，一个句法最上层部门的 CP 韵律和最下层部门的 VP 韵律之间互动的类型。我们知道，VP 内的核心重音排斥 [VP 和 VP] 型的并列结构（所以才有并列结构的消失和动补结构出现[③]），然而，直到近年 CP 韵律语法形态和功能

[①] 参冯胜利（2015）、Feng（2015b）、张凌等（2016）。
[②] 参冯胜利（2013）、Simpson（2014）。
[③] 参冯胜利（2002）、Feng（2003）有关动补结构产生的韵律动因和形式分析。

的建立（冯胜利，2016），我们才注意到 CP 层的韵律对汉语句法更有着全局性的"句型构造"（如流水句、连动式）和"句型改造"（如意合法、紧缩句）的激化作用[①]。这当然不是说汉语的语法只是韵律语法（如同科学不只是化学一样），但是大量的事实和确凿的证据日新一日地向我们预示：离开了韵律，许多汉语的特点都是来历不明的"特异之点"，而不能解释为普遍原则下汉语某一特别部门的微小变化（或不同）所导致的部分甚至全局性的差异。汉语核心重音的特点及其影响的句调，就可以理解为普遍原则下个别部门（NSR）的些微不同所导致的整体性的巨大差异（流水句、连动式、意合法、紧缩句等等）。而事实上，语调重音对汉语语法的影响不只是句末语气词的创造和特殊句型的产生，更重要的还有事关汉语口语语体的独立以及与之对立的正式体语法的形成和建立。无疑，这些都是需要和值得将来深入研究的重要领域和课题[②]。

参考文献

[1] 蔡维天（2011）从"这话如何说起"说起，见《语言学论丛》第四十三辑，北京：商务印书馆。

[2] 范继淹（1985）汉语句段结构，《中国语文》第 1 期。

---

① 根据本文的理论，我们相信，无论本体研究还是二语习得的研究，均将在以往研究的基础上（如实验语音学中王蓓等（2001）、林茂灿（2006）、王洪君等（2014）等有关边界调的研究，Zubizarreta（2016）、Downing（2016）等有关韵律层级及其相互作用的研究），发现和证实更多的韵律语法的属性与效应。

② 本文很多内容和论点涉及中国人学英语和英国人学汉语的语法和语音的韵律问题，因篇幅所限，只能另文专述。笔者感谢林茂灿先生的提示与建议。

[3] 冯胜利（2002）汉语动补结构来源的句法分析，见《语言学论丛》第二十六辑，北京：商务印书馆。

[4] 冯胜利（2010）论语体的机制及其语法属性，《中国语文》第 5 期。

[5] 冯胜利（2013）汉语的核心重音，日本《中国语学》第 260 号。

[6] 冯胜利（2015）声调、语调与汉语的句末语气，见《语言学论丛》第五十一辑，北京：商务印书馆。

[7] 冯胜利（2016）《汉语韵律语法问答》，北京：北京语言大学出版社。

[8] 胡明扬、劲松（1989）流水句初探，《语言教学与研究》第 4 期。

[9] 李亚非（2014）形式句法、象似性理论与汉语研究，《中国语文》第 6 期。

[10] 林茂灿（2006）疑问和陈述语气与边界调，《中国语文》第 4 期。

[11] 刘丹青（2016）Split between the verb-complement construction and serial verb construction in Chinese syntactic inventory，见《国际中国语言学学会第 24 届年会会议论文摘要集》。

[12] 陆俭明（2013）《现代汉语语法研究教程（第四版）》，北京：北京大学出版社。

[13] 吕叔湘（1979）《汉语语法分析问题》，北京：商务印书馆。

[14] 梅广（2003）迎接一个考证学和语言学结合的汉语语法史研究新局面，见何大安主编《古今通塞：汉语的历史与发展》，台北：台北研究院历史语言研究所。

[15] 沈家煊（2012）"零句"和"流水句"——为赵元任先生诞辰 120 周年而作，《中国语文》第 5 期。

[16] 王蓓、杨玉芳、吕士楠（2001）汉语韵律层级边界结构的声学相关物，见蔡莲红、周同春、陶建华主编《新世纪的现代语音学——第五届全国现代语音学学术会议》，北京：清华大学出版社。

[17] 王洪君（2011）汉语语法的基本单位与研究策略（作者补记），见

王洪君《基于单字的现代汉语词法研究》，北京：商务印书馆。

[18] 王洪君、李榕（2014）论汉语语篇的基本单位和流水句的成因，见《语言学论丛》第四十九辑，北京：商务印书馆。

[19] 邢福义（2002）《汉语语法三百问》，北京：商务印书馆。

[20] 杨荣祥（2010）"而"在上古汉语语法系统中的重要地位，《汉语史学报》第 1 期。

[21] 杨树达（1956）《马氏文通刊误·古书句读释例·古书疑义举例续补》，北京：中华书局。

[22] 俞樾（清）（1956）《古书疑义举例五种》，北京：中华书局。

[23] 袁毓林（2015）汉语意合语法的认知机制和描写体系，日本《中国语学》第 262 号。

[24] 张凌、邓思颖（2016）香港粤语句末助词声调与句调关系的初探，见冯胜利编《韵律研究》（第一辑），北京：科学出版社。

[25] 郑秋豫（2005）北京大学系列讲座《汉语口语流韵律架构与组织——基于语料库的研究》。

[26] 朱德熙（1982）《语法讲义》，北京：商务印书馆。

[27] Canxue (2006) *Blue Light in the Sky and Other Stories*.Translated by Karen Gernant and Chen Zeping.New York:New Directions Books.

[28] Chao, Yuen Ren (1968) *A Grammar of Spoken Chinese*. Berkeley and Los Angeles:University of California Press. 赵元任（1980）《中国话的文法》，丁邦新译，香港：香港中文大学出版社。

[29] Chomsky, Noam (2002) *On Nature and Language*.New York:Cambridge University Press.

[30] Downing, Laura J. (2016)The prosodic hierarchy in Chichewa:How many levels?*Prosodic Studies* 1.

[31] Feng, Shengli (2003) Prosodically motivated and syntactically licensed developments of VR and Adv-V forms in classical Chinese.In Xu Jie (ed.) *Chinese Syntax and Semantics*.Singapore:Prentice Hall Press.

[32] Feng, Shengli (2014) Historical syntax of Chinese.In C. -T. James Huang, Andrew Simpson&Audrey Li (eds.) *The Handbook of Chinese Linguistics*. New Jersey:Wiley-Blackwell.

[33] Feng, Shengli (2015a) On Nuclear Stress Rule in Chinese.*Cognitive Linguistic Studies* 2 (1).

[34] Feng, Shengli (2015b) A cartographical account of prosodic syntax in Chinese.In Si Fuzhen (ed.) (2017) *Studies in Cartographic Syntax*. Beijing:China Social Science Press.

[35] Haspelmath, Martin (2016) The serial verb construction:Comparative concept and cross-linguistic generalizations.*Language and Linguistics* 19(3).

[36] Huang, C. -T. James, Audrey Li&Yafei Li (2009) *The Syntax of Chinese*. New York: Cambridge University Press.

[37] Ladd, D. Robert (1986) Intonational phrasing:The case for recursive prosodic structure. *Phonology Yearbook3 (1)*.

[38] Lakoff, George (1986) Frame semantic the control of the coordinate structure constraint.In Anne M.Farley, Peter T. Farley&Karl-Erik McCullouph (eds.) *Chicago Linguistic Society22, Part 2:Papers from the Parasession on Pragmatics and Grammatical Theory*. Chicago:CLS.

[39] Shen, Jiaxuan&Gu Yueguo (1997) Conversation and sentence-hood. *Text* 17 (4).

[40] Simpson, Andrew (2014) Prosody and syntax.In C. -T. James Huang, Andrew Simpson&Audrey Li (eds.) *The Handbook of Chinese Linguistics*.

New Jersey:Wiley-Blackwell.

[41] Truckenbrodt, Hubert (2007) The syntax-phonology interface.In Paul de Lacy (ed.) *The Cambridge Handbook of Phonology*. New York:Cambridge University Press.

[42] Zubizarreta, Maria Lusia (2016) 核心重音与信息结构，见冯胜利编《韵律研究》（第一辑），北京：科学出版社。

复合词内部的成分形类、韵律、语义的匹配规则及其理据*

孟 凯

一、引言

　　一直以来，汉语复合词法都是以双音复合词为研究重点，因为双音复合词数量多，也比较显著地继承和体现了汉语从句法到词法的演变。不过，多音复合词①有明显增加的趋势（刘楚群，2012；惠天罡，2014；程荣，2015等），其韵律问题虽早已为学界所关注（吕叔湘，1963；吴为善，1986；陆丙甫，1989；冯胜利，1996、1998；张国宪，1996、2005；端木三，1999、2000；王洪君，2000、2001；Lu & Duanmu，2002；王灿龙，2002；周韧，2011；Duanmu，2012等），但现有研究多为句法视角或不区分词法与句法，专门讨论多音复合词的（卞成林，1998；何文秀，2011；董秀芳，2014等）不多。复合词（尤其三音节及以上）在

---

　　* 原文发表于《语言教学与研究》2018年第3期。
　　① 多音复合词的成词性不一，如《现代汉语词典》（第7版，下文简称《现汉》）对名词性三音节多标注了词性，动词性的一般不标词性。因本文的研究对象基本体现名词性（见后文），故径称"三音复合词"。

韵律、结构、语义等几个界面（interface）之间的对应、匹配与自由短语还是会有所不同，值得词法研究深入挖掘。

双音复合词的界面问题主要体现在结构与语义的对应与协调，多音复合词体现的则是韵律、结构与语义三个界面之间的关系。相对而言，多音复合词的韵律与结构的关系更为学界所关注，尤其那些有一定特异性的词，如"一衣带水、吃偏饭"，更容易获得研究者的讨论（冯胜利，1996；杨书俊，2005；李慧，2012；孟凯，2016等），而普遍性的韵律模式与成分形类①、语义的关系则容易被忽视。因此，本研究拟以韵律非偶分的三音复合词为视点，来研究这一问题。

三音节几乎容纳了复合词的所有结构类型和可能出现的韵律模式 [2+1]、[1+2]、[1+1+1]。偏正式一直是三音节的强势类型，占80%左右。据卞成林（1998），三音偏正复合词中，[2+1]2598个，占78.9%；[1+2]695个，占21.1%。我们检索了《现代汉语词典》（下称《现汉》）收录的三音偏正复合词，共4500个，其中[2+1]约3740个，占83%；[1+2]约760个，占17%（详见表1），与卞文的百分比相差不多。相比于其他结构类型的韵律分布，如动宾式中 [1+2] 占近98%，补充式中 [1+2] 占99%（参见卞成林，1998），偏正式算是兼容了 [2+1] 和 [1+2] 两种韵律模式的三音词。因此，本文以三音偏正复合词为考察对象，更能看出不同的韵律模式与复合词的成分形类、内部语义之间的关系。

---

① 复合词成分的形类指成分的语法形式类别（grammatical class），即成分的语法性质。

表1 三音偏正复合词的成分形类和韵律分布表①

	名名	动名	形名	总计
[2+1]	2450/54.44	1100/24.44	190/4.22	3740/83.1
[1+2]	190/4.22	20/0.46	550/12.22	760/16.9
总计	2640/58.66	1120/24.9	740/16.44	4500/100

三音偏正复合词既有定中式，也有状中式，前者居多。何文秀（2011）和董秀芳（2014）在讨论 [2+1] 偏正式时指出，中心语位置上出现的成分 95% 以上为名词性的，余下的 5% 是谓词性的，但构成的三音词整体上看仍是名词，"整体的性质也会对其中心语的性质起到一些强制性的调节作用"（董秀芳，2014）。可见，出现于 [2+1] 偏正式中心语位置的单音动词性成分也体现出指称性，例如"表演唱"的单音动词性中心成分"唱"的动态性就比较弱，凸显作为一种表演形式的指称性。这使得 [2+1] 偏正复合词呈现出名词属性（董秀芳，2014）。另据我们的考察，[1+2] 偏正复合词主要是形名组合或名名组合②，同样呈现名词属性。因而，无论 [2+1] 还是 [1+2]，偏正复合词基本都呈现名词属性，大体可以认为是"X+名"（X 为单音或双音）。

卞成林（1998）、董秀芳（2014）等都指出，中心语位置上的成分是对某类事物或现象的命名。那么，总体上我们就可以把"偏正"视为"正"的下位分类，只是"偏"的分类视点并非同一维度或同一方式，体现在韵律选择、形类组配、语义关联上，

---

① 表内斜杠前为词数，斜杠后为该词数在总词数（4500 个）中的比重（%）。
② 有些 [1+2] 名名偏正复合词中心成分是双音动词性的，如"（内）分泌、（热）传导、（性）侵犯"，由于双音动词性成分动态性弱、指称性强（王洪君，2001；张国宪，2016：72），故将这些三音词并入 [1+2] 名名讨论。

"偏"与"正"就会呈现出不同的匹配规则。本文将以表1所统计的三音偏正复合词在名名、动名、形名三种成分的形类组配和[2+1]、[1+2]两种韵律模式中的分布为基础，讨论成分形类、韵律与三音词的语义结构、成分义之间的匹配规则，并解释匹配规则形成的理据。

二、名名偏正复合词内部的成分形类、韵律、语义的匹配规则及其理据

2.1 [2+1] 名名内部的成分形类、韵律、语义的匹配规则

[2+1] 名名2450个，占 [2+1] 的65.5%，占名名的92.8%，如"百宝箱、地形图、工作服、螺丝刀、密码锁、世界观、太阳镜、责任心"。这类 [2+1] 的语义主要是名$_{双}$与名$_{单}$的意义加合，包括有些意义是以喻指方式表达的，如"斑马线、葡萄灰、燕尾服"。

Selkirk（1984：244）针对英语复合词的中心词和其他成分之间的语义关系分出的"论元—中心词"（argument-head）和"附属语—中心词"（adjunct-head）同样适用于汉语复合词，如 [2+1]"钢材库"表示"储存钢材的仓库"，是"论元—中心词"型，名名组合之间蕴涵了一个谓词；[1+2]"钢仓库"表示"用钢材建造的仓库"，是"附属语—中心词"型，名名组合之间蕴涵了一个介词（参见周韧，2011：47）。这一观察角度非常细致，对我们颇有启发。

[2+1] 名名是以名$_{双}$来对名$_{单}$进行凸显，至于凸显名$_{单}$的什么特点，即名$_{双}$与名$_{单}$的语义关系，也无外乎"论元＋中心成分"型或

"附属语+中心成分"型①。前者如"百宝箱、螺丝刀、密码锁、太阳镜、责任心",名$_{双}$(如"螺丝")是名名之间蕴涵的谓词(如"装卸")的论元;后者如"南极圈、黄昏恋、世界观、牛皮纸",名$_{双}$充当了中心成分名$_{单}$的范围、时间、关涉对象、材料等附属性题元角色。"论元+中心成分"型 [2+1] 名名居多,可能是因为:受事(patient)或客体(theme)在谓词结构中属于核心题元角色,与谓词性成分的关联度更高,被联想和激活的几率更大,因而比处所、时间、属性、材料等外围题元角色更凸显,也更容易被提取出来充当定语成分名$_{双}$。

名词定语倾向于表中心语更加本质的属性(Givón,1993;参见柯航,2012:138),不是给某一个中心成分所指的概念增加一个单一的属性,而是用这个名词所指事物的整体属性来对中心语进行修饰和限定,因此,名词所表达的属性更稳定(Ungerer,1999:307—324;参见柯航,2012:138)。这一观点说明了为什么名名占 [2+1] 的近 65%,占总数(4500 个)的近 60%,因为定语性名$_{双}$不再指称实体(entity),而是指实体所隐含的属性,从本质属性或整体属性方面对中心成分名$_{单}$进行分类、说明、限定、细化。至于名$_{双}$的什么属性会被激活,则与相关度(relatedness)、凸显度(salience)和接受度(acceptability)等有关(参见黄洁,2008;谭景春,2010)。

2.2 [1+2] 名名内部的成分形类、韵律、语义的匹配规则

现代汉语名词的典型词长是二至三音节(刘丹青,1996),

---

① 后文表达成分形类、韵律、语义的匹配规则时会用到半破折号,故除引用外,这两类中的半破折号改为加号;词内无"词",引用中的"中心词"改为"中心成分",即"论元+中心成分"型或"附属语+中心成分"型。

而且，"在汉语发展史中，名词的双音化远远快于动词、形容词的双音化"（王洪君，2001）。双音名词在现代汉语中大量存在并使用，三音词也有对其进行分类的 [1+2] 名名，虽然数量远不及 [2+1] 名名。统计显示，[1+2] 名名（含数名）190 个，占 [1+2] 的 25%，占名名的 7.2%。这类名名呈现出比较明显的构词规律和语义特点：

首先，[1+2] 名名中约 2/3 是专业术语或专名，如"靶器官、北温带、磁效应、电容器、肺结核、官本位、管乐器、光电池、流媒体、棉织品、面神经、秋海棠、水循环、性激素、藏羚羊、种概念"。祁峰、端木三（2015）指出，[1+2] 名名组合的例外限于两种特殊情况，即第一个名词属于材料（"棉大衣、皮手套、木地板"类）或所有格（"系主任、党支部、县医院"类）。[1+2] 名名偏正复合词不但体现了上述语义特点，还体现出主要采用凸显专业特点的定语成分名$_单$或中心成分名$_双$进行构词的特点，且这些成分的构词力比较强。如由"热、核、性"作为定语成分分别构成了"热传导、热对流、热辐射、热平衡、热污染、热效应；核讹诈、核反应、核辐射、核潜艇、核燃料、核试验、核威慑、核武器、核战争；性贿赂、性激素、性教育、性器官、性侵犯、性骚扰、性生活、性心理、性行为"，由"细胞、循环、本位"作为中心成分分别构成了"靶细胞、刺细胞、干细胞、血细胞；肺循环、水循环、体循环；官本位、金本位、银本位"。还有一些同属特定义类的定语成分名$_单$，如能源类的"电、光、热、水"，虽未与同一名$_双$构词，但与同属某一义类的几个名$_双$构词了，如"光电池、光电子；热传导、热对流、热辐射、热污染、热效应"等。

其次，[1+2] 名名体现出以反义或类义名$_单$与同一名$_双$构造一组对称的三音词的倾向，如由反义名_单_构成的"上/下＋半场/半晌/半天/半夜/辈子/议院；前/后＋半晌/半天/半夜；南/北＋温带；内/外＋毒素/斜视"，由类义名_单_构成的"东/南/西/北＋半球；金/银＋本位"。也有非对称构词的，如"内/外"还构成了 [1+2] 名名"内骨骼、内侄女；外耳道、外耳门、外孙女、外听道、外祖父、外祖母"和 [1+2] 名动"内/外出血、内/外当家、内/外分泌、内/外寄生"。

进一步观察可以发现，[1+2] 名名以"附属语＋中心成分"型为主，即主要体现处所、时间、属性、材料等外围题元角色。这或与 [1+2] 名名的上述语义特点有关。不像 [2+1]"螺丝刀、太阳镜"中的定语成分"螺丝、太阳"在深层语义结构中充当中心成分所关联的事件结构的核心论元，[1+2] 中凸显专业性或时空性的定语成分名_单_主要充当中心成分的语义关联项（semantic correlation），视为属性、关涉对象、材料、时间、处所等外围题元角色更合适，如"热（效应）、性（教育）、丝（织品）、下（半夜）、北（寒带）"。

2.3 名名内部的成分形类、韵律、语义匹配的理据

作为共存于三音偏正复合词的两种韵律模式，[2+1] 和 [1+2] 在成分的形类选择和语义匹配上也应该与韵律模式形成对应，否则，三音偏正复合词也会像其他类型（如动宾式、补充式）的三音词一样，以一种韵律模式占主导。前文分析表明，具有韵律优势效应的 [2+1] 首选的形类组配是名名。"后为单音名词的较后为双音名词的在结构上更趋凝固，前者多与成词有涉，后者多不成词"（王洪君，2001），因此，与 [1+2] 相比，[2+1] 名名更易成词。[1+2] 名名不易成词，故不多见，主要是专业术语或专名，

且常以凸显专业特点或反义、类义名_单_与同一名_双_构造对举或成系列的一组词。这种语义特点和构词规律不太能产，因为 [1+2] 的专业性或专名性主要体现于名_双_，这些名_双_（如"器官、温带、本位、神经、循环、概念"）往往没有对应的名_单_或其本身是名_单_的下位义词，如"（电）容器、（管）乐器、（棉）织品"是"器、品"的下位义词，只能以双音入词。专业性或专门性的名_双_数量有限，其再分类的概率和构词的效率不及名_单_，尤其不及那些基本语义范畴的名_单_（即某些上位义词），如"器、品"，因而 [1+2] 名名的数量不太多。

语义上，[1+2] 名名与 [2+1] 名名体现的都是对中心成分的分类和命名，之所以名名会选择两种不同的韵律模式，是因为 [2+1] 名名多是体现核心题元角色受事或客体的"论元＋中心成分"型，[1+2] 名名则以主要体现处所、时间、属性、材料等外围题元角色的"附属语＋中心成分"型为主。这样，共存于名名之中的 [2+1] 与 [1+2] 两种韵律模式就在这两种语义关系类型上实现了互补分工（complementary assignment）。这是同形类成分的组配在不同韵律模式中的语义差异。由于受事或客体在谓词结构中具有核心地位和高凸显度，"论元＋中心成分"型占主导的 [2+1] 就成为名名的主流韵律模式。

尽管 [2+1] 和 [1+2] 在名名形类组配的语义表达上实现了分工，但是，有些（主要是 [2+1]）名名之间，无论名_双_是谓词隐含（"论元＋中心成分"型）还是介词隐含（"附属语＋中心成分"型），也无论名_双_是从实体的本质属性或整体属性哪方面分类、限定或说明名_单_，名_双_与名_单_的语义关系解读都可能会遇到多解的困境（黄洁，2008；江新等，2016）。如"太阳镜、太阳帽、太阳灶"中，同为人造类（artifactual types）[①]名$_单$"镜、帽、灶"的定语，名$_双$"太阳"在理论上既可理解为"吸收太阳光"，也可理解为"阻挡太阳光"。事实上，"太阳镜、太阳帽"是阻挡太阳光（的紫外线）的眼镜、帽子，"太阳灶"是吸收太阳（能）的炊事装置。吸收太阳光或阻挡太阳光都充当了人造物"镜、帽、灶"的功用角色（telic role），只是对于人造类名$_单$，定语名$_双$因与之具有可能的多样性解读关系而不会天然地、一致地体现该人造类名$_单$的某一功用，需要在汉语社团的语义规约（semantic stipulation）中定位其功用，即汉语社团共同约定"太阳（镜/帽）"取阻挡太阳光义，"太阳（灶）"取吸收太阳能义。既然名名偏正复合词可能存在语义多解，那么，就可以寻求能够消除或降低这种多解可能性的构词法。于是，对化解名名偏正复合词的语义解读困境具有一定代偿（compensatory）作用的动名偏正复合词就成为数量上仅次于名名的三音偏正复合词。

三、动名偏正复合词内部的成分形类、韵律、语义的匹配规则及其理据

3.1 动名内部的成分形类、韵律、语义的匹配规则

[2+1] 动名是一类比较常见的偏正复合词，但 [1+2] 动名则倾向于构造动宾复合词，构造的偏正复合词数量很少，如"刺细胞、

[①] 关于词的自然类（natural type，名词如"水、人"）、人造类（名词如"刀、妻子"）、合成类（complex type，名词如"书、温度"）的划分及名词的物性结构（qualia structure），可参见 Pustejovsky（1995：第6章；2001：91—123；2006）。

猎潜艇、食茱萸、消石灰、嗅神经"。因此,本文暂不讨论 [1+2] 动名。

[2+1] 动名 1100 个,占 [2+1] 的近 30%,如"罢免权、保温杯、差旅费、度假村、浏览器、纳税人、喷水池、速食面、向日葵"。学界主要从韵律匹配和句法变换等角度讨论了其与双双式 OVN 型复合词(如"碎纸机—纸张粉碎机")的关系(王洪君,2001;石定栩,2002;冯胜利,2004;何元建,2004;周韧,2011:77;柯航,2012:139;董秀芳,2014 等)。若从名词的物性结构来观察就会发现,大多数 [2+1] 动名都凸显了事物(名$_单$)的功用特征(telic feature),即在语义上动$_双$是说明名$_单$的目的(purpose)或功能(function)的。如前文所举的除自然物"向日葵"以外的 8 个词以及"避雷针、传送带、健身房、瘦肉精、停机坪"等,无论其中的动$_双$是联合式还是动宾式,都充当了中心成分名$_单$的功用角色,也就是从功用的角度对名$_单$进行分类、限定或修饰。能够以动$_双$体现其功用性的须是人造类或合成类名$_单$[①],据我们的粗略统计,此类名$_单$的数量虽不及自然类名$_单$,但很多人造类名$_单$的构词力却比较强,如"器、机、品",也多是以构造凸显名$_单$功用义的 [2+1] 动名为主。这样就形成了 [2+1] 动名比较常见、占 [2+1] 近 30% 的局面。从另一个角度看,[2+1] 整体上更像是 1 的形式角色(formal role),即 1 与 [2+1] 是上下位关系。

---

① "纳税人"的名$_单$"人"是自然类,一般而言,自然类名词不涉及功用角色。不过,被赋予某种功能或用途的自然物(Pustejovsky,2006)和被赋予社会属性或行业功能的自然类名词"人"会"含有附加功用义"(宋作艳,2016),如"辩护/代理/发言/监护/接班/买卖/掌门(人)、教书(匠)、劳动(者)"等都是"人"的附加功用义。

不只 [2+1] 动名的内部语义体现功用义，有些 [2+1] 名名和形名的成分之间也体现出 2 是 1 的功用义①，如"工具书、安全门、太平间"，只是这两类对功用义的体现在复合词数量上不及动名多，凸显程度也不及动名。为数不多的 [1+2] 动名（例如"猎潜艇、食荚萸、嗅神经"）体现的也是动$_{单}$为名$_{双}$的功用角色。

此外，双音偏正复合词也常从功用义的角度构词，如"奶牛、肉鸡、烤箱、汤匙"（黄洁，2008；谭景春，2012；江新等，2016；宋作艳，2016 等）。诚如宋作艳（2016）所言，功用义对名词的词义与构词影响很大。

3.2 动名内部的成分形类、韵律、语义匹配的理据

动名在三音偏正复合词主流韵律模式 [2+1] 中是仅次于名名的形类组配选择，那么，为什么 [2+1] 也偏好选择动名？

[2+1] 动名中的动$_{双}$是天然地、直接地、主要地凸显人造类名$_{单}$的功用，如3.1 所举诸例及"保鲜膜、供销社、滑雪板、口香糖、窥视镜、录音笔、强心药"等大量 [2+1] 动名都如此。动名比名名或形名更适于凸显人造类名$_{单}$的功用性，是因为动$_{双}$与名$_{单}$的语义关系并不像 [2+1] 名$_{双}$与名$_{单}$是可多解的，而是具有单一性的、锚定的（anchoring），即动$_{双}$作为事件结构（event structure）的核心谓词能够直指人造类名$_{单}$的功用，体现人造类名$_{单}$产生的"意

---

① 周韧（2016）指出，大部分 [2+1] 名名意义中被隐含的谓词都是名$_{单}$的功用角色，如"厂"的功用是"生产、制造"，因而"皮鞋厂"是"生产皮鞋的工厂"，而不是"修理皮鞋的工厂"。我们赞同周文的观点，只是相比于以动$_{双}$直接凸显名$_{单}$功用义的"制鞋厂"，"皮鞋厂"则需要通过名$_{双}$的语义还原来提取名$_{单}$的功用义，其认知加工过程稍显迂曲。不过，像"玩具厂、家具厂"的名$_{双}$（玩具、家具）没有对应的动$_{双}$，无法构造"制鞋厂、造船厂"这样的 [2+1] 动名，就只能构造 [2+1] 名名，以名$_{双}$隐含的谓词表达名$_{单}$的功用义。

图"（intentionality），且可将这种功用性意图以最显明且无异义的方式在词表形式中表现出来。相比之下，名$_{双}$主要指称实体，实体潜在的多功能、多属性使得其语义实现需要社团规约；而且，名$_{双}$一般充当事件结构的受事、材料等题元角色，没有确定的谓词参与合适的事件结构，名$_{双}$就很难与名$_{单}$建立起准确、有效的语义链接，也就容易形成二者之间可多解的语义关系。因此，若 [2+1] 中的名$_{单}$是人造类并需要凸显功用义时，会首选动$_{双}$与之匹配。

　　人造类名$_{单}$也可以选择不表功用的定语成分构成 [2+1]，由于做定语的动$_{双}$一般都是表功用的，因此，名$_{双}$会被首选为人造类名$_{单}$的非功用性定语成分，如"玻璃砖"中的"玻璃"是人造物"砖"的构成角色，"斑马线"中的"斑马"是人造物"线"的形式角色。如果名$_{单}$是自然类，定语成分就不会是名$_{单}$的功用角色，而是其他物性角色，如"咸水湖"中的"咸水"是"湖"的构成角色，"针叶树"中的"针叶"是"树"的形式角色，那么，名$_{单}$一般会选择论元或附属语类的名$_{双}$作为定语成分来组配 [2+1] 名名。

　　综上，[2+1] 偏正复合词首选名名还是首选动名是由 2 对 1 的认知凸显侧面（salient profile）决定的。当 1 是人造类名$_{单}$时，一般需凸显其功用义，以将造物的目的显性地体现出来，就会首选动$_{双}$来组配 [2+1] 动名；若人造类名$_{单}$需呈现构成、形式等非功用角色，可能这些角色在认知上更凸显或更易为人所理解，如"百褶裙"的形式角色"百褶"，"花生油"的构成角色"花生"，那么人造类名$_{单}$就会选择名$_{双}$来组配 [2+1] 名名；自然类名$_{单}$只选择名$_{双}$来组配 [2+1] 名名。

四、形名偏正复合词内部的成分形类、韵律、语义的匹配规则及其理据

4.1 [1+2] 形名内部的成分形类、韵律、语义的匹配规则

据祁峰、端木三（2015），三音定中式形名组合主要以 [1+2] 的韵律模式出现，占 85% 以上。我们统计，[1+2] 形名偏正复合词 550 多个，占 [1+2] 的 72.4%，占形名的 74.3%，如"粗线条、大后方、短信息、高姿态、黑社会、鬼精灵、贵金属、活字典、急先锋、净产值、快车道、老顽固、冷暴力、满世界、慢镜头、轻音乐、热心肠、少白头、死心眼ﾙ、小金库、新大陆、总路线"。[1+2] 是形名的主流韵律模式，形名也是 [1+2] 的主流形类组配模式。

观察 [1+2] 形名可知，形$_单$都是性质形容词性成分，以单音量度形容词性成分（gradable adjective，下文简称"形$_{单·量}$"）与名$_双$构词为最多。形$_{单·量}$具有非常凸显的语义相反相对性，如"大—小、长—短、多—少、快—慢、老—少、轻—重、死—活"等。成对成组的形$_{单·量}$是比较能产的构词成分，如《现汉》收录的由"大—小"做首成分构成的多音词（双音及以上）分别有 410 多个和 250 多个，其中，据吴亚平（2016），"大/小+双音成分"（双音成分为一个词）的三音词分别有 73 个和 81 个。

从语义上看，[1+2] 形名未必体现偏正式主要对中心成分进行分类的功能，形$_单$会从多个角度与名$_双$进行语义匹配，如吴亚平（2016）就发现，"大—小"会从体积（大/小商品）、长度（大踏步）、时间（大/小晌午）、范围（大/小环境）、规模（大/小生产）、水平（大/小学生）、序列（大/小前提）、数量（大

暴雨、小小说)、称谓(大元帅)、气度(小市民)等十几个角度与名$_双$组合,其中的某些 [1+2] 恐怕并不适于看成是"大—小"对名$_双$的分类。尤其是"大—小"不对称构词的,除上举诸例,又如"大白话、大排档、大手笔、大主教"中的"大"更像是对名$_双$的一种程度上的强调,而"小百货、小不点儿、小饭桌、小黄帽、小报告、小金库、小广播"中的"小"则是从小巧可爱或隐秘不宣的角度来说明名$_双$。可见,[1+2] 形名所体现的并不是偏正式典型的分类义。由于 [1+2] 选择了从多种角度或维度对形名进行语义匹配,所以原本语义上不能结合或结合度不太高的形名(如"大—小"与"元帅、市民、广播"等)也不会显得突兀,其契合性和成词度都已较高。

相比于名名和动名比较显豁的常用义加合型的语义关系,[1+2] 形名的语义通常不是二者常用义的直接加合,定语成分形$_单$会从多个角度对名$_双$进行说明,而未必进行分类。形$_单$与名$_双$的语义关联也没有那么强,形$_单$主要是对名$_双$的一种描摹,是与名$_双$相关的一种属性。不过,也正因为这一点,[1+2] 形名的整体语义才更容易发生进一步的融合,如"大手笔、小饭桌、小金库",以与 [1+2] 形名的自由短语(如"大房间、小水杯")相区别,也更利于其向复合词发展。

4.2 [2+1] 形名内部的成分形类、韵律、语义的匹配规则

[2+1] 形名不多,约 190 个,占 [2+1] 的 5.1%,占形名的 25.7%,如"安乐椅、安全岛、安全门、标准音、长短句、纯净水、胆小鬼、反动派、公开赛、公平秤、孤独症、孤立语、荒诞派、糊涂虫、糊涂账、贫困线、太平门、天然丝、冤枉路、冤枉钱"。

张国宪(2006:338)和祁峰、端木三(2015)等显示,定

中式形名组合中，[2+1] 的比例最低，基本上低于 2%，因此不是一种能产结构。王洪君（2001）认为，双音形容词继承了单音形容词的"性质—使动"两栖性，与后面的单音名词构成使动结构的可能性更大。[2+1] 形名表使动在词法中的表现不如在句法中（如"孤立他、温暖我"）明显，主要构成了偏正复合词。[2+1] 形名与 [1+2] 形名相类，"形"与"名"的语义关系也不像"名"与"名"、"动"与"名"通常是惯常义的加合，"形"与"名"未必应用惯常义，且词义往往会借由成分义发生深度语义融合（deeply semantic-integrated），如"糊涂账"中"糊涂"的常用义为形容人"不明事理；对事物的认识模糊或混乱"（释义引自《现汉》），与"账"组构时并不用此义，用了隐喻引申出的"内容混乱的"。因此，[2+1] 形名"糊涂账"属于"非常用义 + 常用义"的语义匹配，并进一步整体喻指"不容易搞清楚的事情"。

还有一种 [2+1] 形名，如以"太平"构成的"太平斧、太平鼓、太平间、太平门、太平梯"，其中的名$_单$"斧、鼓、间、门、梯"与形$_双$"太平"没有直接的语义关联，不是为"太平"而造、而设的，只是与"太平"这种人们期盼的性状有关。这组三音词的语义范畴与语义内涵差别很大，"太平斧、太平门、太平梯"是与消防、人身安全有关的三类物体；"太平鼓"与"鼓"的形质、类型无关，只是藉由乐器及其载歌载舞的形式表达人们对天下太平的期望；"太平间"寄托了人们愿逝者在那个特殊处所能够安息、太平。这组三音词中的形$_双$显现的是本来与名$_单$无关的某一属性，二者的结合表明它们的语义关联不是主流的、凸显的，但二者能够构成三音词，固然与三音节的中心语为名词性成分而更易成词有关，也说明形$_双$与名$_单$发生了深度语义融合，成分义之间的透明度不高，词的特异性增强。这样的 [2+1] 形名亦可看作是从功用角度命名的，此时的功用性是以性状来凸显的。

总之，[2+1] 形名在语义上或是以形$_{双}$的非常用义入词，或是以形$_{双}$凸显名$_{单}$的某一性状属性，一般形$_{双}$与名$_{单}$会发生语义的深度融合。当然，[2+1] 名名和动名的语义也不乏非成分义加合的，如"笑面虎、摇钱树、忘年交、方巾气、门面话、跳楼价"（李静晓，2016），只是这两类发生语义深度融合的不及语义加合的多。

4.3 形名内部的成分形类、韵律、语义匹配的理据

形容词做定语是用某个单一的属性来对中心语进行说明（Ungerer，1999；参见柯航，2012：138），这可能是形名没有成为 [2+1] 优选的形类组配的主要原因。性状类形$_{双}$与名$_{单}$的关联往往是一种相对松散的、适用范围较广的、多为提示性或非惯常义匹配的"属性—事物"关系，而非名名或动名所体现的较为紧密的、与事件相关联的语义关系。而且，从认知上看，名词性和动词性成分的具象性要高于形容词性成分，形容词性成分一般需要依托具体事物或现象（即名/动词性成分）来体现其性状属性，因而，具象性高的名$_{双}$和动$_{双}$与中心成分名$_{单}$的组配就更加直接、显豁，尤以具象性最高的名$_{双}$与名$_{单}$的组配为 [2+1] 的最优选组配。

[1+2] 首选了形名，正如 2.3 所析，从两种韵律模式共存、语义宜分化的角度来看，三音偏正复合词中不具有韵律效应的 [1+2] 在成分的形类组配上不宜选择名名（[2+1] 在名名中具有韵律效应）和动名（宜被认为是动宾式），形名就自然而然地成为 [1+2] 首选的形类组配。而且，形$_{单}$与名$_{双}$的语义关系有着非字面组合性的深度融合，体现出韵律、成分形类组配的选择、语义分化之间的紧密关联。

总体来看，[1+2] 形名和 [2+1] 形名中的"形"往往不以常用义入词，形名的语义也多不是字面义的加合，二者语义关系相对隐晦，"形"倾向于提示"名"的某种属性，是"一种描摹，不是定性"（沈家煊，2017）。所以，形名并非典型的分类，与名名多数情况下很明显的是定语成分"名"对中心成分"名"的定性式分类和命名有所不同。而且，[1+2] 形名中的形单（以形单·量为主）常用度高，多义性强，构词力强，适配范围广，由其构造的 [1+2] 形名自然也较多。因而，形名具有语义表达的低限性和多种可能性，这决定了其适于 [1+2] 的扩张和类推。

从词类和句法成分的关联标记模式来看，"名词—主宾语—指称、动词—谓语—述谓、形容词—定语—修饰"为无标记组配，其他组配方式都是程度不同的有标记组配（沈家煊，1999：257）。形名偏正属无标记匹配，功能上更倾向于自由短语，不易凝固成词；名名偏正和动名偏正的标记性比形名高，句法自由度会相应地降低，因而更易凝固成词。

五、结语

本文以三音复合词中比重最大的偏正式为研究视点，通过对名名、动名、形名三种形类组配中 [2+1] 和 [1+2] 两种韵律模式与词义、成分义关系的分析发现，[2+1] 和 [1+2] 都是对中心语位置的事物或现象的分类、命名或修饰、说明，但定语成分的形类差异（名、形、动）和语义类属会影响三音词的定中语义关系。三音复合词内部的成分形类、韵律、语义之间呈现出一定的倾向性匹配：

1. "[2+1]—名名—'论元＋中心成分'型"是三音偏正复合词的强势匹配，名$_双$倾向于充当词义结构所隐含谓词的受事、客体等核心题元角色，主要体现名$_单$的本质属性或整体属性；

2. "[2+1]—动名—动$_双$是名$_单$的功用角色"是三音偏正复合词的较强势匹配，动$_双$以联合式和动宾式为主，着重说明人造类名$_单$的功用；

3. "[1+2]—形名—形$_单$多角度说明名$_双$"是[1+2]偏正复合词的强势匹配，形$_单$是常用性质形容词，以形.量为主，更适于被看作是从多角度对名$_双$进行描摹，而非分类；

4. "[1+2]—名名—'附属语＋中心成分'型""[2+1]—形名—形$_双$说明名$_单$的某一属性"和"[1+2]—动名—动$_单$是名$_双$的功用角色"三类匹配都不多。第一类名$_单$倾向于充当名$_双$的"属性、材料、时间、处所"等外围题元角色；第二类秉承三音形名匹配时成分义的非加合性，形$_双$主要以非常用义入词，凸显名$_单$的某一性状属性；第三类极少。

如果给上述三音偏正复合词的成分形类、韵律、语义之间的匹配规则排个优先序列，可大致呈现如下（＞表示优于，粗体为两种韵律模式中的强势匹配，下图同）：

[2+1] 名名 ＞[2+1] 动名/**[1+2] 形名** ＞[2+1] 形名/[1+2] 名名 ＞[1+2] 动名

毕竟这样的匹配规则只是倾向性的，有些匹配我们难以确定其更理想的位置，如[2+1]动名，如果从数量上看，它几乎是[1+2]形名的两倍，二者不应列为一级；但将它与[2+1]名名列为一级似乎也不当，二者相差一倍多。因此，以下图来体现三音偏正复合词的上述匹配规则或许更合适一些。

```
                论元 + 中心成分        名名      附属语 + 中心成分
[2+1]       形双说明名单的某一属性    形名    形单多角度说明名双    [1+2]
                动双是名单的功用角色    动名    动单是名双的功用角色
```

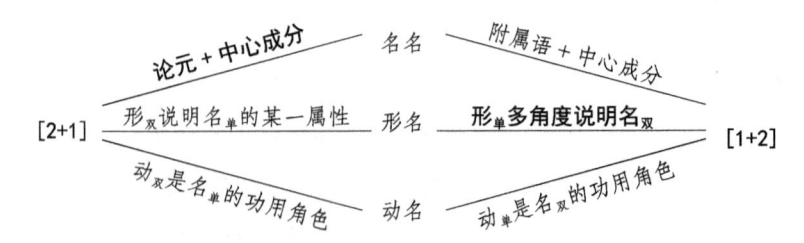

图 1　三音偏正复合词内部的成分形类、韵律、语义的匹配规则

综上，三音偏正复合词内部的成分形类、韵律、语义匹配的优选方案是：主流韵律模式 [2+1] 首选名名，以语义加合为主，凸显对名$_单$的分类和命名；非主流韵律模式 [1+2] 首选形名，语义透明度不高，表现为形$_单$对名$_双$进行多角度提示或描摹。

这些匹配规则的形成理据主要来自于三音偏正复合词名词性中心成分的性质（如是否为人造类）以及不同形类的定语成分对中心成分的凸显侧面：自然类或人造类中心成分需要凸显其受事、关涉对象、材料、处所、时间等题元角色，就选择名名；人造类中心成分需要凸显其功用，就主要选择 [2+1] 动名；自然类或人造类中心成分需要多角度凸显其性状或由性状引出的属性，就选择形名。

复合词内部的成分形类、韵律、语义之间的匹配是有规律可循的，其中必有强势韵律模式、优势形类组配和具有普遍性的语义倾向；不同的韵律模式、相同形类组配的内部（如 [2+1] 名名与 [1+2] 名名）也必有与之适配的、形成互补分布的语义微差；这些匹配规则也有理据可析。希望本文对这些问题的探讨有助于汉语复合词法更加关注并深入讨论韵律、结构、成分形类、语义等界面之间的关系，也希望在研究范式上对相关问题的分析有一定的启示性。

参考文献

[1] 卞成林（1998）现代汉语三音节复合词结构分析，《汉语学习》第 4 期。

[2] 程荣（2015）语汇学的研究对象与新语的类型特点，《世界汉语教学》第 4 期。

[3] 董秀芳（2014）2+1 式三音节复合词构成中的一些问题，《汉语学习》第 6 期。

[4] 端木三（1999）重音理论和汉语的词长选择，《中国语文》第 4 期。

[5] 端木三（2000）汉语的节奏，《当代语言学》第 4 期。

[6] 冯胜利（1996）论汉语的"韵律词"，《中国社会科学》第 1 期。

[7] 冯胜利（1998）论汉语的"自然音步"，《中国语文》第 1 期。

[8] 冯胜利（2004）动宾倒置与韵律构词法，《语言科学》第 3 期。

[9] 何文秀（2011）2+1 式三音词的构词和语义研究，北京大学硕士学位论文。

[10] 何元建（2004）回环理论与汉语构词法，《当代语言学》第 3 期。

[11] 黄洁（2008）名名复合词内部语义关系多样性的认知理据，《语言教学与研究》第 6 期。

[12] 惠天罡（2014）近十年来汉语新词语的构词、语义、语用特点分析，《语言文字应用》第 4 期。

[13] 江新、房艳霞、杨舒怡（2016）汉语母语者和第二语言学习者名名组合的理解，《世界汉语教学》第 2 期。

[14] 柯航（2012）《现代汉语单双音节搭配研究》，北京：商务印书馆。

[15] 李慧（2012）嵌入式语块的构成及语义发展，《汉语学习》第 4 期。

[16] 李静晓（2016）非常规性搭配三音词语的韵律—结构—语义调适，

第三届汉语韵律语法研究国际研讨会（北京语言大学）论文。

[17] 刘楚群（2012）近年新词语的三音节倾向及其理据分析，《汉语学报》第3期。

[18] 刘丹青（1996）词类和词长的相关性——汉语语法的"语音平面"丛论之二，《南京师大学报（社会科学版）》第2期。

[19] 陆丙甫（1989）结构、节奏、松紧、轻重在汉语中的相互作用——从"等等+单音名词"为何不合格说起，《汉语学习》第3期。

[20] 吕叔湘（1963）现代汉语单双音节问题初探，《中国语文》第1期。

[21] 孟凯（2016）三音词语的韵律—结构—语义界面调适——兼论汉语词法的界面关系，《中国语文》第3期。

[22] 祁峰、端木三（2015）定中式形名组合词长搭配的量化研究，《语言教学与研究》第5期。

[23] 沈家煊（1999）《不对称和标记论》，南昌：江西教育出版社。

[24] 沈家煊（2017）汉语"大语法"包含韵律，《世界汉语教学》第1期。

[25] 石定栩（2002）复合词与短语的句法地位——从谓词性定中结构说起，见中国语文杂志社编《语法研究和探索》（十一），北京：商务印书馆。

[26] 宋作艳（2016）功用义对名词词义与构词的影响——兼论功用义的语言价值与语言学价值，《中国语文》第1期。

[27] 谭景春（2010）名名偏正结构的语义关系及其在词典释义中的作用，《中国语文》第4期。

[28] 谭景春（2012）词典释义中的语义归纳与语法分析——谈《现代汉语词典》第6版条目修订，《中国语文》第6期。

[29] 王灿龙（2002）句法组合中单双音选择的认知解释，见中国语文杂志社编《语法研究和探索》（十一），北京：商务印书馆。

[30] 王洪君（2000）汉语的韵律词与韵律短语，《中国语文》第 6 期。

[31] 王洪君（2001）音节单双、音域展敛（重音）与语法结构类型和成分次序，《当代语言学》第 4 期。

[32] 吴为善（1986）现代汉语三音节组合规律初探，《汉语学习》第 5 期。

[33] 吴亚平（2016）"大／小＋双音成分"的对称性及其成因研究，北京语言大学硕士学位论文。

[34] 杨书俊（2005）三音节"$V_单+X+N_单$"构词分析，《汉语学报》第 4 期。

[35] 张国宪（1996）单双音节形容词的选择性差异，《汉语学习》第 3 期。

[36] 张国宪（2005）形名组合的韵律组配图式及其韵律的语言地位，《当代语言学》第 1 期。

[37] 张国宪（2006）《现代汉语形容词功能与认知研究》，北京：商务印书馆。

[38] 张国宪（2016）《现代汉语动词的认知与研究》，上海：学林出版社。

[39] 中国社会科学院语言研究所词典编辑室编（2016）《现代汉语词典》（第 7 版），北京：商务印书馆。

[40] 周韧（2011）《现代汉语韵律与语法的互动关系研究》，北京：商务印书馆。

[41] 周韧（2016）汉语三音节名名复合词的物性结构探讨，《语言教学与研究》第 6 期。

[42] Duanmu, San (2012) Word-length preferences in Chinese: A corpus study. *Journal of East Asian Linguistics* 21(1).

[43] Givón, Talmy (1993) *English Grammar: A Function-based Introduction*. Amsterdam: John Benjamin Publishing Company.

[44] Lu, Bingfu & San Duanmu (2002) Rhythm and syntax in Chinese: A case study. *Journal of the Chinese Language Teachers Association* 37(2).

[45] Pustejovsky, James (1995) *The Generative Lexicon*. Cambridge, Massachusetts: The MIT Press.

[46] Pustejovsky, James (2001) Type construction and the logic of concepts. In Pierrette Bouillon & Federica Busa (eds.) *The Syntax of Word Meanings*. Cambridge: Cambridge University Press.

[47] Pustejovsky, James (2006) Type theory and lexical decomposition. *Journal of Cognitive Science* 30 (6).

[48] Selkirk, Elisabeth (1984) *Phonology and Syntax: The Relation between Sound and Structure*. Cambridge, Massachusetts: The MIT Press.

[49] Ungerer, Friedrich (1999) Diagrammatic iconicity in word-formation. In Max Nnny & Olga Fischer (eds.) *Form Miming Meaning: Iconicity in Language and Literature*. Amsterdam: John Benjamin Publishing Company.

汉语语气词"～嘛"的情态意义 *

崔希亮

〇、问题的提出

我们的问题来源于现实生活。这是酒桌上劝酒者常说的一句话：

酒嘛，水嘛，喝嘛！（新疆普通话）

这句话里边的三个"～嘛"是不一样的。第一个"～嘛"是话题标记，或者如方梅（1994）所说，是主位标记；第二个"～嘛"表达言者不容置疑的肯定判断，或者说是表达言者的强势确定意义；第三个"～嘛"表达了言者的恳请或者祈使意义。可以看出，语气词"～嘛"是个具有多重功能、多重意义的语言形式，对它应该进行多层次的分析。

"～嘛"（在某些文献中也有"～嚜""～么""～末"等变体形式）在现代汉语普通话中是一个使用频率很高的语气词，关于它的性质、功能、意义和用法都有人做过比较细致的研究，但是不同的研究者看到的是"～嘛"的不同侧面，因此得出的结

---

* 原文发表于《语言教学与研究》2019年第4期。

论也不尽相同，所以我们觉得仍有一些问题值得提出来进一步讨论。综合各家的研究以及我们的考察，可以看出：语气词可以表达言者情绪、言者情感、言者态度和语用预设，它们都与言者主观情感和主观态度有关，而言者的主观情感或主观态度又与言者的主观认识有关，言者的主观认识通过语气词的形式来表达则属于语言中的情态范畴（modal category），所以我们认为这些都可以概括为语气词的情态意义。那么，"～嘛"到底表达什么情态意义呢？我们还得从前人的研究结论入手。

一、与"～嘛"的意义和功能相关的讨论

赵元任（1926）指出"～末"（嘛）表示的是"你应当知道、记得或懂，但我想或我怕你实在不知道，不记得或不懂"，这可以概括为在说话人看来"应知未知"的情态意义。吕叔湘（1982）指出"～么"（嘛）含有态度反问性、感情含蓄性和功能释因性，"用来指点一件事情的原因或理由"是"说话人认为很明显的原因或理由"，这一见解可以概括为在说话人看来"显而易见"的情态意义。王力（1985）从情绪表达的角度出发，指出"～么"（嘛）所表达的不平语气及其"不平、怨望、感慨、不耐烦"等情绪，也就是说语气词可以表达情绪，这可以概括为"不平则怨"的情态意义。屈承熹（Chu, 1998）从功能语法的角度，认为语气词"～嘛"在语用层面具有预设功能，即表达命题的确凿性，在话语层面，言者坚持认为听话者或读者应该相信并接受其所说信息的真实性，"～嘛"所表示的"显而易见、不言而喻、意见不合、不耐烦、愤慨"等情绪和意义都是"预设"与"坚持"这

两个语用功能与表达的命题意义交互作用的结果。这个说法有点复杂，简而言之就是语气词"～嘛"表达预设意义。郑曼娟（2018）考察比较了三个习语，认为三个习语构式都可以表达合预期信息，但"我说呢"关联的是所含预期，"我说吧"关联的是所言预期，"我说嘛"则可以关联两种预期。强星娜（2008）也认为语气词"～嘛"标记说话人的知情状态，具体表现为说话人对听话人知情状态的预测，即认为听话人不知道自己应该知道的，"～嘛"是一个直陈语气词，反映说话人对命题为真的强确定态度，"～嘛"的强确定性以及附带的"不满"情绪都来源于它所标记的说话人的知情状态，在这里她提到了知情状态与认识情态之间的关系。齐沪扬（2002a、2002b）认为"语气是通过语法形式表达的说话人针对句子命题的一种主观意识，语气是一种语法范畴"，虽然他没有从情态的角度来讨论语气词的意义。郭红（2012）认为"～嘛"是汉语的传信语气词，"传信"意义就是一种情态意义。赵春利、杨才英（2016）根据"～嘛"的认知意义与内在矛盾，逐一分析"～嘛"的四种情感类型：气愤不满意型、急躁不耐烦型、撒娇不遵从型、无谓不在乎型，并基于因果关系和分类关系，构建句末助词"～嘛"的认知与情感的语义关联图。以上各家的研究加起来似乎很全面了，但是仍然无法概括语气词"～嘛"的全部意义，也没有统一把语气词的语气意义作为一个情态范畴来对待。这样的话有些解释和概括就还是只看到它的某一个侧面，例如我们在本文开头所说的那三个"～嘛"就很难用前面的四种情感类型来概括。"～嘛"表达祈使意义时具有很强的语力（force），"～嘛"常常用来表达大众观念（common sense），这是以往的研究者没有注意到的。

方梅（1994）从另外一个角度指出了"~嘛"在信息结构中的功能，她认为句中语气词标示的成分既不是主语也不是话题，甚至不是直接句法成分，她从句子信息结构的角度观察，认为句中语气词反映的是句子次要信息和主要信息划分的"主位—述位"结构的标记。强星娜（2010）则区分了话题标记的"~嘛"和语气词的"~嘛"，并描写了它们语法化的过程。这种区分是有道理的，但是这与它所表达的情态意义没有关系，属于"~嘛"的功能范畴，与言者态度无关。

以上所列举的各种观点概括起来有以下这么几点：

1. "~嘛"作为语气词可以表达某种情绪；
2. "~嘛"作为语气词可以表达某种意义；
3. "~嘛"作为语气词可以表达某种语气；
4. "~嘛"作为语气词可以标记某种态度；
5. "~嘛"作为语气词可以传达某种预设；
6. "~嘛"作为语气词可以表达对听话人的预测；
7. "~嘛"作为语气词可以概括为四种情感类型；
8. "~嘛"作为主位—述位标记或话题标记。

这里涉及的一些概念诸如情绪、意义、语气、态度、预设、预测、情感、主位—述位标记、话题标记，它们属于不同的范畴。情绪、情感属于情志范畴，意义、语气属于语义范畴，态度、预设、预测属于语用范畴，主位—述位标记或者话题标记则属于功能范畴。换言之，"~嘛"显然并不单纯，作为一个语言形式，它关涉不同的认知范畴，这些范畴是彼此关联的。但是我们可以清楚地看到，除了话题标记或信息结构中的主位—述位标记之外，其他的范畴都与言者主观认识相关，这些与言者主观认识相关的意义范

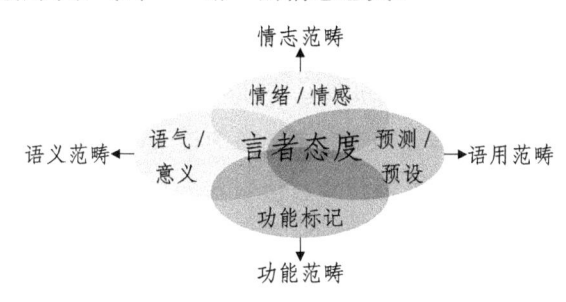

畴可以统括为语气词"～嘛"的情态意义。

```
         情态范畴
          ↑
        情绪/情感
语义范畴 ← 语气/  言者态度  预测/ → 语用范畴
         意义            预设
            功能标记
              ↓
            功能范畴
```

什么是情态（modality），这个概念在传统语法、系统功能语法和模态逻辑中有不同的内涵，它最初源于传统模态逻辑对必要性和可能性的探讨；在语言学领域，情态作为一个独立的句法语义范畴而为很多学者所关注。国外语言学界关于情态的研究主要聚焦于认识情态（epistemic modality）、道义情态（deontic modality）和动力情态（dynamic modality）（崔希亮，2003）。关于情态的多维度研究，杨曙（2018）做了比较全面的综述，这里就不赘述了。简言之，我们认为情态是语言表达过程中与言者主观认识有关的句法语义范畴，它关涉言者的态度、立场、观点、判断（包括毋庸置疑的判断和测度性判断）和预设。就汉语和我们周边的语言而言，语气词是表达情态意义的重要手段。例如：

老师：你下午三点来办公室找我好吗？

学生：1. 好吧。（勉强，不情愿）

2. 好哒。（愉快地答应）

3. 好滴。（愉快地接受并撒娇）

4. 好的。（没有表情，公事公办）

5. 好啊！（早有预约，终于实现）

6. 好嘞！（愉悦地接受）

7. 好呀！（愉悦地接受，女性化）

学生的七种回答用了七个不同的语气词，表达了言者不同的主观态度，也就是说，不同的语气词表达了言者不同的情态意义。传统语义学只是把情态作为一个静态的语义范畴来对待。系统功能语法和话语分析的发展，逐渐认识到情态不仅仅是与命题的可能性、必要性、肯定、否定这些参数相关，它已经成为与交互主观性（intersubjectivity）密切相关的概念。认知语言学又把情态研究向前推进了一步，他们研究了情态的语力（force）问题。语言类型学的研究发现了情态意义的表达手段不仅仅与情态动词、情态副词相关，还跟语气词相关，而在一些语言里，语气词是表达情态意义的重要手段。下面就来具体解剖一下语气词"～嘛"，看看它是如何表达情态意义的。

二、言者情绪

情绪是一种生理和心理状态，它可以通过语言表达出来，也可以通过其他形式表现出来。情绪是一种综合症候，很难划分边界，它与语言形式的关系也不是一一对应的。语气词都可以表达言者情绪，因为情绪往往是态度的伴生物。"～嘛"表达的言者情绪则比较强烈。例如[①]：

（1）莫筏蝉唉了一声。"跟你说了我不喜欢打猎的[嘛]。""喔……"寒仲轩委屈地瞅她一眼。（古凌《害臊

---

① 本文语料来自北京语言大学 BCC 语料库、北京话口语语料库和北京大学的 CCL 语料库，特此致谢！

大侠刁姑娘》）

（2）为什么？因为他狗眼[嘛]！狗眼当然看人低。（李敖《李敖对话录》）

（3）再说，那本小说早八百年就出版啦！电视上还演那么多遍，有什么意思[嘛]！（青山刚昌《推理小说家失踪事件》）

（4）这些价格根本就没有道理[嘛]，这是砍人[嘛]，这也太离谱了[嘛]！（《1994年报刊精选》）

以上几个例子中的"～嘛"没有"应知未知""显而易见"的意思，它们表达的都是言者的不满情绪，当然也可以说是"不平、怨望、感慨、不耐烦"。情绪是个复合体，它往往与言者态度纠结在一起。不满的情绪其实也就是一种否定的态度。情绪是不是语言的意义？意义可以有不同的层次，它可以包括词汇意义、语法意义、语用意义。笼统地说，意义是与形式相对的，意义由形式来表达，但是一个形式往往可以有不同的意义。情绪也是意义，语气也是意义，口气也是意义，语用预设和言者态度都是意义。那么它们都属于什么意义呢？它们都与言者的言语行为状态有关。Palmer（2001）将情态范畴扩大到跟动词性复合体有关的一切事件和情景，这其中也包含了狭义的语气范畴（崔希亮，2003），按照这个理解，我们可以说它们都属于情态范畴。情态是语言的一种句法语义范畴，它通过一定的语言形式表达出来。它表达的言者态度包括言者的好恶、判断、预期、意向、情志等，而言者态度是与认知有关的。赵春利、杨才英（2016）指出："句末助词不仅具有一定的认知意义，还能表达一定的情感，而一个句末助词的情感成因并非无源之水、无本之木，而是受制于该句末助词的认知意义。"这个看法是有道理的。这是"～嘛"的第一层意义，也是情态意义最外围的一层。

三、言者态度

我们有一个很强烈的感受，使用"～嘛"的时候说话人的态度是很鲜明的。究竟是一种什么态度呢？我们看例句：

（5）从清朝要来的就是中国的[嘛]！是不是？开那个会议，为什么还给我呢？你美国承认是我的[嘛]！（李敖《李敖对话录》）

例（5）出现的两个"～嘛"都传达出一种十分肯定的语气，表达了言者不容置疑的态度。也可以借用熟语表达言者态度。例如：

（6）该转弯的时候，要及时转弯。"识时务者为俊杰[嘛]！"（李文澄《努尔哈赤》）

在我们看到的语料中，这种引用熟语形式来表达言者态度的例子很多，例如"礼多人不怪嘛""事在人为嘛""有备无患嘛""夫贵妻荣嘛""心宽体胖嘛""百闻不如一见嘛""安居才能乐业嘛""和气生财嘛""旧的不去新的不来嘛""不打不成交嘛""一日夫妻百日恩嘛"等等。这些熟语代表了大众观念，言者借助于大众观念来表达一种态度，"～嘛"是对这种观念的强势肯定。这种大众观念流行广泛，因此具有"不言而喻"的意味。

（7）那个太好笑了，好好笑啊！宪哥啊，你怎么那么好笑！讲个笑话听听[嘛]！（电视访谈《鲁豫有约》）

例（7）的"～嘛"传达的是言者的另外一种态度：恳切地请求。这种恳求发展到极致即变成了撒娇：

（8）都不笑场的！！！人家想要[嘛]！（BCC 微博）

（9）陈乔治的腮帮给红菱用两个留尖指甲的手指掐住："别逼人家[嘛]！"（严歌苓《金陵十三钗》）

恳求也可以是一种劝说。例如：

（10）别不好意思，还去到俺那里去拿些来，不要客气[嘛]！（李文澄《努尔哈赤》）

由劝说可以引申为劝阻：

（11）你们不要欺负师妹[嘛]！！！（BCC 微博）

之所以说是劝阻而不是禁止，因为"～嘛"口气比较委婉。BCC 语料库一例"严禁～嘛"都没有出现[①]。

从前面的例子中我们看到言者态度有不同的等级：

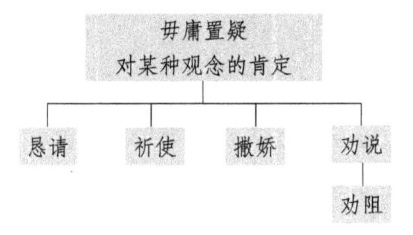

```
        毋庸置疑
      对某种观念的肯定
    ┌──────┬──────┬──────┐
   恳请   祈使   撒娇    劝说
                         │
                         劝阻
```

---

① BCC 汉语语料库总字数约 150 亿字，包括：报刊（20 亿）、文学（30 亿）、微博（30 亿）、科技（30 亿）、综合（10 亿）和古汉语（20 亿）等多领域语料，是可以全面反映当今社会语言生活的大规模语料库。

四、预设意义

预设是话语交际中的附带信息,它是双方共同认可的背景知识,这个背景知识在说话人看来是无可争议的。对于言者来说,(a) 言者相信命题 P_i;(b) 言者认定听者知道 P_i 并相信 P_i;(c) 言者认定听者知道言者认定听者知道 P_i 并相信 P_i。言者的认识可能是公众的共同认识,也可能是自己的主观认识(崔希亮,1993)。我们先来看方梅(1994)的例子:

(12) 这就对喽。男人[嘛],就是得靠自己。

在这里言者对"男人应该是什么样子"有明确的预设,而且言者认为这个认识是为大众普遍接受的。"~嘛"表达了这样的信念。类似的例子如:

(13) 所以我觉得说这个,人[嘛],啊,毕竟你走哪路必不是笔直的,啊,得遇见这样儿那样儿的,啊。(北京话口语语料库)

(14) 我那个时候儿,是哇。因为什么你穿一个大褂儿按说规矩呀,买卖人[嘛],戴个帽儿头。你瞧那大褂儿帽儿头啊,那是最规矩。(北京话口语语料库)

这里提到的"人嘛""买卖人嘛"都隐含着言者对"人""买卖人"的主观认识,例(14)的下文还明确表明了听者对言者观念的批评,类似的例子还有很多,如"年轻人嘛""首都嘛""老外嘛""国产的嘛""炎黄子孙嘛""老人家嘛""小孩子嘛"等等,它们都有言外之意,含有"毕竟——嘛"的预设意义。有的时候"毕竟"直接出现：

（15）毛仁风无论怎么威风八面，[毕竟]也是个男人[嘛]，怎么能逃得了这个法则。（卞庆奎《中国北漂艺人生存实录》）

（16）[毕竟]是改革开放之初[嘛]！在这之前，很少与外国人打交道，更不要说向他们征税了。（1998年《人民日报》）

（17）[毕竟]大家都是小朋友[嘛]，需要磨炼一段时间。（电视访谈《鲁豫有约·红伶》）

在实际的语言交际中，不仅仅是"男人""女人"这样的名词加"嘛"可以表达这样的预设，还可以是比较复杂的形式。例如：

（18）在她的观念里，[当歌手嘛]，就是要让别人出钱来捧。（《作家文摘》）

（19）[为人父母嘛]，自我牺牲是无条件的。（自拟）

言者对"当歌手"和"为人父母"都有先入为主的看法，这种看法是由"～嘛"传达出来的。

（20）她也拉了一下李槐英的裙子，"人生——[逢场作戏嘛]，我们和那些太太们一起玩玩去。"（杨沫《青春之歌》）

这个例子中的"～嘛"表达的是言者对命题的强势肯定态度，这种不容置疑的意义来自于言者表达的预设意义。言者认为这个预设意义是大家都认可的。"古语说""老话说""俗话说"等等都表达这样的预设意义。

五、语气意义

"～嘛"是句末语气词,当然表达某种语气。什么是语气?语气是在具体的话语中用特定的语言形式表达出来的言者态度。表达语气的手段可以是语气助词、语气词、语气副词。以前我们讨论语气的时候主要有陈述语气、疑问语气、祈使语气、感叹语气等。那么,"～嘛"表达的是什么语气呢?前面我们已经看到了"～嘛"可以表达祈使语气,如例(7)、(9)—(11)。我们再看下面的例子:

(21)哎,我也能扛,我就是不,他疼他的,不就是疼[嘛]。哎,反正是吃药呗!(北京话口语语料库)

这里的"不就是疼嘛"表达了言者无所谓的态度,但这是"不就是～嘛"整体表达的。我们在BCC语料库中找到很多这个格式。"不就是一点钱嘛""不就是撒泼嘛""不就是失恋嘛""不就是疗养嘛""不就是过年嘛""不就是矮点嘛""不就是演习嘛"等等,都是一种无所谓的口气。口气跟语气是一回事吗?"语气"一词在《现代汉语词典》(第7版)(2016:1601)中有两个义项:(1)说话的口气。(2)表示陈述、疑问、祈使、感叹等分别的语法范畴。可见在日常语言中我们对语气和口气是不加区分的。在话语交际中,口气是言语行为的组成部分,指的是在话语交际过程中言者的语势和表达方式,例如亲昵的口气、轻蔑的口气、不屑一顾的口气、傲慢的口气、无所谓的口气等。行文至此，我们看到"口气"其实也是言者态度的外在表现形式，"~嘛"与某种特定的语言形式结合起来可以表达无所谓的口气。徐晶凝（2000）指出："陈述、疑问、祈使、感叹语气，是一种语法范畴，作为语法意义的类，它是语言语义功能的体现，英文译作 Mood。交际时，说话者根据交际需要选择适当的 Mood，同时，往往还要附加表达自己对交际内容的某种感情、态度或意向，这种语气，是一种情态（Modality）。Mood 是语气得以实现的场，即 Mood 中可以采取不同的语气表达方式表达不同的语气。"我想这段话是不太容易理解的，但有一点很清楚，徐晶凝认为语气是一种情态意义，它是情态表达的附带意义。也就是说，言者会选择某一种口气来表现某种态度。而这种口气往往与某个语气词共现，甚至与其他的相应语言形式共现。例如由无所谓的态度可以推衍出对某事物的轻视或者小看，形式上可以用无所谓的口气，话语形式表现为"~而已嘛"：

（22）呦，对不起老大，爆点小料而已 [嘛] ！（BCC 语料库）

（23）一面之缘而已 [嘛] ！（BCC 语料库）

有的时候"~嘛"给人一种"打官腔"的感觉，例如电视剧《我爱我家》里边的爷爷傅老说话就是这样的：

（24）怎么能比 60 年呢？60 年我好歹还有烟抽 [嘛] ！当然香烟质量是差一点，人称"紧噘牌"，必须"背着风，就着灯，儿子叫爸不敢应"——可也聊胜于无 [嘛] ！（《我爱我家》）

"打官腔"本身是一种说话的方式，给人的感觉是"高高在上"，有点傲慢，这也是一种言者态度。

六、提示功能

有的时候"～嘛"并不能表达言者态度，只是说话人用来提醒听话人这是一个已知信息。例如：

（25）因为什么闹过意见呢，我刚才不是说［嘛］，我这人好说直话。（北京话口语语料库）

（26）那阵儿净搞阶级斗争不是［嘛］，就说是，他结婚就是晚，多少次自己也不想这事儿，那。（北京话口语语料库）

"我刚才说过"和"那阵儿净搞阶级斗争"都是已知信息，言者用"～嘛"来提示听者。有的时候言者并未真的说过前面的话，但是也可以这么用：

（27）不单说交通警负责，而且在这个，走路这方面儿，没告儿您说［嘛］，作为我们来说，居委会同志们呢也都是，每天都要值班，巡逻，嗯。（北京话口语语料库）

有的时候"～嘛"并非用来提示听话人，而是言者自我提示：

（28）是在香山中学呀，教数学的一个老师，是个女孩子。这个岁数儿［嘛］，也就二十六七岁。（北京话口语语料库）

（29）一下儿住了多半年，这是八零八零年，八一年。我七九年［嘛］，三月二十回来的嘛。这不是，在家里就这

么呆着。（北京话口语语料库）

这两个例子中的"～嘛"似乎并不传达什么语气意义，也不表示言者态度或者预设等等，这是言者在回忆往事的时候用以自我提示的停顿。

七、结语

现在我们回过头来看本文开头的那个例子，第一个"～嘛"可以看作是主位标记，或者话题标记，这取决于看问题的视角；第二个"～嘛"可以看作是句子信息结构与主位相配的述位，或者看作与话题相对应的评论，但是这个评论具有强烈的言者主观性，我们说它具有情态意义；最后一个表示劝说，言者主观意味很明显。这两个"～嘛"都可以概括为"～嘛"的情态意义。

酒嘛 theme/topic　水嘛 rheme/comment/modality　喝嘛 modality

事情并未就此结束，我们分析了"～嘛"出现的语言环境，发现"～嘛"可以表达言者情绪、言者态度、言者语气，而情绪、态度和语气通常是共生的关系，它们虽然隶属于不同的认知范畴，但是在言语行为中常常纠结在一起，因此会给分析者带来困扰。我们也发现，"～嘛"有的时候也可以不表达言者情绪、态度和语气，只有提示功能。综合以上分析，我们得出结论：

1. 语气词"～嘛"有两种功能：一种表达情态意义，一种只是作为话语标记，标示话语的主位/话题，或者仅仅具有一种提示功能。

2. "～嘛"的情态意义包括言者强烈的不满情绪、对某一命题不容置疑的态度、无所谓的态度和对某一预设的认同,包括与此伴生的口气,这些都可以概括为言者态度。

3. 前贤文中提到的"应知未知""不言而喻""显而易见""怨愤不平"等等考语都可以归入言者态度这个范畴;他们没有提到的祈使意义也可以归入言者态度这个范畴。

4. 情态意义是一个句法语义范畴,在句法上有形式标记,语气词就是一类重要的形式标记,在语义上体现言者主观性。语气词表达情态意义时往往与某种情绪、某种口气形成伴生关系,这就是为什么有人从情感类型上去研究它的原因。但是我们必须了解"～嘛"所显现的各种不同的意义和用法属于不同的认知范畴:情志范畴、语义范畴、语用范畴、功能范畴。因为无法把情绪、口气、态度这些不同范畴的东西完全从语气意义中剥离出去,所以我们承认情绪、口气、态度是作为语气词情态意义的伴生意义而存在的。

参考文献

[1] 崔希亮(1993)汉语"连"字句的语用分析,《中国语文》第2期。
[2] 崔希亮(2003)事件的情态和汉语的表态系统,见中国语文杂志社编《语法研究和探索》(十二),北京:商务印书馆。
[3] 方梅(1994)北京话句中语气词的功能研究,《中国语文》第2期。
[4] 郭红(2012)汉语传信语气词"嘛"和"呗",《首都师范大学学报(社会科学版)》第5期。
[5] 吕叔湘(1982)《中国文法要略》,北京:商务印书馆。
[6] 齐沪扬(2002a)论现代汉语语气系统的建立,《汉语学习》第2期。
[7] 齐沪扬(2002b)《语气词与语气系统》,合肥:安徽教育出版社。

[8] 强星娜（2008）知情状态与直陈语气词"嘛"，《世界汉语教学》第 2 期。

[9] 强星娜（2010）话题标记"嘛"与语气词"嘛"，《汉语学习》第 4 期。

[10] 王力（1985）《中国现代语法》，北京：商务印书馆。

[11] 徐晶凝（2000）汉语语气表达方式及语气系统的归纳，《北京大学学报（哲学社会科学版）》第 3 期。

[12] 杨曙（2018）情态的多维度研究，《外国语文》第 1 期。

[13] 赵春利、杨才英（2016）句末助词"嘛"的认知与情感的关联性研究，《外国语（上海外国语大学学报）》第 5 期。

[14] 赵元任（1926）北京，苏州，常州语助词的研究，《清华大学学报（自然科学版）》第 2 期。

[15] 郑曼娟（2018）所言预期与所含预期——"我说呢、我说嘛、我说吧"的用法分析，《中国语文》第 5 期。

[16] 中国社会科学院语言院语言研究所词典编辑室编（2016）《现代汉语词典》（第 7 版），北京：商务印书馆。

[17] Chu, Chauncey C.（1998）*A Discourse Grammar of Mandarin Chinese.* NewYork and Bern: Peter Lang Publishing.

[18] Palmer, Frank R.（2001）*Mood and Modality,* 2nd edition.Cambridge: Cambridge University Press.

言者依据和预期信息

——谈"吧"的两个语用功能及其形式特征*

汪敏锋

学界关于语气词"吧"的研究成果非常丰富。经初步统计，除了表"揣测""猜度""认可""同意""请求""商量""劝告""建议"之外，涉及句末"吧"的意义还有"委婉发问""催促""命令""表示委婉""弱式传信""不肯定"（Li&Thompson, 1981；胡明扬，1981；朱德熙，1982；邵敬敏，1996；吕叔湘主编，1999；张谊生，2000；齐沪扬，2002等）、"迟疑"（屈承熹，2006）、"语用缓和"（冉永平，2004等）、"求同功能"（何自然主编，2006：346）、"起降低或削弱语气的作用"（卢英顺，2007）、"对命题内容作出推量，并要求确认"（徐晶凝，2008）、"削弱句子的肯定语气"（周士宏，2009）、"决断行为标记（和缓、求证）"（高增霞，2011）等二十余种。最近有新的研究又提出了"吧"表示"意向待定"这一核心意义，认为"吧"主要分布于"揣测性的陈述句、求证性和征询性的疑问

---

* 原文发表于《世界汉语教学》2018年第2期。

句和商榷性的祈使句中","具有较强的命题信息未定而主观情态求定的意向"(赵春利、孙丽,2015)。例如:

(1) a. 大概优秀的教练都是有个性的［吧］。(揣测性的陈述句)

b. 您或许见过那个［吧］？(求证性和征询性的疑问句)

c. 让他走［吧］！(商榷性的祈使句)

应该说,随着研究的深入,"吧"的一些新功能被挖掘出来。但是,还无法解释下面这些语言事实:

(2) 我是直行,直行优先你知道[吧]？你倒车要看后面。(《坐稳》)

(3) A1：你姐姐美不美啊？

B1：美！

A2：骗人吧？

B2：嫦娥姐姐好看［吧］？我姐比她还好看十倍呢。(朋友聊天记录)

(4) 你看,下雨了［吧］。叫你不带伞,活该！(朋友聊天记录)

(5) A1：钱不够［吧］,刚让你多带点,你就是小气,现在这件衣服买不成了。

B1：前几天不是打折吗,谁知道今天又变回原价了。(朋友聊天记录)

上述用例中的"吧",从形式上看,似乎有"求证性"或"寻求认同",但其实并非如此,从话语结构上看,表示"求证性"或"寻求认同"的"吧"往往用于结束话轮,不管信息状态如何都有"求"的成分,往往需要等待对方做出回应,表义重心在"吧"前信息,而例(2)(3)言者在话语交际中对"吧"前信息并没有什么需要听者做出回应的问题,也并不期待听者做出何种反应,即无所"求",在话语结构上"吧"所在命题之后还有后续信息,此乃言者表义重心,也即要求对方接受的言者立场,如例(2)(3)听说双方对命题信息"直行优先""嫦娥好看"并无疑问,形式上也不能插入表揣测的情态成分,而且无须听者进行确认回应;在陈述句中也并没有揣测性,如例(4)(5),命题信息"下雨了""钱不够"为交际主体明知且无法改变的已然事实,形式上不能插入揣测性副词,如"大概""或许"等。可见,受到语料来源和性质的限制,我们对"吧"的掌握还不够全面。语气词"对语境的依赖性很高,离开具体的语境很难分析"(崔希亮,2011)。下面我们结合话语语境,主要从命题信息取向、信息状态等角度对上述现象做些分析,以期能进一步深入"吧"的研究。

本文语料主要来自三个部分:一部分来自笔者采录和记录的朋友聊天,一部分来自电视剧中的人物对话,还有一部分来自北京大学CCL语料库中的人物对话以及MLC中的对话访谈体节目。

一、"吧"提示言者的立论依据

我们先来看例(2)(3),其结构形式为:P+吧?……+Q。P为交际双方共享的既定知识,Q为言者的立场,言者的交际意图是通过背景信息P来向听者表明立场Q,或者希冀、甚至迫使听者接受 Q。

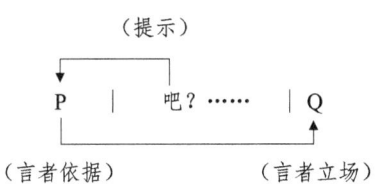

```
            （提示）
       ┌─────────────┐
       ↓             │
       P  |  吧？……  | Q
       │             ↑
       └─────────────┘
    （言者依据）      （言者立场）
```

言语交际的过程也是言者和听者交换信息，共同构建意义的认知过程。言者在表达立场、观点时，往往需要提供一定的证据来引导对方按照自我认知方向和立场进行推理，那么交际主体即言者和听者所处的大致相同的环境或共享的相同文化知识就成为言者立论的有效语境资源，可以为言者的立场、观点服务。所谓相同的文化知识，Clark（1996）用共同背景（common ground）来概括，指的是两个或两个以上的人共同享有的知识、信念和预设。巴拉（2013：56）称之为"共享信念"（shared belief），认为拥有共同信念还不是交际的充分条件，"为了实现交际，除了拥有共享信念之外，每个参与者还必须认识到其他参与者也拥有这些信念"。荷兰认知语言学家 Verhagen（2005/2007：12）在其交互主观性的专著中，也提出类似的"特定文化模型"（topos）概念，即言者和听者共享的模型。"因为正是基于这种共享模型，听者对话语进行某种语用推理，从而得出特定结论。如果缺乏这种共享知识，言者与听者进行认知协作以达到对特定概念化客体的认知平衡就难以实现"（文旭、高莉，2012）。因此，在话语交际中，如果言者根据交际意图让储存在听者认知状态中潜在的共享信念外显化，就需要采取一定的语言手段激活。这样既能引导对方按照自我认知方向和立场进行推理，为自己的立场提供论据，又容易获得对方共鸣、同情或认可的语效。如例（2）"吧"

前的命题信息"直行优先"为交际主体共享的"社会规约"（social conventions），后续话语"倒车要看后面"是言者的立场、观点，P 为 Q 的依据，言者通过"吧"这一标记手段明示证据，这样既可以减少听者识解（construe）的努力，有利于听者顺着言者交际意图接受言者的立场、观点等，又可以邀请听者在言者独白过程中保持在线（on-line）关注、聆听的状态，提示等待后续信息，以保证交际的交互性。方梅（2016：17）在分析同一形式语气词不同线性位置分布时，也指出，"在我们看来，它们的共性在于'互动性'，即这类句法位置灵活的语气词都是说话人用以对受话人施加话语影响的手段。如：提示话题、提示当前状态、提示言者立论依据，等等"。

"共享信念"除了"社会规约"外，还有两类，一类是语境推理的语境假设，一类为百科知识（encyclopedic knowledge）。

（一）P 为语境推理的语境假设

语境推理的语境假设是根据语境或经验，言者设想听者应该知道的知识、信念等。例（6）二师兄和女朋友小芹因为工作的关系一个月才见一两次，难得的"好事"行进一半就被医院同事用拷机叫走。彼时彼景复杂的内心感受应是人们共同的体验，据言者推断这应属于彼此的"共享信念"。言者通过"吧"表征这一共享信念，为"你们没有良知"这一结论提供论据，使听者认可或同情言者当时的内心感受。

（6）二师兄也请假了，将拷机交给我，说，没有紧急的事严禁呼他。他受够了约会的时候被我们呼回来的痛苦。有一次据说是好事行进一半。

"你们知道这种感觉（P）[吧]？你们体会过这种尴尬（P）[吧]？我跟小芹一个月就见那么一次两次，凑个时间约一下那么难，关键时刻熄火哦！你们有没有良知啊？"（Q）（《心术》）

如果将句中"吧"替换成"吗"，试看：

（6'）"你们知道这种感觉【吗】？你们体会过这种尴尬【吗】？我跟小芹一个月就见那么一次两次，凑个时间约一下那么难，关键时刻熄火哦！你们有没有良知啊？"

虽然语句也能成立、连贯，但是所表达言者内心的情态增强，由"不满"变成了"责备"，而且"吗"的反问侧重的是言者单方视角感受的阐述，隐含的是一种断言，即"我知道这种感觉""我体会过这种尴尬"，缺少"吧"所体现的共享性和交互性特征。刘丽艳（2006）在分析"你知道吗"时指出"在说话人的推测中，该信息对于听话人来说是未知的，意料之外的"，这和我们基于"言者单方视角感受"的观点一致。

在句法结构上，该格式的主语通常是第二人称形式，谓语动词是感知言说类，包括"知道""体会""晓得""了解"等。据此，可以进一步将其结构形式化为：

你/你们+动词$_{感知言说类}$……（P）吧？……Q

其中"你/你们+动词$_{感知言说类}$"充当句法成分。需要指出的是，"知道"是典型的感知言说类动词，在真实交际中，由于表达需要有时会通过移位等方式和语气词"吧"相邻共现，所以，"吧"和感知言说类动词可分可合，有两种说法，如例（2）（6）：

直行优先你知道吧？你知道这种感觉吧？

→你知道直行优先吧？→这种感觉你知道吧？

"吧"和作为句法成分的"你知道"合在一起时，与作为话语标记的"你知道吧"同形异义，请比较：

（7）"<u>我们俩见一回好难得</u>（P）你知道[吧]？她一拍戏出去两三个月，中间就回来一天。我又不能像人家那些大款，没事就探班，两人不就为这一天而活着吗？不要打扰我们。"（《心术》）

（8）他们好像第一次坐飞机，每个人都自备矿泉水、香肠什么的。……这时，服务员送餐来了，他们可狼狈了，一人拿一个矿泉水瓶子，<u>没地方放</u>（P）你知道[吧]。（刘丽艳（2006）用例）

例（7）（8）"你知道吧"形式固定，句法上有非强制性，而且不影响命题的真值意义，是一个话语标记。刘丽艳（2006）认为话语标记"你知道吧"的主要功能是激活听者当前认知语境中处于休眠状态的背景信息，从而更好地理解言者的话语内容。"休眠状态的背景信息"实际上蕴含着该背景信息为交际主体的"共享信念"，但是从例（7）（8）可以看出，"吧"前信息P有时并非为听者认知语境中的休眠信息，"我们俩见一回好难得"并不被同事事先掌握，"没地方放"也是讲述时言者主动提供给听者的信息。可见，话语标记"你知道吧"也可以用以提供听者认知语境中并未共享、为言者视角的单方信息。在话语语篇中，"你知道吧"前面的信息P要么本身就是言者要求听者认同的内容，要么不具有立论依据功能。但有一点相同，那就是小句末的"吧"和话语标记中的"吧"都体现了言者关注听者认知状态的交互主观性（inter-subjectivity）功能。

（二）P 为高显著性的"百科知识"

"百科知识"为交际双方已经知道的常识性知识。如：

(9)"人就是这样肤浅。大部分人都肤浅。深刻这个东西，得用放大镜去找。<u>你为什么不能让自己变得让人容易理解一点</u>（Q）？<u>雷锋同志好</u>（P）[吧]？<u>高风亮节</u>（P）[吧]？可他要是不写日记，以后他的故事我们怎么整理得出来？怎么拍成电影？你心好，面也要好，这才是真好。但心不好，面好，至少还落个假好。心好面不好，最招人恨。"（《心术》）

言者的交际意向是希冀听者接受"你应该让自己变得让人容易理解一点"这一观点。为了给这个立论提供论据，言者通过"吧"引出交际双方的已有认知"雷锋同志高风亮节"这一高显著性事件，增强了话语的说服力。"小句"的谓语中须是评议性形容词，如"毛泽东伟大吧""诸葛亮聪明吧"等。但是如果删除"吧"，则无法体现对听者认知状态的关注，其交互性也随之消失。例（3）就属于这一类，"嫦娥好看"为汉语社团成员的"百科知识"，言者通过"吧"的提示和互动，有效地说明了"姐姐好看"的立场。

可见，语气词"吧"在互动话语中，以显性的方式提示立论依据这一背景信息，引导听者并获得言者所期待的语境假设和语境效果，保持听者"在线"关注后续信息的状态，促进话语的发展和互动，体现了言者的元语用（metapragmatics）意识。语义上，信息 P 需要满足下列条件之一：1）对听者来说，信息 P 具有可及性，如例（6），"这种感觉"应该是听者可及的；2）信息 P 具有普遍意义的可及性，如例（9），"雷锋同志好""雷锋同志高风亮节"是社会大众普遍认知的信息，具有普遍意义的可及性。无论哪一种，信息 P 为言者视角的既定信息或交际主体共享信念。

根据上述分析，"吧"为言者的立场提示证据的语义模型可以概括如下：

Ⅰ.言者推断听者应该和自己共享信息 P；

Ⅱ.言者用"（你/你们＋动词感知言说类……）吧？"将听者置于前台，引出共享知识 P，引导并希望听者注意；

Ⅲ.共享信息的可及性高，听者无须回应，并移情至言者的立场，产生对言者立场的认可或同情；

Ⅳ.对言者来说，听者的认可是最有力的论据，能有效增强言者立场、观点的说服力。

根据语义模型，"吧"点明共享信念，标示事件的解释框架和发展框架，多用在争论、反驳、解释、抱怨、指责等话语交际中，交际主体的社会权势关系多为不平衡的上下级关系以及熟悉度比较高的平级关系。

在话语中，部分"P（言者依据）"后也可以使用其他话语标记，如"是不是""对不对"等①。根据我们的考察，"吧""是不是""对不对"等都可以实现话语的互动性，但在"P（言者依据），+Q（言者立场）"话语模式中，言者优先选用"吧"，较少使用"对不对""是不是"等，如"嫦娥姐姐漂亮吧，我姐姐比她更漂亮"优于"嫦娥姐姐漂亮是不是，我姐姐比她更漂亮"，"直行优先你知道吧，倒车要看后面"优于"你知道直行优先对不对，倒车

---

① 此观点受到《世界汉语教学》匿审专家的启发，匿审专家指出，此类表达中有些"吧"可以被说成"是不是""对不对"等。

要看后面","雷锋同志好吧？高风亮节吧？"优于"雷锋同志好是不是？高风亮节对不对？"等，其中原因及差异值得进一步研究。不过，就目前来看，"是不是""对不对"仍具有较强的"求证性"或"求同性"，语流上具有较长的提顿，需要等待对方认可式的回应，多用于结束话论，在"P（言者依据），+Q（言者立场）"话语模式中其兼容性弱，而"吧"兼容性强。仔细体会后，我们初步发现该话语模式优先选用"吧"大致与"P（言者依据）"作为依据的力度相关，力度越强，越优先使用"吧"，在上述用例中，P 为"共享信念"，言者视之为无须听者回应的有力证据，为了快速将话语推进到表义重心 Q（言者立场）上，言者几乎不给听者些许的回应时间，这样，相对于"对不对""是不是"等，"吧"更为简约的形式就能在线性序列上更好地缩短"言者依据"和"言者立场"在语流上的距离，从而更好地促进话语的推进，这实际上也是口语交际省力原则（principle of least effort）的一种体现。

"吧"用来表示言者依据也有语言类型上的证据，希达茶语（Hidatsa）就用句尾的语气词素表达证据来源的不同（Palmer，2001：37）。

二、"吧"提示合预期信息

我们再来看例（4）（5）。根据语境，很容易发现例（4）（5）都有个预设，例（4）预设事前言者已预知会下雨，例（5）预设言者已告知听者多带些钱。现实中，言者预知或告知的事情虽然并不都是言者期望发生的，但最后都果真发生了，成为既定的事实,从言者的视角来看,就产生了"合预期"的语效,语气词"吧"用来提示这一合预期信息,句法上具有强制性,有时后续还有体现言者主观评价的信息。为了表述方便,我们将这类具有提示合预期信息功能的"吧"字句的结构概括为:

$P_{预期信息}$+吧,(+Q)(P 为预期信息,Q 为评议信息)

这与表"揣测"义的"吧"有明显差异,试比较:

(10)明天大概要下雨[吧]。

(11)那件衣服看起来很贵,你的钱可能不够[吧]。

预期(expectation)表达的是相关语境中的两种情形,一种情形是言者知悉并认为对方或言语事件应是某种情况;另一种情形是对方或言语事件果真是这种情况。预期是一个具有量度差异的概念,如果我们将现实域中的言语事件、言语行为的实际量度称为 x,言者的预期量度记为 y,这样两者间存在"不及""超过""一致"和"意外"四种关系。

第一种: [x,y],x<y(现实域不及预期域)

第二种: [x,y],x>y(现实域超出预期域)

第三种: [x,y],x=y(现实域和预期域一致,合预期)

第四种: [x]——[y],xφy(预期域中为 y,但在现实域中却出现了 x,出人意料)

Heine *et al.*(1991:191—193)认为,"预期"建构的世界中至少包含预期和非预期两种状况,使用语言手段区分这两种状况是人类语言的共性。第一、二、四种都属于反预期;合预期信息表示言语事件的结果与交际主体所预想的潜势一致,属于第三种关系。在言语交际中,句末"吧"是提示合预期信息的语言手段之一，句法上具有强制性，在语音上有延宕。又如：

(12) "你看，我出来了［吧］？"夏琳笑着说。"你说十分钟，可是我在这儿已经十七分钟了。"陆涛有点幽怨。（石康《奋斗》）

(13) 小华：我没骗你，按时回来了［吧］。
丽丽：算你识相，回来晚了有你好果子吃。（朋友聊天）

例（12）现实域中的言语事件"我出来了"是符合言者预期的结果，在言语事件之前，言者给予听者一个预期，并完成该事件，"实现"了该预期，使事件的结果符合预期，在语言表达上，通过句末"吧"来传递这种合预期信息。例（13）小华的预期是"能按时回来"，现实域中言语事件的结果和这一预期相符。由于上述两例都是符合言者预期，在具体语境中产生了"提醒"或"兑现诺言"的语用功能。那么，该功能在什么样的语义背景下使用呢？我们认为应该具备以下三个语义条件：

条件 A：言者向听者提供执行某种行为的承诺或已经存在的某种信息；

条件 B：听者对言者的承诺或提供的信息表示怀疑或者忽略该承诺或信息；

条件 C：言者完成该承诺或该信息内容为真。

在这三个条件中，条件 A 和条件 B 存在逻辑上的转折关系，和条件 C 之间则是因果关系，条件 A 是"因"，条件 C 是"果"。例如：

(14) 那天晚上，宋蔼龄做了一个美梦：<u>一位身穿蟒袍、</u>

头戴乌纱的大人物，坐着轿子来太谷视察，接见了他们夫妇并夸奖了铭贤，称赞了夫妇二人；还提笔写了匾，<u>且用轿把丈夫抬出了太谷</u>（条件 A）。当时宋蔼龄上前拦轿，有话说给丈夫听。那大人物不答应，宋蔼龄急了，醒来却是一场梦幻。……

宋蔼龄见天色已亮，便推醒了丈夫，把梦讲给他听。孔祥熙听后哈哈大笑道：“<u>人家是望子成龙，你却是望夫成凤啊！</u>"（条件 B）宋蔼龄用指头点了一下孔祥熙的鼻尖尖：“我这是夫耀妻荣嘛！……"说话间，家人送来了文书一封：<u>山西都督阎锡山要来太谷，并顺便到铭贤拜望</u>。孔祥熙感到惊讶，宋蔼龄起初亦不解，忙抢过一看嚷道：“呀！美梦成真啦！祥熙，我不是说谎[吧]？"（条件 C）

"佩服，佩服！夫人真乃是先天之见。"孔祥熙哈哈大笑道："快起床，你负责学校环境卫生，我去组织师生欢迎。"（CCL）

例（14）中，宋蔼龄做了个"美梦"，梦见将有大人物接见丈夫孔祥熙，并抬出了太谷，这意味着丈夫要升迁。宋蔼龄将这一信息作为预期提供给作为听者的丈夫，为"条件 A"。但是，丈夫孔祥熙哈哈大笑，不以为然，即"条件 B"。就在此时，果真接到了山西都督阎锡山前来拜访的消息，美梦成真，宋蔼龄提供的信息为真，为"条件 C"，这一结果与之前的预期一致。该语境语义背景具备了上述三个条件，"吧"用以提示合预期信息，并产生了"兑现"的语境效果。

在与语境互动中，提示合预期信息的"吧"通常还表达了言者对预期情形的主观评价，如责备、关心、调侃等。例如：

(15) 言外语境：儿子下棋，没有按照老爸的招下，<u>结果输了</u>。

老爸：输了 [吧]，就是不听劝。

(16) 言外语境：天气转凉，妈妈让儿子出门多穿件外套，<u>以防感冒</u>，儿子不听，结果回来就打喷嚏。

妈妈：感冒了 [吧]。活该！

(17) 言外语境：同学们在聊天，文艺委员喜欢一个男生，<u>班长说她见到男生就会脸红</u>，文艺委员不承认。这时那位男生正好走过来，文艺委员"刷"的一下脸红了。

班长：刚才脸红了 [吧]。

以上三例如果将"吧"删除，就都变成了断言，其预期功能和交互主观性则消失。高增霞（2016）也曾关注类似现象，指出"傻了吧"中的"吧"有引进听话人，使说话的语境成为关涉两个人的情景，具有较强的互动性。另外，在具体语境的作用下，例（15）儿子没有听爸爸的建议，出现了老爸预期的结果"输了"，通过句末"吧"增加了"责怪"的语气，后续有评议信息 Q；例（16）儿子没有听从妈妈的劝告，出现了妈妈担心的结果，"吧"引出预期信息，"责备"中带有关心，同样有后续评议信息 Q"活该"；例（17）班长揭露文艺委员的"秘密"，文艺委员虽不承认，但现实还是和班长预期一致，有"调侃"的意味。这三例的语义条件和例（10）（11）略有不同。我们将其语义条件总结为：

条件 A：言者提供某个观点、建议或劝说并希冀对方认可执行，否则就会出现预期的某种结果；

条件 B：听者没有听取、接受言者的观点、建议或劝说；

条件 C：出现了言者预期的结果。

在上述三个语义条件中，条件 A 和条件 B 之间也是转折关系，可以用转折连接标记语"但是"等来检测，言者提出建议或劝告，但是听者并不采纳接受，在语境中衍生了"责备""调侃"的主观意义。条件 B 与条件 C 是因果关系，条件 A 与条件 C 是假设和证实关系。在具体语篇中有时会隐含条件 A，一般以条件 B、条件 C 显现为常。例如：

（18）现在和我抱怨有什么用。大学期间，<u>就和你说过，这个小子没钱没背景，和他在一起不会幸福快乐的</u>（预设条件 A），<u>你不听，说有爱就有一切，偏偏和他结婚</u>（条件 B），现在，你看，为柴米油盐烦神了不是，为孩子能不能接受良好教育操心了不是，<u>后悔了</u>[<u>吧</u>]（条件 C）。真不知道你当时是怎么想的。（CCL）

例（18）中，可以看出，言者抱怨听者不该舍弃大学期间的富二代、官二代，不该放弃富裕的生活，实际预设着言者的观点，即应该和富二代、官二代恋爱结婚，追求富裕的生活，并希冀听者能够接受，否则会后悔。但是听者没有听取其意见，而是坚持和那个小子结婚，结果就出现了言者之前的预期结果"后悔了"。从句法上看，句末"吧"具有强制性，是传递这一预期信息的语言手段，同时表达了言者"抱怨"的情感倾向。

如果不具备这些语义条件，句末"吧"就没有提示合预期信息的功能，体现不了对预期情形的主观评价。试比较：

（19）从这以后，争吵替代了温馨，抱怨淹没了柔情。一次，他痛苦地说道："真想不到你是这样的女人！"她回答说："后悔了［吧］，不就我嫁给你时不是处女嘛！"听了这话，他落下了伤心的泪水。（CCL）

同样是"后悔了吧"，在例（19）中句末"吧"的语气意义是表示"揣测"，没有传递合预期信息的功能，这种差异可以通过句末"吧"的增减来检测。例（18）中的"吧"不能删除，而例（19）的"吧"不具有句法的强制性。而且从语义上看，例（18）中的"后悔了"是"既定"态，而例（19）中的"后悔了"则是"未定"态，是言者的一种猜测。所以，在零语境中，下列句子存在歧义。

（20）a.乌梁素海风沙大，环境苦，后悔了［吧］。
b.不好好复习，没及格［吧］。
c.不听我的话，迟到了［吧］。

例（20）三句都有两种意思：

一种是将句末"吧"理解为传递合预期标记，语篇中显现了条件 B 和条件 C，条件 A 隐含于语篇中（可以根据语篇添补出来）。此时，句末"吧"不能删除，语音上有延宕（见下表1），"吧"前的命题信息状态具有"既定"特征。如：

a'.乌梁素海风沙大，环境苦，后悔了［吧~］。（言者事先告知过听者那个地方工作条件很差，去了会后悔的，劝听者不要去。）

b'. 不好好复习，没及格［吧~］。（言者之前告诉过听者及格要先好好复习。）

c'. 不听我的话，迟到了［吧~］。（言者事先建议过听者听他的话，早点出发，否则会迟到。）

类似的用例还有"我说什么来着，着凉了吧""你看，火车走了吧"等等。

一种是将"吧"视为用于陈述句中表"揣测"义的句末语气词。此时，如果将语调扬升，句末"吧"可以省略，省略后句义仍然可以表示弱传信，"吧"前命题信息状态是"未定"态，语义上有可取消性。这一点从应答语可以看出，如：

A'. 乌梁素海风沙大，环境苦，后悔了［吧］。// 我不后悔！（言者根据现实条件做的推测）

B'. 不好好复习，没及格［吧］。// 谁说的，及格了。（言者根据掌握的信息做出的推测）

C'. 不听我的话，迟到了［吧］。// 听你的也会迟到。（言者根据掌握的信息做出的推测）

为了更直观地呈现两种"吧"韵律特征（时长）上的差异，我们采用南开大学"桌上语音工作室"（mini speech lab）、Praat以及Excel对以上六句（a'、b'、c'、A'、B'、C'）进行语音实验，用"桌上语音工作室"直接测量并参考Praat得到"时长"参数。实验发音人为五位普通话为二甲及以上的国内在读研究生，年龄在24~28岁，三女两男。录音结束后，请两位资深普通话测试员做听音人来听这些录音，五位发音人的数据在听感上都比较自然。详细的实验数据见表1。

表 1　提示合预期信息的"吧"和表"揣测"义"吧"的时长
（单位 ms）对比表

发音人	时长		
	合预期"吧"	揣测"吧"	合预期"吧"：揣测"吧"
LP	230.2	198.4	1∶0.862
WXH	240.1	208.3	1∶0.868
ZH	244.3	193.6	1∶0.792
SJ	278.9	213.3	1∶0.765
LKX	263.1	206.4	1∶0.784

可以看出，合预期"吧"语音上有延宕，时长较揣测"吧"长 20% 左右。

为了进一步检验句末"吧"提示合预期信息的功能，我们还可以通过预期标记语"瞧"[①]来进行凸显测试。例（12）—（18）的测试如下：

（12'）瞧，我买了吧。（13'）瞧，我按时回来了吧。
（14'）瞧，我不是说谎吧。（15'）瞧，输了吧。
（16'）瞧，感冒了吧。（17'）瞧，脸红了吧。
（18'）瞧，后悔了吧。

经过测试，都可以和预期信息标记"瞧"共现。

其实，学界已有学者关注到语气词与"预期"功能之间的关联。语气词是公认的能够标注反预期信息的语言手段之一（谷峰，2014），史金生（2010）也指出"呢"字句陈述的是一个偏离预

---

① 邱闯仙（2010）认为"瞧"是预期标记语。

期的事实。但从已有研究来看，目前还只有从反预期角度观察的成果，实际上，语言事实中还存在提示合预期信息的语气词"吧"。此时，"吧"主要运用在"抱怨""指责""得意""提醒""兑现承诺"以及"索取赞扬"的话语语篇中。交际主体间多为朋友、夫妻、同事等比较熟悉的人际关系。

三、结语

"吧"通过共享示证（evidentiality-shared）来表示言者依据，这是"吧"在 P 的语义制约下在语境实际运用中产生的浮现意义，只用于"P（言者依据），+Q（言者立场）"这一话语模式中，具有较强的语境依赖性，规约化（conventionalization）程度还不高。方梅（2017）在分析负面立场表达在语境中的浮现规律时指出，"从意义解读的角度来说，规约化过程就是其整体意义解读越来越难以从其组合成分的意义直接获得的过程，或者说是语义透明度逐步降低的过程"。具体来说，规约化程度越高，意义的解读越不依赖语境，规约化程度较低者，意义解读依赖句法分布，规约化程度最低者则高度依赖会话序列（sequence）。从这个角度看，"吧"提示"言者依据"和"预期信息"功能还处于规约化的最低阶段，"言者依据"功能高度依赖"P（言者依据），+Q（言者立场）"这一话语模式，当用作回应话语时，"吧"的运用还往往预示后续话语开启的将是言者立场。而"吧"提示合预期信息的功能主要在信息状态 P 的制约下用于开启话轮，也高度依赖会话序列。

语用提示类型包括情态提示，提示形式有语调标点、语气词、关联词语等。"句"实现为"话"的关键，是借助提示信号使"句"进入交际者的真实世界，在时空、情态、共喻圈方面赋值而取得现实意义（黄国营，2000：361）。在话语中，语气词"吧"提示着言者立论依据和合预期信息，不过要受到命题信息状态的限制，当且仅当命题状态为"既定"态时，才有提示功能。"我们的口头交际分为讲、述、谈、说等不同类型"，"除了个人独白（自言自语）外，都需要随时照顾到听者"（崔希亮，1992、2011）。在话语交际中，"吧"的运用体现了言者的元语用意识，在保证言者作为事件讲述的主导者的同时，照顾听者，提示"在线"关注后续信息，具有较强的交互性。"吧"属于典型的互动性语气词[①]。为了进一步证实"吧"的这些语用功能，我们遵循形式意义相互验证的模式，全面考察语料，从信息状态、语义条件、语篇结构、话语类型等方面，并结合有无对比、话语标记测试、语义模型构建等多维度地寻求形式上的验证，其中语料的多样性及信息状态对我们发现"吧"提示言者依据和合预期信息的功能起到至关重要的作用。

参考文献

[1] 布鲁诺·G.巴拉（2013）《认知语用学：交际的心智过程》，范振强、邱辉译，杭州：浙江大学出版社。

[2] 崔希亮（1992）语言交际能力与话语的会话含义，《语言教学与研究》

---

① 方梅（2016：1）从互动语言学的角度将汉语中的语气词分为互动性语气词和非互动性语气词。所谓"互动语气词是指言者即时交际的手段，语境里有其他言谈参与者，言者希望听者有所回应，如：要求证实、呼而告之、警告、提醒、寒暄、宣告、责备。"高增霞（2016）则称之为"互动标记"。

第 2 期。

[3] 崔希亮（2011）语气词"哈"的情态意义和功能，《语言教学与研究》第 4 期。

[4] 方梅（2016）再说"呢"——从互动角度看语气词的性质与功能，见中国语文杂志社编《语法研究与探索》（十八），北京：商务印书馆。

[5] 方梅（2017）负面评价表达的规约化，《中国语文》第 2 期。

[6] 高增霞（2011）从评价到语气——兼论"吧"的意义，《河南师范大学学报（哲学社会科学版）》第 6 期。

[7] 高增霞（2016）从互动角度看"吧"的使用，《福州大学学报（哲学社会科学版）》第 3 期。

[8] 谷峰（2014）汉语反预期标记研究述评，《汉语学习》第 4 期。

[9] 何自然主编（2006）《认知语用学——言语交际的认知研究》，上海：上海外语教育出版社。

[10] 胡明扬（1981）北京话语气助词和叹词（下），《中国语文》第 6 期。

[11] 黄国营（2000）语用成分在汉语句法结构中的投射，见中国语文杂志社编《语法研究与探索》（十），北京：商务印书馆。

[12] 刘丽艳（2006）话语标记"你知道"，《中国语文》第 5 期。

[13] 卢英顺（2007）"吧"的语法意义再探，《世界汉语教学》第 3 期。

[14] 吕叔湘主编（1999）《现代汉语八百词（增订本）》，北京：商务印书馆。

[15] 齐沪扬（2002）《语气词与语气系统》，合肥：安徽教育出版社。

[16] 邱闯仙（2010）预期标记"瞧"，《语文研究》第 2 期。

[17] 屈承熹（2006）《汉语篇章语法》，潘文国等译，北京：北京语言大学出版社。

[18] 冉永平（2004）言语交际中"吧"的语用功能及其语境顺应性特征，

《现代外语》第 4 期。

[19] 邵敬敏（1996）《现代汉语疑问句研究》，上海：华东师范大学出版社。

[20] 史金生（2010）从持续到申明：传信语气词"呢"的功能及其语法化机制，见中国语文杂志社编《语法研究与探索》（十五），北京：商务印书馆。

[21] 文旭、高莉（2012）《交互主观性构式：话语、句法与认知》述评，《外语教学与研究》第 5 期。

[22] 徐晶凝（2008）《现代汉语话语情态研究》，北京：昆仑出版社。

[23] 张谊生（2000）《现代汉语虚词》，上海：华东师范大学出版社。

[24] 赵春利、孙丽（2015）句末助词"吧"的分布验证与语义提取，《中国语文》第 2 期。

[25] 周士宏（2009）"吧"的意义、功能再议，《语言教学与研究》第 2 期。

[26] 朱德熙（1982）《语法讲义》，北京：商务印书馆。

[27] Clark, Herbert H.（1996）*Using language*. Cambridge: Cambridge University Press.

[28] Heine, Bernd, Ulrike Claudi&Friderike Hünnemeyer（1991）*Grammaticalization: A conceptual framework*.Chicago: University of Chicago Press.

[29] Li, Charles N.&Sandra A. Thompson（1981）*Mandarin Chinese: A functional reference grammar*.Berkely: University of California Press.

[30] Palmer, Frank R.（2001）*Mood and modality*. 2nd edn.Cambridge: Cambridge University Press.

[31] Verhagen, Arie（2005/2007）*Constructions of intersubjectivity: Discourse, syntax, and cognition*.Oxford: Oxford University Press.

从互动角度看"啊"的话语标记功能*

王咸慧

一、引言

　　现代汉语口语中存在一部分语音上相对独立且不附着于前后成分的"啊"。已有研究主要集中于祈使句的句末"啊"所表达的功能及其语法属性（赵元任，1980；刘宁生，1987；马清华，2011等）。在这些研究中，关于"啊"语法属性的判定有两种观点，一种认为是感叹词，有"重复前头那句话的作用"（赵元任，1980）；另一种认为不是感叹词，也不是语气词，而是一类特殊的成分，用以缓和说话人的语气（刘宁生，1987）。

　　占据独立语调单位的"啊"不是感叹词，也不是语气词，而是话语标记成分。

　　首先，就句法位置而言，感叹词可以出现在句首和句尾。例如：

　　　　（1）哼！我才不去呢，请我我都不去！（《郭德纲相声集》）

---

* 原文发表于《汉语学习》2019年第2期。

(2) 有什么了不起，哼！（电视剧《家有儿女》）

(3) 呸！你以为穿上皮鞋我就不认识你了。（电视剧《编辑部的故事》）

(4) 你背着我，做出这样的丑事，说啥寂寞、单调，呸！（电视剧《上海的早晨》）

叹词"哼"和"呸"用于句首和句尾时，表达的都是说话人强烈的情绪。这种情绪可以是轻蔑的，如例（1）（2），也可以是厌恶和气愤的，如例（3）（4），但它们的核心意义不会随着句法位置的变化而发生改变。而"啊"的情况与此不同。例如：

(5) a. 你看看他怎么知道我好这一口呢？啊！太好了，宣上殿来吧！（《郭德纲相声集》）
　　*b. 太好了，啊！

(6) a. 爸，不着急，咱爷俩唠唠，啊。（小品《送水工》）
　　*b. 啊，爸，不着急，咱爷俩唠唠。

表达说话人强烈情感的"啊"很少位于句末，如例（5a），而在句末独立使用的"啊"也不可以放到句首，如例（6b）。这说明它与感叹词"啊"在语法属性上存在差异。

其次，这类"啊"与语气词也不同，虽然它们都可以位于命题的后边，但是两者的句法位置存在差异。语气词"啊"有不同的语音变体，但是我们所说的"啊"没有这种变体。例如：

(7) a. 一来呢，测验一下你的智商，二来呢，缓和一下尴尬的气氛。听好，啊，可招笑了。（小品《钟点工》）

*b. 一来呢，测验一下你的智商，二来呢，缓和一下尴尬的气氛。听好，呀，可招笑了。

此外，在"啊"和命题内容之间，还可以插入其他语气词。例如：

（8）回去好好养病吧，啊！（小品《卖拐》）
（9）咱还是说您二老吧，啊。（小品《昨天今天明天》）

在上述分析中，"啊"呈现出如下特点：首先，它是一个依附性成分，我们无法在去掉"啊"前后话语信息的条件下准确判断"啊"的语义和功能；其次，独立使用的"啊"在交际中表达多种会话功能，体现说话人对于听话人的关注，这是话语标记建构持续性互动的明显体现。从线性序列上看，话语标记是命题内容的连接成分，有学者将其定义为"序列上划分话语单位的依附性成分"（Schiffrin, 1987：31；董秀芳，2007）。从语用功能上看，话语标记具有主观性和交互主观性，它是"从不同层面上帮助建构持续性互动行为的自然语言表达式"（何自然主编，2006：147），因此我们认为，独立使用的"啊"具有话语标记的功能。

二、互动语言学的启示

作为话语标记的"啊"具有交互性特征，这一特征在已有的叮咛说（王力，1985）、重复说（赵元任，1980）和缓解语气词说（刘宁生，1987）中都得到了充分的体现。但是，关于"啊"所反映出的语言现象仍值得进一步思考。

第一，这类"啊"不仅用于祈使句句末，还可以用于其他句式，用于非祈使句末尾的"啊"可以不表示叮嘱，而是表示说话人向听话人交代某种信息。例如：

（10）妈，一会儿刘星的家长会我就去参加了，啊。（电视剧《家有儿女》）

（11）不好意思啊，我去了，啊。（电视剧《手机》）

第二，这类"啊"并非只是用于缓解语气，在某些情况下，反而加强了说话人的告知意图，甚至带有警告的语气。例如：

（12）我告诉你，啊，这照片可是我生活的阴影。（电视剧《家有儿女》）

（13）守一呀，你别忘了，你可是河南人，啊。河南人不听河南坠子，你这是不是有点儿忘本哪？（电视剧《手机》）

第三，如果我们认可重复说，那么需要解释重复的语用动因，是否所有的话语内容都可以用这种复制的机制来强化。此外，所谓"重复"一定是将先前的话语信息实施了一次复制行为，一定是作用于前项话语内容。请看例句：

（14）a. 陆之信：这事儿我得再，再琢磨琢磨。
　　　　村民：这是我的名片，想好了给我打电话，啊。
　　　　　　（电视剧《手机》）

（15）a. 嫂子：这黑乎乎的是啥呀？
　　　　李燕：药。帮我盯着点儿啊，别让猫给蹬了，
　　　　　　我去叫他去，啊。（电视剧《手机》）

上述例句中的"啊"都可以转到句内，变换之后"啊"的功能基本没有发生变化。

如果我们依据"重复说"，将"啊"的功能视作复指，那么"啊"

位于这些命题之前,是否还可以视为复指?

已有研究中似乎忽略了一种现象,即占据独立语调单位的"啊"在音高上存在变化,这种变化在话语中会影响"啊"的具体功能。例如:

> (16) a. 那今天就这么的吧,<u>啊</u>,再会。(电视剧《手机》)
> b. 有一位诗人,诗人,写诗的,<u>啊</u>,他写过这样一首诗,我在这里给大家念念啊。(电视剧《手机》)

综上所述,第一,占据独立语调单位的"啊"分布较为广泛,可出现在多种句类当中,且位置灵活,具有交互性特征;第二,"啊"在会话中的功能具有多样性;第三,"叮咛""缓和语气"等会话行为虽然也属于互动的视角,但是难以对"啊"功能的多样性和背后的机制做出统一解释;第四,音高变化影响"啊"的功能。本文在已有研究成果的基础之上,基于互动的理念,以口语语料为考察对象分析这类"啊"的交际互动功能。

三、"啊"的语音特征

通过对"啊"音高值的测量发现,基于同一个发音人的绝对调域测量出的音高不具备区别意义的功能。下面例(17)、(18)中,"啊"的调值都在120HZ左右,同一调值的"啊",既可以表示宣告的会话功能,如例(17)[①],也可以表示话轮的进行,如例(18):

---

① 本研究所测量的例句均来自影视剧及访谈节目中的音频语料,测量工具为Praat软件。

（17）严守一：奶，那我走了啊，

奶奶：走吧，走吧。

严守一：想我给我打电话，我先装车去，啊。

奶奶：装去。（电视剧《手机》）

（18）严守一：我们的总策划，费墨先生，他跟我说，他说，要做一个好人，不难，啊，但是要做一个不说谎的人，难。我觉得还真有道理。（电视剧《手机》）

例句中绝对音高无法区别"啊"的功能，也就是说，造成"啊"不同用法的因素可能与其绝对音高关系不大。然而，当把"啊"放到完整的话轮中观察会发现，其音高与相邻韵律单位的对比音高呈现出两种状态，即"啊"的音高值高于或低于前一韵律单位的音高均值。当"啊"的音高值高于前一韵律单位的音高均值时，其互动性主要体现在语用上（"啊$_1$"），当低于前一韵律单位的音高均值时，互动性主要体现在话语结构上（"啊$_2$"）。我们测量了三位发音人[①]的音频语料，都呈现出这种规律，如表1所示：

表1 "啊"与相邻韵律单位的音高值

	"啊1"		"啊2"	
	"啊"前韵律单位音高均值（Hz）	"啊"的音高值（Hz）	"啊"前韵律单位音高均值（Hz）	"啊"的音高值（Hz）
发音人A	118.5	125.8	152.3	117.1
发音人B	274.7	321.2	317.3	203.9
发音人C	111.3	136.9	130.6	89.1

---

① 发音人A，男性，44岁；发音人B，女性，45岁；发音人C，男性，42岁。

我们把音高值高于相邻韵律单位音高均值的"啊"定为高平调，如图1，把低于相邻韵律单位音高均值的"啊"定为低平调①，如图2。我们认为这种动态的音高运动是说话人在互动交际中使用的形式手段。

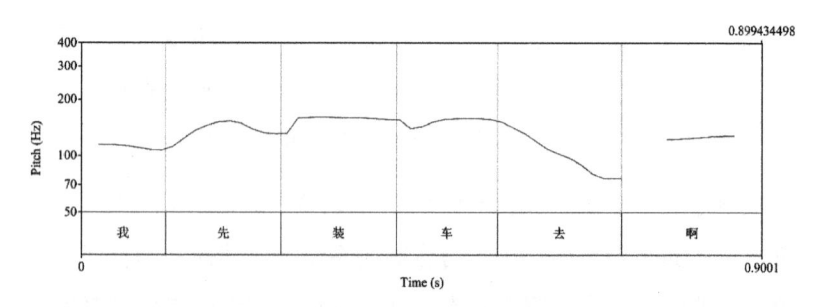

图1　例（17）音高曲线图

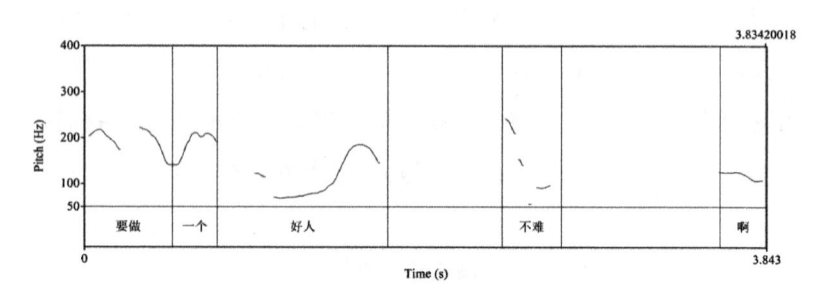

图2　例（18）音高曲线图

---

①　低平调"啊"受到句调影响，呈现平缓下降的语调形态，因此本文暂不区分低起点的降调和平调，将其看作是一类，均为低平调。

四、"啊"的互动功能

4.1 高平调"啊"的互动功能

高平调"啊"是言者意图进入话语的提示性符号，具有"我说 [P] 了"的宣告功能。方梅（2016）指出，某些不符合音变规律的语气词（如"呀""啦""哪"）具有将述谓句变为施为句的功能。我们认为，具有话语标记功能的"啊"同样如此。"述谓句指的是说话者说话时只是在描述一件事情，并不涉及所为；而施为性言语行为体现说话人的交际意图"（方梅，2016）。"啊"作为话语标记，连接话语单位和说话人对听话人的意图，该意图可能是想让听话人做一件事，也可能是让听话人注意一件事，还可能是请求共鸣，让听话人同意说话人的看法，或者让听话人打消某种念头。例如：

（19）A：明天星期几？
　　　B1：明天星期一。
　　*B2：明天星期一，啊。

上述例句中，B 仅为回答 A 的问题，没有针对听话人的意图，这种语境下加上"啊"会很奇怪。但是在下边例句中，加上"啊"后句子会变得合法。例如：

（20）A：明天我一定要睡到中午。
　　　B：明天星期一，你先想清楚，啊。

这里的"啊"表明说话人存在一个让听话人注意话语内容的意图，说话人通过宣告"啊"前的会话内容，告知听话人原有的建议或做法不可行，从而影响对方的认知状态。高平调"啊"通常可以表达施为意图、提醒意图、求取共鸣的意图，以及传递他人意图的功能。

4.1.1 施为意图

高平调的"啊"在交际中可以指示说话人的施为意图，即说话人让听话人做某件事或不做某件事的意图。在口语中，话语内容和说话人的意图可以都出现。例如：

（21）夏雨：妈，那个八条腿儿横着走那个，熟了没？
刘梅：螃蟹啊，一会儿就熟，啊，再等一会儿。
（电视剧《家有儿女》）

（22）你这个血丝一看就是挠的，赶紧抹吧，要不你得捂五六天，啊，听话。（电视剧《手机》）

（23）您别生气，我回去说他，啊。（电视剧《手机》）

（24）嫂子：这黑乎乎的是啥呀？
李燕：药。帮我盯着点儿啊，别让猫给瞪了，我去叫他去，啊。（电视剧《手机》）

上述例（21）—（24）中，波浪线部分为说话人的话语意图，即说话人在听话人接收到完整的话语单位之后，希望听话人做的事情。高平调"啊"与这些意图相呼应，从而使听话人更加注意说话人的施为意图。有时在交际过程中，说话人的施为意图可以省略不出现，听话人需要根据当下的语境和说话人的话语内容推出言者意图。例如：

（25）昨天是我不对，啊，我错了。（电视剧《手机》）

（26）严守礼：五百不是小数目，一头猪钱。
　　　　于文海：哥，我现在都是做大买卖的人了，你那五百块钱自当是入股了。回头啊，我连本带利都还你，啊。（电视剧《手机》）

（27）乡亲们，没事儿，这是拍摄用的升降机，它不是起重机，没关系，啊。（电视剧《手机》）

（28）领导来电话，回一个，很快，啊。（电视剧《手机》）

例（25）中的话语内容为表示歉意，"啊"指示说话人希望听话人不要生气这个意图。同理，例（26）（27）中说话人是希望听话人不要担心，例（28）中说话人是希望听话人不要着急。

有时，话语内容就是说话人的施为意图，"啊"有重复之前话语信息的语用效果。例如：

（29）以后时间长了，都是哥们儿，有事儿说话，啊。（电视剧《家有儿女》）

（30）你就看我对付他，行不？别吱声，行不？乖，啊。（小品《小崔说事》）

4.1.2 提醒意图

"啊"在话语中还可以指示说话人的提醒意图，即想让听话人了解到话语内容，从而调整或改变听话人的认知状态和对事物的判断。例如：

（31）我可告诉你，啊，他要是把孩子打坏了，你后悔去吧。（电视剧《家有儿女》）

（32）我有个大学同学，从国外回来了，我去机场接一

下他，啊。（电视剧《手机》）

4.1.3 求取共鸣

高平调的"啊"在交际中还可以指示说话人的共鸣意图，即说话人希望听话人注意自己的看法，并同意自己的观点。例如：

（33）看看，庄稼多好啊，啊。一到这地里啊，我就想干活儿了。（电视剧《手机》）

（34）全球啊，不是小事儿，啊，出大名了。（小品《捐款》）

4.1.4 传递他人意图

在三人对话中，"啊"可以独立成句，用于传递上一个话语参与者的疑问意图，从效果上看，它也相当于把上一个说话人的话语内容重复了一遍，传递给第三个参与者。例如：

（35）刘梅：那她花了多少钱雇你呀？

狂野男孩：别那么庸俗好不好，这不是金钱交易，是第四十八页三到十六行。

夏东海：那是什么东西？

刘梅：啊。

狂野男孩：一道 3+X 经典理科试题，我们班只有夏雪会。（电视剧《家有儿女》）

在例（35）中，"啊"的语义内容为"对呀，那是什么东西？"是对前一个说话人问题的重复，本质上来看是传递了前一个说话人的疑问意图。从话语的连贯性来看，去掉这类"啊"对话内容依然可以继续，但是会失去一个话语参与者，从而使三人会话变为两人对话。我们认为，这类"啊"是通过对前一话轮中话语参与者疑问意图的传递来表达自身在会话中的参与、立场和交际角色。对于话轮中的上一参与者来说，它是一个支持标记，对于话轮中的下一参与者来说，它是一个追问标记。

4.2 低平调"啊"的互动功能

4.2.1 消除预期

低平调"啊"在交际过程中可以消除听话人对于话轮结束的预期。说话人为了保持话轮，会使用一些词汇手段，如在句子完成后紧接表示话轮还未完成的"然后""还有""但是""而且"等（陈玉东、马仁凤，2016），也可以使用语音手段，如避免句末音节的非平调拉长，句子结尾收音短促有力，避免或缩短句子后面的停顿等（刘虹，2004）。从互动的角度看，低平调"啊"是说话人把持话轮的一种方式，在话语中体现出说话人对于话轮的不让渡性。

不同的边界调类型具有不同的交际功能，对于话轮转换而言，它们具有不同的暗示功能，高升调和低降调是话轮结束的标志，水平调和低升调是话轮保持的标志（夏志华、穆凤英，2008）。基于对语料的观察我们发现，低平调"啊"之前语句的调型多呈低降调。例如：

（36）第一次我们来到严家庄录，我相信，乡亲们都是第一次，<u>啊</u>。那录之前呢，我得跟大家解释一个问题。（电视剧《手机》）

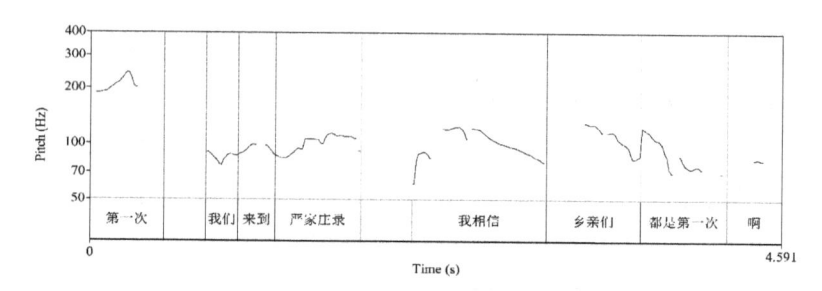

图3 例（36）音高曲线图

低降调的语调类型很容易给听话人一个暗示，即此处是一个可以进行话轮转换的位置。说话人在低降调的韵律单位后使用"啊"，目的是为了消除这种误解，提示听话人话还没有说完。这里的"啊"可以看作是交际驱动下的音高回升或续接现象，是基于听话人预期的反应来调整话语的行为。这种回升或续接填充了两个节奏单位之间的长停顿，体现了说话人对于话轮的把持。如果说话人向听话人交接话轮，便不会使用低平调的话语标记"啊"。

4.2.2 意会符号

低平调的"啊"在话语中还可以作为意会符号，说话人有时并不说出自己真实的评价，而是用"啊"提示听话人去意会后续信息。"啊"与前后话语之间存在停顿，这种停顿给了听话人预判说话人意图的机会。例如：

(37) 你就看出来了，有些男人这个，<u>啊</u>，这个非常好。来，我们再看下一张，哎，这是为了选举的时候，为了拉女人选票，他不是女人票多嘛，你看专门要拍这样的广告。（凤凰卫视《锵锵三人行》）

（38）香港的观众朋友都知道，啊，这个脖子长长的叫李克勤。（凤凰卫视《鲁豫有约》）

4.2.3 组织语篇

低平调的"啊"作为一个插入成分，具有组织语篇的功能。"啊"后的信息通常是对"啊"前信息的补充。例如：

（39）这广告上写的这个大树啊，草坪啊，啊，什么小小溪流潺水啊，他往那儿一看什么都没有。（电视剧《手机》）

（40）你呀，你这样，你到了北京以后，假如，啊，我说假如，你没找到合适的事儿干，你来找我。（电视剧《手机》）

（41）我们这个《锵锵三人行》，责任大，任务重，啊，承担了凤凰卫视世界杯特别节目的使命。（凤凰卫视《锵锵三人行》）

例（39）中"啊"后连接的话语内容是说话人追加的列举成分；例（40）中"啊"后的话语单位是对"啊"前信息的重申。

五、结语

本文分析了口语中占据独立语调单位的"啊"及其语音特征和交际功能。这类"啊"具有话语标记的用法，在交际过程中呈现出两种语调类型，"啊"的音高及与其前面话语的对比音高是影响互动功能的因素之一，它决定了"啊"交际互动功能作用的层面，高平调"啊"在语用层面起作用，低平调"啊"在会话结构层面起作用。概括来说，说话人用"啊"来控制话轮，影响听话人的言语行为和话轮结构，从而帮助互动交际顺利推进。

本文解释了作为话语标记的"啊"与"互动"的关系,或者说作为语言形式的"啊"是如何产生互动功能的。通过对口语语料的深入分析我们发现,这类"啊"的意义和功能不是事先既定的,而是在会话过程中,受话轮位置和音高变化等因素的影响产生的。离开这些因素,我们无法得知"啊"的具体意义和功能。

参考文献

[1] 陈玉东、马仁凤(2016)谈话节目话轮转换的韵律特征分析,见方梅主编《互动语言学与汉语研究》第一辑,北京:世界图书出版公司。

[2] 董秀芳(2007)词汇化与话语标记的形成,《世界汉语教学》第1期。

[3] 方梅(2016)北京话语气词变异形式的互动功能——以"呀、哪、啦"为例,《语言教学与研究》第2期。

[4] 高增霞(2016)从互动角度看"吧"的使用,见方梅主编《互动语言学与汉语研究》第一辑,北京:世界图书出版公司。

[5] 何自然主编(2006)《认知语用学——言语交际的认知研究》,上海:上海外语教育出版社。

[6] 乐耀(2016)从交际互动的角度看汉语会话的最佳话轮投射单位,见方梅主编《互动语言学与汉语研究》第一辑,北京:世界图书出版公司。

[7] 李先银(2016)口语对话中的话语否定标记"嘁"考察,《汉语学习》第4期。

[8] 李先银、洪秋梅(2017)时间—行为的情理关联与"大X的"的话语模式——基于互动交际的视角,《语言教学与研究》第6期。

[9] 林大津、谢朝群(2003)互动语言学的发展历程及其前景,《现代外语》第4期。

[10] 刘峰、张京鱼（2017）互动语言学对话语小品词研究的启示，《外语教学》第 1 期。

[11] 刘虹（2004）《会话结构分析》，北京：北京大学出版社。

[12] 刘宁生（1987）叹词研究，《南京师范大学学报（社会科学版）》第 3 期。

[13] 罗桂花（2012）互动语言学：语言产生于互动 互动塑造语言，《中国社会科学报》第 363 期。

[14] 马清华（2011）论叹词形义关系的原始性，《语言科学》第 5 期。

[15] 王力（1985）《中国现代语法》，北京：商务印书馆。

[16] 夏志华、穆凤英（2008）英语学习者话轮转换过程中边界调的使用分析，《解放军外国语学院学报》第 1 期。

[17] 谢心阳（2016）互动语言学的理论探讨，见方梅主编《互动语言学与汉语研究》第一辑，北京：世界图书出版公司。

[18] 张璐（2015）"问题是"的话语标记化，《语言研究》第 2 期。

[19] 赵元任（1980）《中国话的文法》，丁邦新译，香港：香港中文大学出版社。

[20] Couper, E. & M. Selting (2001) *Studies in Interactional Linguistics (eds).* Amsterdam, Philadephia: John Benjamins Publishing Company.

[21] Schiffrin, D. (1987) *Discourse Markers*. Cambridge: Cambridge University Press.